Über dieses Buch Der zeitgenössische Erfahrungshorizont hat die ganze Welt zum Umkreis. Wir wissen: Alles, was in der massiv vernetzten Welt der Gegenwart geschieht, geschieht gleichzeitig. Touristen, Terroristen, Kultur- und Konsumgüter, Krankheiten, Moden und Schadstoffe interagieren grenzenlos und machen Geschichte in Realzeit. Das Zeitalter der *Globalgeschichte*, in dem wir seit etwa fünfzig Jahren leben, wird nicht dadurch charakterisiert, daß es »nach« der Moderne kommt, oder davon berührt, daß das 20. Jahrhundert demnächst zu Ende geht. Die Ideologie der Ungleichzeitigkeiten ist am Ende. Welche Folgen die überwältigende Gleichzeitigkeit aller Lebenswelten, Ereignisse und Probleme für unser Verhältnis zu vergangenen, zukünftigen und insbesondere gegenwärtigen Dingen der menschlichen Geschichte hat, zeigt Wolf Schäfer in diesem Band. Er stellt die Geschichtswissenschaft in den Dienst der historischen Aufklärung über die globale Epoche und lädt zur Exploration der neuen Untersuchungsrichtungen ein, die er im ersten Teil für die Wissenschaftsforschung, im zweiten für die Zukunftsforschung und im dritten für die Zeitgeschichte eröffnet.

Der Autor Wolf Schäfer, geboren 1942 in Halle an der Saale, ist Professor für Geschichte an der State University of New York at Stony Brook. Von 1973 bis 1981 war er Mitarbeiter am Max-Planck-Institut zur Erforschung der Lebensbedingungen der wissenschaftlich-technischen Welt in Starnberg. Von 1985 bis 1988 unterrichtete er Politikwissenschaft an der Fachhochschule Darmstadt. 1989 nahm er einen Ruf an die Universität in Stony Brook an.
Wichtige Veröffentlichungen: *Wilhelm Weitling, Das Evangelium des armen Sünders. Die Menschheit, wie sie ist und wie sie sein sollte* (Hg.), 1971; *Ferdinand Lassalle, Arbeiterlesebuch und andere Studientexte* (Hg.), 1972; *Starnberger Studien 1: Die gesellschaftliche Orientierung des wissenschaftlichen Fortschritts* (zusammen mit G. Böhme u. a.), 1978; *Neue soziale Bewegungen: Konservativer Aufbruch im bunten Gewand?* (Hg. und Mitverf.), 1983; *Finalization in Science. The Social Orientation of Scientific Progress* (Hg. und Mitverf.), 1983; *Die unvertraute Moderne. Historische Umrisse einer anderen Natur- und Sozialgeschichte*, 1985.

WOLF SCHÄFER

Ungleichzeitigkeit als Ideologie

Beiträge zur historischen Aufklärung

FISCHER TASCHENBUCH VERLAG

Originalausgabe
Veröffentlicht im Fischer Taschenbuch Verlag GmbH,
Frankfurt am Main, Dezember 1994

© 1994 Fischer Taschenbuch Verlag GmbH, Frankfurt am Main
Gesamtherstellung: Clausen & Bosse, Leck
Printed in Germany
ISBN 3-596-11927-8

Gedruckt auf chlor- und säurefreiem Papier

Einleitung:
Geschichte, Aufklärung, Globalisierung

Die Historie kultiviert den Wirklichkeitssinn. Sie folgt dem professoralen Lebensgrundsatz: »Wenn man gut durch geöffnete Türen kommen will, muß man die Tatsache achten, daß sie einen festen Rahmen haben.«[1] Was das für den angehenden Historiker bedeutet, ist jedem Examenskandidaten klar. Das wissenschaftliche Gespräch über Geschichte hat überwiegend die geschehene Geschichte zum Gegenstand und nicht die ungeschehene; man muß den Tatsachen Rechnung tragen, darf die historischen Fakten weder ignorieren noch erfinden, wenn man die Geschichtsprüfung ohne anzuecken bestehen will.

Weiß ein Kandidat der alten Geschichte nicht, daß Alexander der Große am 10. Juni 323 v. Chr. in Babylon mit dreiunddreißig Jahren an einem Fieber gestorben ist, dann kann er damit rechnen, daß man ihm auf die Sprünge helfen wird; aber wenn er erzählt, daß Alexander im Sommer 323 Arabien umsegelt, im Spätherbst 323 bei Suez landet, den unvollendeten Kanal Nachos' II. vom Roten Meer zum Nil fertigstellen läßt, sich später nach Westen wendet, 319 v. Chr. Karthago besiegt und die Straße von Gibraltar für die Handelsschiffahrt der mediterranen Nationen öffnet, dann bringt er sich in Schwierigkeiten – wenn er jedoch hinzufügt, daß er eine kontrafaktische Studie von Arnold Toynbee referiert bzw. einen deutschen Althistoriker, der den englischen Welthistoriker zitiert, dann hat er wieder freie Bahn.[2]

Die historische Methode ist ein scharfes Instrument. Es wurde von Philologen wie dem Grammatiker und Bibliothekar Aristarchos im hellenistischen Alexandreia benutzt, um Homer aus Homer zu erklären, und hat den italienischen Humanisten Lorenzo Valla befähigt, die Konstantinische Schenkung als eine Fälschung des mittleren 8. Jahrhunderts zu bestimmen. Die Finessen der methodischen Quellenkritik wurden parallel zur wissenschaftlichen Revolution entwickelt und zum Beispiel von dem frommen Benediktiner Jean Mabillon in *De re diplomatica* (1681) ohne falsche Rücksicht auf die zweifelhaften Dokumente in den Archiven der katholischen Kirche zur allgemeinen Kenntnis gebracht. Die in Jahrhunderten der Anwendung und Verfeinerung ausgereifte Methode der historisch-kritischen Forschung erzieht den Studenten der Geschichte zu einer gewissen Kaltblütigkeit gegenüber fremden wie eigenen Glaubens- und Wunschvorstellungen. Sie unterscheidet mit großer Sicherheit zwischen authentischen und zugeschriebenen Werken (war Moses der Autor der fünf Bücher Mose?), sie erkennt Fiktionen und entlarvt Fälschungen (wann wurden die hermetischen Schriften verfaßt?), sie klärt Irrtümer, Mythen und Legenden auf (hat Kolumbus die Kugelgestalt der Erde bewiesen?).[3]

Historische Aufklärung hat diese und ähnliche Fragen beantwortet. Wer sich also über den Wert der Historie nicht ganz sicher ist – die Historiker erleiden selbst regelmäßig Anfälle dieser Unsicherheit – und deshalb wissen möchte, was das Interesse an der Geschichte rechtfertigt, dem ist zunächst die quellenkritische Leistung der historischen Aufklärung ins Gedächtnis zu rufen. Marc Bloch hat in seiner posthumen *Apologie pour l'Histoire* mit vielen Beispielen auf die Sucht der »mythomanischen Epochen« hingewiesen, sich die passende Vergangenheit zu erfinden:

»Das Mittelalter kannte für seinen Glauben und für seine Gesetze keine andere Grundlage als die Lehren seiner Vorfahren. Die Romantik wünschte sehnlichst, aus der kräftigen Quelle des Primitiven und Volkhaften zu trinken. Von daher sind die Zeiten, die am stärksten der Tradition verbunden waren, auch die, die sich die größten Freiheiten mit ihrem wahren Erbe erlaubten.«[4]

Historische Aufklärung bringt das unverfälschte Erbe der Vergangenheit zum Vorschein und das verfälschte ans Licht.

Die Arbeit des Historikers ist der geschichtlichen Wahrheit aber nicht nur in rückwärtsgewandten Epochen auf der Spur, sondern auch in futuristischen wie der Moderne. Für die Geschichte der Moderne sind die Utopien von Francis Bacon bis H. G. Wells nicht utopisch, sondern signifikant. Historische Aufklärung vergleicht die klassischen Werke des Möglichkeitssinnes mit der wirklichen Entwicklung. Sie konfrontiert historische Prophezeiungen, Voraussagen und Simulationen mit den tatsächlichen Daten und stellt zum Beispiel für die USA zwischen 1890 und 1940 fest, daß längerfristige Voraussagen des technischen Wandels (über zehn und mehr Jahre in die Zukunft) häufiger falsch als richtig waren. (So hat sich das zwanzigste Jahrhundert nicht, wie um die vergangene Jahrhundertwende vorhergesagt, als das Zeitalter der elektrischen Trambahnen, sondern der Automobile entpuppt.) Sie belegt, daß konkrete Erfindungen und Innovationen mit höherer Treffsicherheit vorausgesagt wurden als die daraus resultierenden sozialen, ökonomischen und kulturellen Konsequenzen.[5] Historische Aufklärung in zukunftsorientierten Gesellschaften macht das Risiko von Antizipationen bewußt; sie dokumentiert die nicht-intendierten Folgen von wissenschaftlichen Prognosen und analysiert die paradoxen Wechselwirkungen zwischen vorgreifenden Geschichtsentwürfen und anschließenden Realverläufen.

Historische Aufklärung steht heute vor einer zusätzlichen Aufgabe. Sie muß die doppelte historische Buchführung über den Gebrauch der Vergangenheit und den Verbrauch der Zukunft um die Dimension der Gegenwart erweitern und sich jetzt auch mit der Aufteilung, Verteilung und Synchonisierung der globalen Gleichzeitigkeiten auseinandersetzen.

Um die Mitte des zwanzigsten Jahrhunderts ist das Licht der großen Kulturprobleme wieder einmal weitergezogen. Die Wirklichkeitsverflechtung der Welt ist auf breiter Front globalisiert worden und hat damit eine neue Qualität erhalten. Die Globalisierung aller Lebenswelten ist zum Kennzeichen des Zeitalters geworden. Die neue historische Epoche, die seit den fünfziger Jahren nach ihrem Eigennamen sucht,[6] wird von der Gleichzeitigkeit lokaler Aktivitäten, Prozesse und Ereignisse mit globaler Reichweite und Bedeutung bestimmt; sie wird – wie im Falle des Multikulturalismus – vom Zusammenprall dieser Gleichzeitigkeiten sowohl erschüttert und zersplittert als auch konstituiert. An die Stelle der Vergangenheit in traditionalen Gesellschaften und der Zukunft in der industriellen Moderne ist die Gegenwart als Hauptreferenz des Zeitalters getreten. Die Synchronie hat der Diachronie den Vorrang an historischer Bedeutung abgelaufen, und die Historie muß nun mit allen anderen Sozialwissenschaften den Umschwung nachvollziehen und sich wieder einmal auf eine Situation ohne Vorbild einstellen.

Die nachfolgenden Arbeiten über einige vergangene, zukünftige und gegenwärtige Dinge stimmen in den Dreiklang aktueller historischer Aufklärung ein. Das war zwar nicht die ursprüngliche Absicht; aber das ist vielleicht auch kein Zufall. Meine derzeitigen Forschungsinteressen und Fragestellungen sind gegenwartsbezogen und bilden den Kontext dieser Aufsätze.

Der erste Beitrag – die Fallstudie zu Boris Hessen – ist mit der Frage nach den Entstehungsbedingungen und Alternativen der Wissenschaftsforschung bis zur Professionalisierung durch Thomas Kuhn verbunden. Dieser Beitrag betreibt Aufklärung über die Gegenwart einer vergangenen Angelegenheit, nicht zuletzt in der Absicht der Selbstaufklärung. Meine früheren Arbeiten zur Wissenschaftsgeschichte und -theorie waren den starken Thesen der Starnberger Finalisten gefolgt. Diese Thesen waren umstritten,[7] und in der öffentlichen Diskussion wurde auf eine Vorgeschichte des Konflikts angespielt, die sich in England in den dreißiger Jahren zugetragen haben sollte. Schon damals hätten »linksradikale« Reformer versucht, die reine Wissenschaft auf die schiefe Bahn der Zweckorientierung zu bringen; und auch damals sei die wahre Wissenschaft nur mit knapper Not diesem gefährlichen Zugriff entronnen. »Die ›Finalisierungstheorie‹ ist Bernalscher Wein in von Kuhn geborgten Schläuchen«,[8] war die Bemerkung, die mich in diesem Zusammenhang am meisten beeindruckte. Wir kannten Kuhn, aber nicht Bernal; ich wurde neugierig auf den Bernalschen Wein und habe als erstes die Hessentraube probiert, mit der dieser saure Tropfen verschnitten wurde.[9] Der Aufsatz über den russischen Physiker Boris Hessen rekonstruiert den politischen Hintergrund eines mythischen Kapitels am Anfang der modernen Wissenschaftsforschung; er macht die Wissenschaftsforschung zum Gegenstand von Wissenschaftsforschung und vollzieht damit eine selbstreflexive Wende, die zeigt, daß historische Aufklärung die Aufklärung über Aufklärung einschließt.

Die nächsten Beiträge sind mit dem Problem verbunden, daß die Kommunikation zwischen Technikträumen (vor allem der Naturwissenschaftler) und Technikkritiken (insbesondere der Philosophen und Humanisten) viel zu wünschen übrigläßt. In den beiden Aufsätzen über John Desmond Bernal und Max Horkheimer einerseits sowie Hans Jonas und Freeman Dyson andererseits wird der Versuch gemacht, über die Gegenwart zukünftiger Dinge aufzuklären und daran zu erinnern, daß die Unkenntnis technowissenschaftlicher Utopien nicht vor der möglichen Strafe des Eintretens ihrer Zukunft schützt.

Ich nehme die Extrapolationen der Naturwissenschaftler beim Wort und stelle fest, daß sie die Entmenschlichung des Menschen prognostizieren (Bernal 1929) und die Einheit der Gattung in Frage stellen (Dyson 1979). Ich gehe davon aus, daß das keine müßigen Träume, sondern mögliche Entwicklungen sind. Ich glaube, daß das Kommunikationsproblem der »zwei Kulturen« [10] eine unvermeidliche Konsequenz der verzweigten intellektuellen Arbeitsteilung ist. Bernal und Horkheimer, Jonas und Dyson – und andere Paare dieser Art – werden morgen wahrscheinlich nicht viel besser und informierter miteinander kommunizieren als heute. Unter diesen Umständen bietet es sich an, daß der Wissenschafts- und Technikhistoriker, der an beiden Kulturen teilhat, Moderator spielt und die humanistische Kritik am technowissenschaftlichen Wandel der Welt mit den ernsthaften Absichten des naturwissenschaftlichen Wunschdenkens (wie hier über die transhumane biologische Zukunft der Menschen) konfrontiert.

Die drei letzten Beiträge in diesem Band sind mit der zweiten Hälfte des zwanzigsten Jahrhunderts verbunden – in der für mich das zwanzigste Jahrhundert recht eigentlich erst beginnt – und der Aufklärung über die Präsenz der gegenwärtigen Dinge verpflichtet. Sie stellen die Historie, die, gemäß ihrer traditionell rückwärtsgewandten Natur, immer noch hauptsächlich von der sozialen und nationalen Agenda des neunzehnten Jahrhunderts geprägt ist, auf den historischen Wandel ein, der um 1950 (plus oder minus zehn Jahre) angefangen hat, die Weltgeschichte in Globalgeschichte zu verwandeln.

Die Zeit nach der Jahrhundertmitte wird als die Zeit der Gegenwartsgeschichte verstanden; und in der Gegenwartsgeschichte wird die Schwelle zur globalgeschichtlichen Epoche überschritten. Fernand Braudel wird der Ausspruch zugeschrieben, daß die Gegenwart zu neunzig Prozent aus Vergangenheit bestehe. Diese Erfahrung gilt nicht mehr. Die globalgeschichtliche Gegenwart besteht aus immer weniger Vergangenheit, viel antizipierter Zukunft, aber vor allem und überwiegend aus sich selbst. Die Epoche der Globalgeschichte privilegiert eine andere Zeitlichkeit (globale Gleichzeitigkeit statt lokale Ungleichzeitigkeit) und durchdringt einen anderen Raum (den ganzen Globus und nicht nur einzelne kulturelle Regionen und nationale Provinzen). Die historiographische Bewältigung der Gegenwart hat mit der Entwicklung des globalgeschichtlichen Konzepts begonnen.[11] Die globalgeschichtliche Forschung ist auf Themen im Spannungsfeld lokal-globaler Phänomene, Ereignisse und Strukturen, Lösungen und Schwierigkeiten ausgerichtet.

Der Aufsatz »Bewegungen auf der Epochenschwelle« steht selbst auf der Kippe zwischen alten Vorstellungen und neuen Verhältnissen. Er wirft die Frage nach der historischen Ortsbestimmung der Gegenwart auf und gibt zur Antwort, daß das Projekt der Moderne von den neuen sozialen Bewegungen mit guten Gründen sowohl denunziert als auch fortgesetzt wird.

Dieser Text aus dem Jahre 1986 reflektiert die intellektuelle Unsicherheit der damaligen Situation. Niemand wußte zwischen 1979 und 1989 das postmoderne Intervall zu deuten, doch alle gaben sich redlich Mühe. Jürgen Habermas publizierte 1985 *Die Neue Unübersichtlichkeit* und trug selbst nach Kräften zum Handgemenge der Zeitgenossen bei. Sein Freund-Feind-Denken hatte längst eine messerscharfe Grenze zwischen den »Intentionen der unnachgiebigen Aufklärung« und den »modernismus-kritischen Strömungen« gezogen.[12] Man geriet in Bedrängnis, wenn man einige der postmodernen Intuitionen teilte, wenn man dachte, daß es auch vernünftige Vernunftkritik gebe, und fand, daß die Kritik an der real existierenden Moderne nicht nur schlechte, sondern auch gute Gründe habe. Mein Beitrag näherte sich dem epochalen Wandel an, ohne jedoch schon eindeutig zwischen historischer Kontinuität und Diskontinuität unterscheiden zu können. Gegen Ende der achtziger Jahre klärte sich die Situation in historischen Zusammenbrüchen. Der Aufenthalt im postmodernen Wartesaal ging zu Ende. Der Zug der Zeit fuhr in Richtung Diskontinuität ab.

Die anschließenden Aufsätze sind sich ihrer Sache sicherer. In »Ungleichzeitigkeit als Ideologie« wird der Topos der *gleichzeitigen Ungleichzeitigkeit* überprüft und als okzidentalzentristischer Wertmaßstab verworfen. Die temporale Rangordnung der Kulturen, die der philosophischen Aufklärung und ästhetischen Moderne selbstverständlich war und von Ernst Bloch zur Interpretation des Faschismus benutzt wurde, ist in der Globalgeschichte nicht mehr zu gebrauchen. Globalgeschichte ist Gegenwartsgeschichte, und Gegenwartsgeschichte privilegiert Gleichzeitigkeit in jeder Hinsicht, temporal und evaluativ. Das

Problem der Globalgeschichte ist nicht mehr die angebliche Rückständigkeit der Anderen, sondern die Neuordnung des Jetzt, die völlig unbewältigte Synchronisation des massiven Parallelismus der globalen Gleichzeitigkeiten.[13]

In »Globalgeschichte: Historiographische Möglichkeit und umweltgeschichtliche Wirklichkeit« wird der neue historische Ansatz beschrieben und von der alten Weltgeschichte, der Tradition Bossuets, Spenglers, Toynbees und William McNeills, dem derzeit führenden Welthistoriker in den USA, unterschieden und abgesetzt. Die Historie der Globalgeschichte tritt nicht in die großen Fußstapfen der totalisierenden Weltgeschichte; sie kommt ohne den starken theologisch-philosophischen Anspruch allumfassender Erklärungen aus und erschließt ihre Quellen mit den bewährten interpretativen und empirischen Forschungsmethoden der Historiker und Sozialwissenschaftler. Die globalen Tatsachen der zweiten Hälfte des zwanzigsten Jahrhunderts werden identifiziert und den wichtigsten globalgeschichtlichen Forschungsbereichen – globale Umwelt, globale Technowissenschaft und globale Zivilisation – zugeordnet. Der Beitrag endet mit einem Versuch zur Strukturierung der globalen Umweltgeschichte durch die historischen Aktivitäten des Enthüllens, Veränderns, Beobachtens und Interpretierens des Antlitzes der Erde.

Die Arbeiten in diesem Band verbinden konkrete Fallstudien mit theoretischen Reflexionen. Sie stellen die Geschichtswissenschaft in den Dienst der historischen Aufklärung über die Gegenwart und laden zur Exploration der neuen Untersuchungsrichtungen ein, die sie im ersten Teil für die Wissenschaftsforschung, im zweiten für die Zukunftsforschung und im dritten für die Zeitgeschichte eröffnen.

Anmerkungen

1 Robert Musil, *Der Mann ohne Eigenschaften*, Hamburg 1960, S. 16.
2 Vgl. Arnold Toynbee, »If Alexander the Great had lived on«, in: ders., *Some Problems of Greek History*, London 1969, S. 441–486; Alexander Demandt, *Ungeschehene Geschichte. Ein Traktat über die Frage: Was wäre geschehen, wenn…?*, Göttingen 1986, S. 69.
3 Vgl. Wolfgang Speyer, *Die literarische Fälschung im heidnischen und christlichen*

Altertum. Ein Versuch ihrer Deutung, München 1971; Anthony Grafton, *Forgers and Critics: Creativity and Duplicity in Western Scholarship*, Princeton 1990 (dt. Ausgabe 1991); Jeffrey Burton Russell, *Inventing the Flat Earth: Columbus and Modern Historians*, New York 1991.

4 Siehe Marc Bloch, *Apologie pour l'Histoire: ou, Métier d'Historien*, Paris 1952, S. 44 (meine Übersetzung).

5 Vgl. George Wise, »The Accuracy of Technological Forecasts, 1890–1940«, in: *Futures. The Journal of Forecasting and Planning* 8 (1976), S. 411–419: »The total sample of 1556 predictions broke down as follows [...]: *fulfilled:* 499 predictions (32 %); *in progress:* 121 predictions (8 %); *not proven:* 420 predictions (27 %); and *refuted:* 516 predictions (33 %)« (ebd., S. 414).

6 Zuletzt, in den 1980er Jahren, führte die Bezeichnung *Postmoderne* im terminologischen Rennen um das historische Selbstverständnis der Gegenwart. Auf der langen Liste, die mit *Atomzeitalter* beginnt und mit *Zeitalter der Raumfahrt* endet, stand *Postmoderne* freilich von Anfang an (in Peter Druckers Fassung; siehe meinen Aufsatz »Bewegungen auf der Epochenschwelle«, weiter unten).

7 Vgl. Wolf Schäfer, *Die unvertraute Moderne. Historische Umrisse einer anderen Natur- und Sozialgeschichte*, Frankfurt/M. 1985, S. 153–181.

8 Gerard Radnitzky in Kurt Hübner et al. (Hrsg.), *Die politische Herausforderung der Wissenschaft. Gegen eine ideologisch verplante Forschung*, Hamburg 1976, S. 29.

9 Im Westen unbekannte Arbeiten von Boris Hessen sowie Aufsätze über Hessen habe ich für MIT Press ediert; siehe *Boris Hessen Revisited* (der Band wird voraussichtlich 1995 erscheinen).

10 Vgl. Helmut Kreuzer (Hrsg.), *Literarische und naturwissenschaftliche Intelligenz. Dialog über die »zwei Kulturen«*, Stuttgart 1969.

11 Vgl. Bruce Mazlish und Ralph Buultjens (Hrsg.), *Conceptualizing Global History*, Boulder 1993; ebd. auch die engl. Originalfassung des letzten Aufsatzes in diesem Band. – Der globalgeschichtliche Ansatz wird seit Herbst 1989 in einer Gruppe von Historikern und Sozialwissenschaftlern diskutiert und seit 1991 in internationalen Forschungskonferenzen ausgearbeitet (über die Theorie der Globalgeschichte 1991 in Bellagio; über globale Zivilisation und lokale Kulturen 1992 in Darmstadt; über Globalgeschichte und Migrationen 1994 in Hong Kong).

12 Jürgen Habermas, »Die Moderne – ein unvollendetes Projekt«, in: *Theodor-W.-Adorno-Preis 1980 der Stadt Frankfurt am Main*, hrsg. vom Dezernat Kultur und Freizeit der Stadt Frankfurt, Frankfurt 1981, S. 22 f.

13 Vgl. Niklas Luhmann, »Gleichzeitigkeit und Synchronisation«, in: ders., *Soziologische Aufklärung 5*, Opladen 1990, S. 95–130. Luhmann geht mit Recht von der »aufregenden« Gegenwartserfahrung aus, daß alles, was heute geschieht, gleichzeitig geschieht; aber er gerät auf eine ganz abwegige Bahn, wenn er Gleichzeitigkeit als eine »aller Zeitlichkeit vorgegebene Elementartatsache« (ebd., S. 98) interpretiert. Gleichzeitigkeit ist keine ahistorische Gegebenheit, sondern eine historische Errungenschaft.

ERSTER TEIL:
ÜBER VERGANGENE DINGE

»The past is a foreign country:
they do things differently there.«
L. P. Hartley
in *The Go-Between*, 1953

»The past is indeed a foreign country
but all the road maps are inevitably based
on a very political cartography.«
Gerry Kearns
in einem Fortschrittsbericht
über »Historical Geography«, 1988

Äußere Umstände des Externalismus:
Der Fall Boris Hessen und
die Geschichte der Wissenschaftsforschung

I.

Thomas Kuhn steht am Ende des Anfangs der modernen Wissenschaftsforschung. *Die Struktur wissenschaftlicher Revolutionen* von 1962[1] wurde vor dem Hintergrund einer dreißigjährigen Entwicklung verfaßt. Am Anfang der modernen Wissenschaftsforschung steht ein Unbekannter, Boris Hessen, der das Licht einer neuen Fragestellung auf Isaac Newtons *Principia* wirft. Von dort strahlt es zurück auf die Wissenschaftsforschung. Die folgende Annäherung an die Geschichte der Wissenschaftsforschung geht von mehreren theoretischen Voraussetzungen aus, die an dieser Stelle nicht näher begründet und erläutert werden können, nämlich:

(1) Externalismus ist nicht mehr und nicht weniger als die Einbeziehung der Umwelt der Naturwissenschaften in die Analyse der Naturwissenschaften.[2] Forschungspraktisch bedeutet das, daß naturwissenschaftliche und mathematische Originaltexte (Alan Turings *On computable numbers* zum Beispiel) zusammen mit anderen Dokumenten (Romanen, Zeitungsartikeln, Bewerbungsschreiben, Investitionsplänen und ähnlichem) gelesen sowie im Hinblick auf historische Ereignisse und Entwicklungen (Kriege, Streiks, Epidemien, internationale Abkommen, neue Moden) interpretiert werden.

(2) Der Hinweis auf die Umwelt der Umwelt (die äußeren Umstände des Externalismus) ist ein Schachzug der Reflexion, der die Praktiker des Externalismus (und alle anderen, die ihre Gedanken über Wissenschaft publizieren) historisch situiert. Die historische Einbettung des

Externalismus ist dazu angetan, die Entdeckung der Umwelt der Natur-wissenschaften als ein geschichtliches Ereignis zu etablieren.[3] Es ver-steht sich, daß die Kontextualisierung des Externalismus wiederum nur in Verbindung mit diversen historischen Dokumenten, Ereignissen und Entwicklungen zu bewerkstelligen ist.

(3) Die Arbeitsweise der Wissenschaftsforschung ist wissenschaft-lich, aber nicht naturwissenschaftlich. Wissenschaftsforschung wurde zwar von Naturwissenschaftlern erfunden und im ersten Überschwang als naturwissenschaftliche Metawissenschaft konzipiert (»science of science«[4]), wird aber heute vor allem von Historikern, Soziologen, Poli-tologen, Philosophen, Anthropologen und Psychologen betrieben. Die Erforschung der Naturwissenschaft (inklusive der hybriden Techno-wissenschaft) ist ein interdisziplinäres Arbeitsgebiet der Sozial- und Geisteswissenschaften.

(4) Das Vorurteil meint: »Wer Wissenschaftstheorie und Wissen-schaftssoziologie treibt, hat – so sieht es von seiten der Wissenschaften aus – aufgehört, Wissenschaft zu treiben. Er ist ein Metameier geworden, der von dem lebt, was die anderen leisten.«[5] Doch das gesunde Wissen-schaftsempfinden täuscht. Niemand lebt aus sich allein. Biologisch, so-zial, kulturell und intellektuell sind wir alle nicht autark. Außerdem: Wer Wissenschaft mit Naturwissenschaft gleichsetzt, hat seit langem aufgehört, mit der Wissenschaftsentwicklung Schritt zu halten. Und schließlich: Die Wissenschaftsforschung ist keine Metameierei. Für den Wissenschaftsforscher ist das dritte Keplersche Gesetz nicht metahafter als die Umlaufzeiten der Planeten und ihre Entfernungen von der Sonne für den Astronomen (die Lektüre der *Weltharmonik* macht den Wissen-schaftsforscher weder zum Musiker noch zum Metaastronomen, eben-sowenig wie das Studium des Abkommens von Bretton Woods den Wirtschaftsgeschichtler zum Metawirtschaftspolitiker macht).

(5) Erst in der Geschichte der Wissenschaftsforschung findet eine Be-gegnung der reflexiven Art statt (eine Selbstbegegnung wie in der Ge-schichte der Geschichtsschreibung). Aber wie viele Wissenschaftshisto-riker haben die Genese der modernen Wissenschaftsforschung beschrie-ben? Wie viele Wissenschaftssoziologen haben den institutionellen Kontext ihrer Erkenntnisse rekonstruiert? Wo ist der Hayden White der Wissenschaftsforschung?[6] Die Metageschichte der Wissenschaftsfor-schung ist ein Desiderat.

(6) Die Wissenschaftsforschung erzeugt Wissen über die Produktion von Wissen. Die Frage nach dem Zustandekommen des Wissens der Wissenschaftsforschung gehört ebenso zur Wissenschaftsforschung wie die historische Untersuchung des naturwissenschaftlichen Wissens. Doch die Wissenschaftsforschung betrachtet das eigene Wissen nicht; sie betreibt wenig Aufklärung über sich selbst. Ihre Thesen über das Wissenschaftswissen werden nur auf der Ebene konkurrierender Ansätze diskutiert. Interessant ist aber nicht nur: worüber liegen sich die Wissenschaftsforscher in den Haaren? sondern auch: wie sind die haarigen Ideen der Wissenschaftsforschung entstanden, und was bedeutet es, daß die Naturwissenschaft im 20. Jahrhundert zum Forschungsthema geworden ist? Was sehen wir, was lernen wir, wenn wir die Blickrichtung ändern und die Wissenschaftsforschung selbst in Augenschein nehmen?

II.

Die Geschichte der modernen Wissenschaftsforschung beginnt im ökonomisch depressiven England der frühen dreißiger Jahre des 20. Jahrhunderts. Auf dem Londoner Flughafen trifft eine wissenschaftliche Delegation aus Moskau ein, um am Zweiten Internationalen Kongreß für Wissenschafts- und Technikgeschichte teilzunehmen, der vom 29. Juni bis 3. Juli 1931 im Naturwissenschaftlichen Museum, Süd-Kensington, stattfinden soll. Die Zeitungen berichten von der spektakulären Ankunft dieser Vorhut des akademischen Jet-sets von heute. Transkontinentale Flüge sind noch erwähnenswert und Wissenschaftler, die im Flugzeug anreisen, ebenfalls.

Die achtköpfige Gruppe, darunter der Physiker Abraham Joffe und der Pflanzengenetiker Nikolai Wawilow, wird von Nikolai Bucharin geleitet, der sich sofort dafür einsetzt, den geplanten Tagesausflug aller Kongreßteilnehmer ausfallen zu lassen, um die russischen Beiträge in voller Länge präsentieren zu können. Dieser Vorschlag findet wenig Anklang. Die Tagung wird jedoch ausnahmsweise um einen halben Tag verlängert. Das noch verbleibende Problem ist freilich: die Beiträge der Sowjets sind nicht in englischer Sprache abgefaßt. Die Moskauer Entscheidung, am Londoner Kongreß teilzunehmen, war erst knapp eine Woche vorher gefallen. Was tun? Ein Fünf-Tages-Plan wird aufgestellt, wie der *Guardian* ironisch kommentiert. Die sowjetischen Wissenschaftler verwandeln ihre Botschaft in ein Verlagshaus. Autoren, Übersetzer, Lektoren, Boten und Drucker arbeiten rund um die Uhr. Zu Beginn des angehängten Konferenztages, am Morgen des 4. Juli, liegen den Delegierten alle russischen Papiere auf englisch vor. Drei Tage später erscheinen sie unter dem Titel *Science at the Cross Roads* als gebundenes Buch.[7] Am 11. Juli ist John Desmond Bernals eingehende Würdigung im konservativen *Spectator* zu lesen.[8]

Den stärksten und bis heute nachwirkenden Eindruck hinterließ ein relativ unbekanntes Mitglied der sowjetischen Delegation, der Physiker Boris Hessen (russisch: Gessen), der einen Vortrag über »Die sozio-ökonomischen Wurzeln von Newtons *Principia*« hielt. Hessen schlug vor, das nicht nur den englischen Wissenschaftshistorikern heilige Werk der *Philosophiae naturalis principia mathematica* zu entmythologisieren und als ein Produkt der ökonomischen und technologischen Bedürfnisse der frühbürgerlichen Epoche zu reinterpretieren.[9] *Science at the Cross Roads* operierte mit der Alternative: Sozialistische oder kapitalistische Wissenschaftsentwicklung? Hessen lieferte die dazu passende historische Rekonstruktion. Die erstaunten Zuhörer durften zwischen proletarischer Befreiung und klassengesellschaftlicher Fesselung der Wissenschaft entscheiden. Hessen eröffnete ihnen die Option: entweder marxistische oder bürgerliche Wissenschaftsgeschichte. Die spätere Differenzierung zwischen externalistischer und internalistischer Wissenschaftsforschung kam von dieser Ursprungspolitisierung nicht mehr los.

Vielleicht wäre von alldem keine Rede mehr, wäre der Auftritt der sowjetischen Reisekader wirkungslos geblieben. Aber das Gegenteil war der Fall.[10] Die eher grobschlächtig formulierte, im Detail fehlerhafte und zugleich höchst anregende, sozio-ökonomische Lesart der Naturwissenschaft fiel auf fruchtbaren Boden und trug in kürzester Zeit zahlreiche Früchte. *Science at the Cross Roads*, insbesondere Hessens respektlose Newton-Interpretation, lösten in England unter Amateur- und Fachhistorikern sowohl kritische Zustimmung als auch produktiven Widerspruch aus[11] und brachten im amerikanischen Harvard den jungen Soziologen Robert King Merton auf unkonventionelle

Ideen.[12] Hessens Vortrag wurde zum »Ausgangspunkt einer Neuein-schätzung der Geschichte der Wissenschaft«, konstatierte Bernal in sei-nem eigenen ersten großen Beitrag zur marxistischen Wissenschafts-forschung, der 1939 unter dem programmatischen Titel *The Social Function of Science* erschien.[13]

III.

Der Geist der Zeit kam der marxistischen Interpretation der Naturwis-senschaften entgegen, unfreiwillig und der Not gehorchend. Zu Beginn des Jahres 1931 zählte Großbritannien zweieinhalb Millionen Arbeits-lose. Die Weltwirtschaftskrise verunsicherte die wissenschaftlich-tech-nische Intelligenz in höherem Maße als der Erste Weltkrieg es vermocht hatte. William McGucken hat den sozialen Sensibilisierungseffekt der großen Depression für die repräsentativste Vereinigung der britischen Naturwissenschaftler nachweisen können, die *British Association for the Advancement of Science*, die alles andere als linker Neigungen ver-dächtig war und im September 1931 ihre Hundertjahrfeier beging.[14] Jan Christiaan Smuts, der General, Staatsmann und holistische Philosoph aus Südafrika, hielt die Festansprache und forderte die *BAAS* auf, die Naturwissenschaft in Zukunft mit ethischen Werten zu verknüpfen.[15] In den darauffolgenden Jahren begannen die Mitglieder dieser erz-viktorianischen Institution über die soziale Verantwortung des Wis-senschaftlers und die sozialen Beziehungen der Wissenschaft zu debat-tieren. Alle möglichen Projekte wurden erwogen, manchmal auch solche, die von *sciene* in *science fiction* umschlugen. Ein Professor aus Manchester, Miles Walker, Präsident der Ingenieurssektion, propa-gierte 1932 die Gründung einer experimentellen Kolonie, die unter der Leitung von hunderttausend Ingenieuren, Naturwissenschaftlern und Ökonomen beweisen sollte, daß ohne Politiker alles viel besser ginge. Seine Rede trug den bescheidenen Titel »The Call to the Engineer to Manage the World«.[16]

McGucken stellt fest, die Auseinandersetzung der *BAAS* mit den neuen sozialen Anforderungen an das Verhältnis von Wissenschaft und Gesellschaft habe modellbildend gewirkt.

»Sie [die britische Vereinigung zum Fortschritt der Wissenschaft] hat in lobenswerter Weise wiederholt versucht, durch die Definition sozial verantwortlichen Verhaltens mit den neuen sozialen Realitäten der Naturwissenschaft zurechtzukommen. Obwohl sie nie so weit ging wie einige wenige, linksstehende Naturwissenschaftler es sich gewünscht hätten, bahnte sie mit Erfolg einen Weg für die Mehrheit der Naturwissenschaftler. Indem sie dadurch anderen wissenschaftlichen Organisationen zum Vorbild wurde, trug sie mehr zum Verständnis der sozialen Beziehungen der Naturwissenschaft bei als irgendeine andere Organisation in Großbritannien oder im Ausland.«[17]

Diese höchst renommierte Vereinigung für den Fortschritt der Wissenschaft hörte nach hundert Jahren unhinterfragten Fortschreitens auf, den Fortschritt für unproblematisch zu halten. Sie lehrte ihre Mitglieder, über die sozialen Alternativen des technowissenschaftlichen Fortschritts nachzudenken. Aber nicht nur Organisationen wie die *BAAS* beackerten den empfänglichen Boden, von dem ich oben sprach, sondern auch einflußreiche Individuen wie der Naturwissenschaftler, Journalist und Schriftsteller Charles Percy Snow, der gegen Ende der fünfziger Jahre »zwei Kulturen« unterschied, eine wissenschaftliche und eine literarische. C. P. Snow gab damals der wissenschaftlichen Kultur den Vorzug vor der literarischen, und zwar wegen der »sozialen« Einstellung der meisten Naturwissenschaftler und der »anti-sozialen« vieler Literaten und Geisteswissenschaftler. In der sozialen Fortschrittlichkeit der Technowissenschaften sah Snow einen der Hauptgründe, »warum einige von uns den schönen Künsten den Rücken kehrten und sich einen neuen oder unterschiedlichen Weg herauszuhauen versuchten«.[18]

Unter den linksgerichteten Wissenschaftlern, die zusammen mit Bernal die glatte Oberfläche des überlieferten Bildes der Wissenschaft durchbrachen und dabei auf die rauhere Wirklichkeit von Technik, Industrie und Politik stießen, traten vor allem John Burdon Sanderson Haldane, Lancelot Hogben, Hyman Levy und Joseph Needham hervor, denen Gary Werskey eine kollektive Biographie gewidmet hat. Der Titel von Werskeys Buch, *The Visible College*, stellt eine beziehungsreiche Verbindung zu Samuel Hartlibs »invisible college« her, über das Robert Boyle einst mit Anerkennung vermerkt hatte, seine Mitglieder hätten sich das Wohl der gesamten Menschheit zur Aufgabe gemacht.

Die Sichtbarkeit dieser Schule war tatsächlich in mancher Hinsicht mehr als deutlich. Ihre Handvoll Mitglieder waren ausnahmslos hervorragende Naturwissenschaftler, die auf ihren Gebieten erstklassige Arbeit leisteten – Bernal in Kristallographie, Haldane in Biochemie, Hogben und Needham in Biologie und Levy in Mathematik –, akademische Karriere machten, einschließlich der Aufnahme in die *Royal Society*, und ihre politischen, sozialen und kulturellen Ansichten, die das Extravagante nicht scheuten, mit allen Mitteln der Publizistik, der BBC und der freien Rede auf *Trafalgar Square* verkündeten, wodurch sie nicht nur in der wissenschaftlichen, sondern auch in der allgemeinen Öffentlichkeit so bekannt und präsent waren wie Hartlib zu Boyles Zeiten und E. P. Thompson kurz vor Ende des kalten Krieges.

Bernal & Co. nahmen Hessens Anstoß zur »sozialen Rekonstruktion der Wissenschaft«[19] mit Begeisterung auf. Sie interpretierten ihn historisch in zahlreichen Beiträgen zur Wissenschaftsgeschichte und politisch in nicht minder häufigen Angriffen auf die Mängel der kapitalistischen Gesellschaft. Von der Konstruktion einer sozialistischen Gesellschaft erwarteten sie die Befreiung und ungehinderte Entfaltung der naturwissenschaftlichen Produktivkräfte. Ihnen war klar: »Wenn die Naturwissenschaft in der Lage sein soll, der Gesellschaft angemessen zu dienen, sind Veränderungen nötig, und zwar Veränderungen ziemlich durchgreifender Art.«[20] Der Widerspruch, mit dem dieser radikale sozial-rekonstruktive Ansatz rechnen mußte, brach 1939 mit einem »Counterblast to Bernalism« hervor.

»Bernalismus ist die Lehre derjenigen, die dafür eintreten, Menschen zu ernähren und vor den Elementen zu schützen seien die einzig angemessenen Gegenstände wissenschaftlicher Forschung, daß Forscher in Banden organisiert und angewiesen werden sollten, was sie zu entdecken haben, und daß das Streben nach Wissen um seiner selbst willen denselben Wert hat wie das Lösen von Kreuzworträtseln. Professor Bernal wird ohne Zweifel die Verewigung seines Namens durch die Einführung dieses neuen Worts in die englische Sprache erlauben.«[21]

Dieser heftige »Gegenwind« kam aus Oxford, von John Randal Baker, einem jungen Zytologen und »university demonstrator« im Fachbereich Tierkunde, der vom *New Statesman* mit gelinder Übertreibung als »eminent« vorgestellt wurde. Hogben hat ihn als »wissenschaftlichen Rassisten« eingestuft,[22] und damit hatte er, nach Bakers letztem

Buch zu urteilen, nicht unrecht.[23] Aber wie zweitklassig und unerfreulich Dr. Baker auch gewesen sein mag, er gewann mit seiner Polemik einen Mitstreiter gegen die Doktrinen des Bernalismus, dem das Attribut »eminent« durchaus zukam: Michael Polanyi, damals Professor für physikalische Chemie in Manchester. Als Bakers »Gegenwind« erschien, hatte auch Polanyi gerade eine scharfe Kritik an Bernal verfaßt, in der er die Freiheit der Wissenschaft gegen ihre soziale Indienstnahme verteidigte.[24] Polanyi schrieb an den ihm unbekannten Autor einen anerkennenden Brief – und das besiegelte die Freundschaft des ungleichen Paares.[25]

Ein wichtiges Ergebnis dieser Freundschaft war die Gründung der *Society for Freedom in Science* im Winter 1940, mit Polanyi im Exekutivkomitee und Baker als Sekretär und Kassenwart. Die Gesellschaft hatte bis Anfang der sechziger Jahre Bestand. Bis 1945 war ihr Einfluß gering, danach, insbesondere im Gefolge des kalten Krieges und des Skandals der Lyssenko-Affäre, wurde er zunehmend größer. Der westdeutsche *Bund Freiheit der Wissenschaft*, der 1976 eine Wiederauflage des Bernalismus in Deutschland entdeckte, geht zum Beispiel ebenso auf die *Society for Freedom in Science* und die von ihr ausgelöste Bewegung zurück wie die Zeitschrift *Minerva*.

Am Anfang der Wissenschaftsforschung steht also die Hessen-These und ihre Ausarbeitung durch Bernal in den dreißiger Jahren. Dagegen richtet sich die Bakersche Antithese und deren Ausarbeitung durch Polanyi in den vierziger Jahren. Was dann für die Folgezeit noch fehlt, ist die historische Antwort auf beides, These wie Antithese. Und dafür haben James Bryant Conant und Thomas Kuhn gesorgt. Der letztere ist wohlbekannt, der erstere sollte es sein.

Conant war – wie alle Akteure in dieser Geschichte – Naturwissenschaftler und einiges mehr; er hatte »verschiedene Leben«.[26] Von 1919 bis 1933 war er Professor für organische Chemie in Harvard, von 1933 bis 1953 Präsident der Harvard Universität, von 1953 bis 1955 Hoher Kommissar und anschließend Botschafter der USA in der Bundesrepublik Deutschland (bis 1957). Während der Kriegsjahre koordinierte er mit Vannevar Bush und Leslie Groves den geheimen Aufbau des militärisch-industriellen Komplexes zur Entwicklung der amerikanischen Atombombe. Aus den Erfahrungen, die er bei der Supervision des Manhattan-Projekts mit dem strategischen Lösen anspruchsvoller wissenschaftlicher Probleme und technischer Aufgaben gemacht hatte, schloß Conant, daß die Planung des technowissenschaftlichen Fortschritts möglich ist, mithin ein wesentlicher Bestandteil der ihm gut bekannten Hessen-Bernal-These richtig war, und weiterhin, daß ein Kernpunkt der Baker-Polanyi-These, die strikte Unterscheidung zwischen reiner und angewandter Forschung, überholt und nicht richtig war. »Heutige Naturwissenschaft ist eng mit Technologie verknüpft, denn Theorie und praktische Künste haben sich eng miteinander verbunden.«[27] Anzunehmen, daß Conant auch in gesellschaftspolitischer Hinsicht mit Hessen und Bernal konform gegangen sei, wäre freilich vollkommen unbegründet.

Aus den Anregungen der kontroversen englischen Wissenschaftsdiskussion und dem Herrschaftswissen um die Finalisierung der Kernphysik zog Conant jedoch nicht nur theoretische, sondern auch praktisch-institutionelle Konsequenzen. Sofort nach dem Krieg richtete er in Harvard unter der Überschrift »General Education« ein neues Studium generale ein. Er konzipierte und lehrte, mit gutem Beispiel vorangehend, anfangs selbst den Kurs über die Naturwissenschaften. Vor allem die Studenten der Sozial- und Geisteswissenschaften sollten durch den vorgeschriebenen Besuch dieser Veranstaltung Verständnis für die spezifischen Forschungsmethoden der Experimentalwissenschaften entwickeln sowie für »die Zunahme der naturwissenschaftlichen Forschung als einer organisierten gesellschaftlichen Aktivität«.[28] Conant hatte erkannt, daß auch naturwissenschaftliche »Laien« in Zukunft vor der Aufgabe stehen würden, experimentelle Forschung finanzieren oder organisieren zu müssen. »Die Gelegenheit kann sich in Verbindung mit der Privatwirtschaft ergeben, der Verausgabung öffentlicher Gelder oder einem philanthropischen Unternehmen im Bereich der Medizin und des öffentlichen Gesundheitswesens.«[29] Eine konkrete Vorstellung von der Arbeitsweise der modernen Naturwissenschaft gehörte für Conant zu dem intellektuellen Handgepäck, das jede gute Hochschule ihren Absolventen mit auf den Weg geben sollte.

Daß ein junger Physiker seine vielversprechenden Berufspläne änderte und von der theoretischen Physik zur Geschichte der Naturwissenschaften überwechselte, gehört zu den nicht-intendierten Folgen dieses Kurses für angehende Wissenschaftsmanager und hat die moderne Wissenschaftsforschung nachhaltig beeinflußt. »Es war James

B. Conant«, schreibt Thomas Kuhn im Vorwort zur *Struktur wissen-schaftlicher Revolutionen*, »der mich zuerst in die Geschichte der Wissenschaft einführte und damit die Umwandlung in meiner Vorstellung vom Wesen des wissenschaftlichen Fortschritts einleitete.«[30] Und es war Thomas S. Kuhn, so können wir hinzufügen, der die von Conant gestellte Aufgabe, eine akzeptable Lesart für die konkurrierenden Ansätze über das Wesen des wissenschaftlichen Fortschritts zu finden, schließlich »paradigmatisch« löste. Paradigmatisch bedeutet hier, daß Kuhns *Struktur* – aus bislang ungeklärten, aber sicher nicht unerforschlichen Gründen – zum Ausgangspunkt eines neuen Abschnitts in der Wissenschaftsforschung wurde. Nach der Veröffentlichung des Kuhnschen Essays im Jahre 1962 hörte man auf, die Arbeiten aus der ersten Phase der modernen Wissenschaftsforschung zu studieren, von denen Kuhn selbst noch gelernt hatte.

Kuhn hat vor kurzem daran erinnert, mit welchen Schriften er als junger Assistent in Conants »Naturwissenschaftskurs für Nicht-Naturwissenschaftler« konfrontiert war:

»Der Kurs baute weitgehend auf Fallstudien auf, und die Lektüre bestand hauptsächlich aus Exzerpten wissenschaftlicher Originaltexte: Kopernikus, Galileo, Boyle, Newton, Lavoisier und weitere. So viel wird jedem vertraut sein, dem die eine oder andere der *Harvard Case Histories in Experimental Science* begegnet ist; aber weder sie noch Conants öffentliche Beschreibungen des Kurses spiegeln einen seiner anderen Aspekte. Mitarbeiter und Studenten lasen auch in solchen Werken wie Hessens *Social and Economic Roots of Newton's Principia*, Mertons *Science, Technology and Society in Seventeenth-Century England* und G. N. Clarks *Science and Society in the Age of Newton*.[31]

Diese unterschiedlichen Materialien standen unverbunden nebeneinander. Sie schienen wesentlich für die Ziele zu sein, die wir zu erreichen hofften, aber es gab keine offenbare Beziehung zwischen ihnen. Sie waren einfach da, und sie zusammenzubringen erschien als eine höchst bedeutende Herausforderung. Obwohl ich mir dieses Problem nicht zu eigen machte, geht mein Bewußtsein von seiner zentralen Bedeutung an den eigentlichen Anfang meiner Karriere zurück, und es ist erfreulich, jetzt für Beiträge zu seiner Lösung geehrt zu werden.«[32]

Der Anlaß, der Kuhn zu dieser aufschlußreichen Reminiszenz inspirierte, war die Verleihung des *John Desmond Bernal Awards* der *Society for Social Studies of Science* im November 1983. Kuhn empfing diesen Preis mit, wie er sagte, Überraschung und einem Gefühl von Ironie. Daß dieses Gefühl nicht ganz unberechtigt war, ist verständlich. Trotzdem macht diese Preisverleihung Sinn. Wir müssen nur in Betracht ziehen, daß ein Preis mit einem historischen Namen immer zugleich auch den ehrt, in dessen Namen er vergeben wird. So besehen erhielt Bernal den hiermit prophezeiten Kuhnpreis – posthum zwar, aber ebenso verdient.

IV.

Die vergangene und vergessene Wissenschaftsforschung der drei Jahrzehnte vor Kuhn war von den starken wissenschaftlichen Ansprüchen ihrer Protagonisten geprägt. Die naturwissenschaftlichen Wissenschaftsforscher wollten nicht so bescheiden wie die traditionellen Wissenschafts- und Technikhistoriker sein, nicht nur über die Theorien und Entdeckungen der großen Naturwissenschaftler berichten und nicht nur die Pläne und Erfindungen der großen Ingenieure verzeichnen; sie strebten über die Beschränkung auf historische Buchhaltung hinaus und wollten *erklären*. Sie hatten eigenen wissenschaftlichen Ehrgeiz und wollten Entdeckungen über das Entdecken machen. Einige waren aber auch damit nicht zufrieden und begannen, Pläne zur bewußten Gestaltung des wissenschaftlich-technischen Fortschritts zu schmieden. Sie wollten sowohl *erklären* als auch *verändern*. Die frühe Wissenschaftsforschung, die das weite politische Spektrum von Bernal bis Conant umfaßte, ging mit zwei Prämissen ans Werk: es gibt nicht nur in der Wissenschaft Entdeckungen, sondern auch über die Wissenschaft, und: »die Naturwissenschaft ist viel zu wichtig, als daß man sie den Naturwissenschaftlern überlassen könnte«.[33]

Die klassische Naturwissenschaft hatte entdeckt, daß die himmlischen Körper den Gesetzen der irdischen Physik gehorchen. Die Wissenschaftsforschung der Naturwissenschaftler entdeckte, daß auch die *Philosophiae naturalis principia mathematica* nicht vom Himmel gefallen, sondern aus den ökonomischen und kulturellen Lebensbedingungen der Epoche Newtons erwachsen waren. Daß die erste Fassung des kontextuellen Zugriffs der Wissenschaftsforschung alles andere als hieb- und stichfest war, hatte nicht viel zu bedeuten. Die Vorstellung einer physikalischen Einheit der irdischen und außerirdischen Natur war zunächst auch reichlich vermessen erschienen, und die Ausarbeitung des Gedankens – von Kopernikus über Kepler und Galilei bis zu Newton – hatte immerhin fast zwei Jahrhunderte in Anspruch genommen.

Der neue Blick, den die Begründer der modernen Wissenschaftsforschung auf die Wissenschaft richteten, war auf wissenschaftliche Entdeckungen aus. Die Wissenschaft hatte man gelernt, nun wollte man Wissenschaft über die Wissenschaft machen. Darauf waren die traditionellen wissenschaftlichen Institutionen natürlich nicht eingestellt. Sie dienten in erster Linie dem Fortschritt der Naturwissenschaften und nicht der Beförderung von Wissenschaft über die Wissenschaften – was die Neuerer aber nicht daran hinderte, diese Reflexionsstufe auch institutionell mit Elan zu nehmen. 1938 gelang es ihnen, auf dem Jahrestreffen der *BAAS* die Gründung einer *Division for the Social and International Relations of Science* durchzusetzen. Bernal feierte den Erfolg mit den Worten:

»Das Treffen der *British Association* in Cambridge könnte sich sehr wohl als ein Wendepunkt in der Wissenschaftsgeschichte erweisen; denn es machte eine Entdeckung bekannt, die von gänzlich anderer Bedeutung als irgendeine der großen Entdeckungen war, die früher dort verkündet worden sind. Diese Entdeckung war keine in der Naturwissenschaft, sondern eine über die Naturwissenschaft [this discovery was not in science, but about science]. Ihre Bedeutung lag darin, daß sich Naturwissenschaftler zum ersten Mal der Notwendigkeit bewußt geworden sind, sich mit den sozialen Folgen und Möglichkeiten der Naturwissenschaft beschäftigen zu müssen.«[34]

Warum viele und nicht nur politisch linksstehende Wissenschaftler es für notwendig erachteten, sich mit den gesellschaftlichen Konsequenzen und Möglichkeiten ihrer Arbeit auseinanderzusetzen, ist kein Geheimnis. Die zweite Hälfte der dreißiger Jahre hatte im Oktober 1935 mit dem Überfall Italiens auf Äthiopien (Abessinien) begonnen, wobei Flugzeuge zum Einsatz kamen, die Senfgas auf die Zivilbevölkerung versprühten. Ein Jahr später griffen die Achsenmächte in den spanischen Bürgerkrieg ein, und zwar wiederum vornehmlich aus der Luft, unter anderem mit Bombenangriffen der deutschen und italienischen Verbände auf Wohnquartiere von Madrid und Barcelona. So kam es, daß die *New York Times* im September 1936 die Wissenschaftler für eine Welt verantwortlich machte, »in der kleine Kinder mit Gasmasken exerzieren und die Bevölkerung großer Städte darauf trainiert ist, sich in Kellern zu verstecken«.[35]

Wie die Gruppe der Physiker nach dem Bau der Atombombe, so traten in der Zwischenkriegsepoche die Chemiker hervor.[36] Sie fühlten sich von dem Bild kleiner Kinder in Gasmasken besonders betroffen und waren nach dem Sündenfall ihrer Disziplin im Ersten Weltkrieg daran interessiert, etwas gegen den »wahnsinnigen Mißbrauch«[37] der Naturwissenschaft in Luft- und Gaskriegen zu unternehmen. Der historische Erfahrungshintergrund der dreißiger Jahre – die von der schon erwähnten ökonomischen Katastrophe eingeleitet wurden und immer tiefer in die politische Krise führten – erklärt, warum die Wissenschaftsforschung mit dem Versuch begann, erwünschte und unerwünschte Konsequenzen des wissenschaftlich-technischen Fortschritts nicht nur theoretisch zu erfassen, sondern auch praktisch in den Griff zu bekommen. Er macht außerdem verständlich, warum ein solcher Versuch bei zahlreichen Naturwissenschaftlern sowie einflußreichen Wissenschaftsjournalisten und -publizisten[38] auf großes Interesse stieß.

Die Idee einer wissenschaftlichen Erforschung der Wissenschaft hat die marxistische, externalistische, kontextuelle Rekonstruktion der Wissenschaftsgeschichte befruchtet. Wer in den Apfel der modernen Wissenschaftsforschung biß, der mußte – von Hessen bis Kuhn – erkennen: »Das wissenschaftliche Unternehmen ist nicht autonom.«[39] Wenn es stimmt, daß äußere Faktoren sowohl die institutionelle Form als auch den kognitiven Inhalt des Unternehmens Wissenschaft beeinflussen,[40] dann muß diese Erkenntnis auch und vor allem für die Wissenschaftsforschung gelten.[41] Die Wissenschaftsforschung kann die eigenen Erkenntnisse auf sich selbst anwenden; sie muß diesen Erkenntnissen irgendwann reflexiv Rechnung tragen und Wissenschaftsforschung über die Wissenschaftsgeschichte der Wissenschaftsforschung betreiben.

Der Wissenschaftsforschung ist also noch anzutun, was die Wissenschaftsforschung den Naturwissenschaften schon angetan hat, nämlich ihre Einbettung in den jeweiligen kulturellen, politischen, ökonomischen, kurz: historischen Kontext. Die Erkenntnisse von Hessen, Bernal, Baker, Polanyi, Conant und Kuhn sind ebensowenig vom Himmel gefallen wie Newtons *Principia*, und das zu zeigen ist die Aufgabe des

Historikers. Ich möchte dieser Aufgabe wenigstens ein Stück weit nachkommen und skizzieren, was die historische Aufklärung über Vergangenes zutage fördert, wenn sie auf den Fall Hessen angewandt wird.

V.

Der Titel von Hessens Kongreßbeitrag – »Die sozio-ökonomischen Wurzeln von Newtons *Principia*« – müßte für die Anwendung der Wissenschaftsforschung auf sich selbst metareflexiv abgeändert werden, etwa in: »Der Kontext von Hessens These über die Wurzeln von Newtons *Principia*«. Dadurch würde Hessens Newton-Interpretation in Hessens eigener Geschichte situiert.

Wir kennen Newton, Newtons *Principia* und Hessens Vortrag über Newtons *Principia*, und wir haben immer wieder gehört, zum Beispiel von Peter Weingart, daß »Hessens Aufsatz noch immer eines der anspruchsvollsten und bei uns [in Deutschland] weitgehend unbekannt gebliebenen Beispiele marxistischer Wissenschaftsanalyse«[42] darstellt. Aber wir erfahren nie viel mehr, und zwar weder von Weingart noch von Werskey, Cohen oder Kröber, die alle in den siebziger Jahren über Hessen geschrieben haben; wir wissen nur, daß Hessen der vielzitierte Autor eines »epochemachenden Textes« (Needham) war. Wir werden noch nicht einmal darüber informiert, wann Hessen geboren wurde, was er getan hat und wie er gestorben ist. Im Grunde kennen wir nur den Namen des Autors eines einzigen Textes. Was Hessen 1931 über den Leveller Richard Overton sagte (nicht, daß er vor über dreihundert Jahren schon »beinahe ein Bolschewik«[43] gewesen sei, sondern): »Das Schicksal dieses Kämpfers und Philosophen ist eigentümlich«[44] – das trifft auf Hessen selbst zu. Oder ist es nicht merkwürdig, daß wir zwar von allen Seiten hören, Hessen habe die Wissenschaftsforschung nachhaltig beeinflußt, aber nicht erfahren, wer dieser Autor war, wie er zur Wissenschaftsforschung gekommen ist und mit wem und worüber er seinerseits zu kämpfen hatte.

Hessens angloamerikanische Wirkungsgeschichte ist bekannt; aber sie hat wenig mit Hessen selbst zu tun. Hessens Lebensgeschichte ist weithin unbekannt; seine Existenz, sein Werk, seine Politik sind in tiefes Dunkel gehüllt. Die wenigen biographischen Informationen, ein paar verstreute Hinweise, lassen ahnen, daß das Dunkel um Hessen politische Gründe hatte. Die Andeutungen besagen, daß Hessen das Schicksal von Bucharin geteilt habe und – wie unzählige andere – einer der »großen Reinigungen« Stalins zum Opfer gefallen sei. Ein solcher Hinweis kam 1971 von Joseph Needham.

Der letzte noch lebende Teilnehmer des Londoner Kongresses schrieb im Vorwort zum Nachdruck von *Science at the Cross Roads:*

»Die tragische Tatsache des Verschwindens so vieler dieser Delegierten in den Jahren nach dem Kongreß gemäß dem schrecklichen Prinzip, daß ›alle Revolutionen ihre eigenen Kinder verschlingen‹, dürfte kaum zu ignorieren sein. Über Bucharin, als einem berühmten politischen Führer, braucht man nicht zu sprechen; aber der Hamlet des Stücks, B. Hessen, publizierte soviel wir wissen nach dem Londoner Treffen kaum noch etwas, und man nimmt an, daß er ein Opfer der stalinistischen ›Ungesetzlichkeiten‹ wurde. Wir wissen, daß dies bei dem Genetiker Wawilow der Fall war, der in dem zeitweilig triumphalen Vormarsch des Lyssenkoismus hingemäht wurde. Um so erfreuter war ich daher, 1965 Professor Kolman auf dem Elften Internationalen Kongreß für Wissenschaftsgeschichte in Warschau und Krakau wiederzutreffen – heil und gesund, obwohl er viele Jahre der Gefahr und Haft erlitten hatte.«[45]

In Werskeys Einleitung zur Neuauflage von *Science at the Cross Roads* lesen wir: »Hessen schaffte es, sich bis 1934 erfolgreich zu verteidigen. Danach verschwand er einfach, und man nimmt allgemein an, daß er während einer der Säuberungen der mittdreißiger Jahre gestorben ist.«[46]

Etwas genauere, wenn auch generell äußerst knapp bemessene Angaben können wir dem Mitgliederverzeichnis der sowjetischen Akademie der Wissenschaften von 1974 entnehmen. Der Eintrag lautet: »Gessen, Boris Michailowitsch, geb. 16. August 1883, gest. 9. August 1938. Philosoph. Korrespondierendes Mitglied der Abteilung Gesellschaftswissenschaften (Philosophie) mit 1. Februar 1933.«[47]

In einem neueren Aufsatz von Loren Graham wird 1893 als Geburtsjahr angegeben. 1931, bei seinem Auftritt in London, wäre Hessen demnach entweder 48 oder 38 Jahre alt gewesen, und er wäre dann entweder mit 55 oder 45 Jahren umgekommen. Im folgenden zitiere ich Grahams einschlägige biographische Passage. Sie gibt die bislang ausführlichste Auskunft über Hessens Lebenslauf.

»Geboren 1893 in der Stadt Elisabethgrad (jetzt Kirowograd) in eine jüdische Familie der Mittelklasse; sein Vater war Bankangestellter. Während der Schulzeit im lokalen Gymnasium wurde er in radikale Politik hineingezogen. Begabt in Mathematik, studierte er 1913–14 Physik an der Edinburgher Universität und während des Ersten Weltkriegs an der Petrograder Universität. Nach der Revolution wurde er Soldat in der Roten Armee und kämpfte gegen die Weißgardisten in der Umgebung seiner Heimatstadt in der Ukraine. Er diente auch als Truppenausbilder der Roten Armee in Moskau. Nach Beendigung des Bürgerkriegs studierte er Naturwissenschaft am Institut der Roten Professoren in Moskau, zu dieser Zeit eine der sehr wenigen Institutionen in der gesamten Sowjetunion, deren Fakultät dem neuen Regime freundlich gesonnen war. Seine fachliche Kompetenz in der Physik wurde 1931, dem Jahr seiner Reise nach London, durch die Berufung zum Professor der Physik an der Moskauer Universität offiziell anerkannt. Kurz danach wurde er korrespondierendes Mitglied der angesehenen Akademie der Wissenschaften der UdSSR. In den wenigen verbleibenden Jahren seines Lebens war er Vizedirektor des physikalischen Instituts der Akademie, das von Sergei Wawilow geleitet wurde, dem zukünftigen Präsidenten der Akademie und ein Bruder des Genetikers Nikolai, der mit Hessen nach London gereist war.«[48]

Es kommt jetzt nicht so sehr auf die Frage an, welches Geburtsjahr das richtige ist, 1883 oder 1893. Das ließe sich herausfinden.[49] Wichtiger ist im Augenblick die Feststellung, wie ungesichert unser Wissen über die Wissenschaftsforschung ist. Zum Beispiel wissen wir, daß die englische Übersetzung der russischen Vorlagen von *Science at the Cross Roads* in der Rekordzeit von drei Tagen angefertigt wurde. Das kann natürlich nicht ohne Fehler abgegangen sein. Aber ein Vergleich des englischen Hessen-Textes mit der 1933 in erster und 1934 in zweiter Auflage veröffentlichten russischen Fassung ist nirgendwo zu finden.[50] Die separaten englischsprachigen Nachdrucke von 1946 und 1971 sind in dieser Hinsicht unkritisch.[51] Der deutschen Übersetzung liegt die zweifelhafte englische zugrunde.[52] Günter Kröber hat bemerkt, daß schon der gebräuchliche Titel des Textes nicht korrekt ist.[53] Klaus Schlüpmann nennt in einem unveröffentlichten Manuskript weitere Unstimmigkeiten.[54] Horst Poldrack und Dieter Wittich haben diese Hinweise kürzlich noch ergänzt.[55] Die historisch-kritische Erforschung der Wissenschaftsforschung dürfte wenig Mangel an offenen und regulär bearbeitbaren Fragen haben. Das ist aber nicht alles. Es ist anzunehmen, daß die historische Rekonstruktion der Wissenschaftsforschung neben richtigen und falschen Geburtsdaten oder verfälschten und authentischen Textvarianten einiges Unerwartete und Interessante ans Licht bringen dürfte. Der oben zitierte Aufsatz von Graham bietet dafür ein hervorragendes Beispiel.

Graham ist einem frühen Fingerzeig von David Joravsky nachgegangen, der schon 1955 darauf hingewiesen hatte, daß es zwei Newton-Interpretationen von Hessen gibt: eine weitgehend unbekannt gebliebene von 1927[56] sowie die hinlänglich bekannte von 1931. Die von 1927 entstand im Zusammenhang mit den Zweihundertjahrfeiern zum Todestag von Newton und ist ideen- und nicht sozialgeschichtlich orientiert. Das bedeutet in den politischen Kampfbegriffen der Zeit: Sie ist fälschlicherweise idealistisch, anstatt korrekt materialistisch. Joravsky kommentierte diese Diskrepanz wie folgt:

»Als mögliche Gründe für den erheblichen Unterschied zwischen den beiden Essays kann man folgendes anbieten: (a) Hessens primäre, auf das englische Publikum zugeschnittene Absicht, Newton bloß als Aufhänger für einen Vortrag über elementare marxistische Gesellschaftstheorie zu benutzen; (b) die kürzliche Verdammung der Deborin-Schule, in der Hessen ein führendes Mitglied war.«[57]

Nach Graham war das letztere der entscheidende Grund, ist Hessens Schwenk politisch zu verstehen. Grahams Beweise für diese Ansicht sind gedruckte Quellen und persönliche Informationen.[58] Letztere erhielt er in den siebziger Jahren von jenem Professor Kolman, den Needham 1965 auf dem XI. Internationalen Kongreß der Wissenschaftshistoriker in Polen »heil und gesund« wiedergetroffen hatte. Über Kolman schrieb Werskey, daß er die Kunst beherrscht habe, die unterschiedlichsten Ansichten gleichzeitig zu vertreten:

»Kolman schaffte es, gleichzeitig ein Parteigänger Lyssenkos und ein Sprecher für die ›liberale‹ Rechtfertigung Einsteinscher Physik zu sein. In den frühen fünfziger Jahren tauchte er erneut auf, diesmal als ein Fürsprecher der Kybernetik, und nach letzten Berichten scheint Kolman jetzt das schizophrene Ansehen eines Liberalen in Rußland und eines strengen Ideologen in seiner heimatlichen Tschechoslowakei zu besitzen.«[59]

Im September 1976 emigrierte Kolman nach Schweden, von wo aus er dem damaligen Generalsekretär des ZK der KPdSU, Leonid Breshnew, am 22. September 1976 in einem offenen Brief mitteilte, daß er nach 58 Jahren treuer Parteimitgliedschaft aus der Partei austrete, da ein »weiteres Verbleiben in den Reihen der KPdSU Verrat an den Idealen der sozialen Gerechtigkeit, des Humanismus und des Aufbaus einer neuen, besseren, menschlichen Gesellschaft bedeuten würde«.[60] Kolman starb im Januar 1979 im Alter von 86 Jahren in Stockholm. Wenige Monate später erschien bei S. Fischer eine (gekürzte) deutsche Übersetzung seiner Autobiographie, in der auch die Reise nach London im Sommer 1931 geschildert wird.[61]

»Den besten Eindruck von allen sowjetischen Delegierten erweckte Hessen mit seinem Vortrag über Newton. Er machte seine Zuhörer zum erstenmal mit der Methode des Historischen Materialismus vertraut, die hier nicht abstrakt blieb, sondern praktisch auf den wissenschaftlichen Werdegang des großen Gelehrten angewandt wurde. Dazu sprach Hessen, der in Edinburgh studiert hatte, im Gegensatz zu allen anderen Delegationsmitgliedern hervorragend Englisch.«[62]

Wenn die Auskünfte stimmen, die er Graham erteilt hat, dann kam Kolman als offizieller Aufpasser über die sowjetische Delegation nach London. Graham berichtet:

»Zu allererst erzählte Kolman mir, daß er (Kolman) der kommunistische Parteisekretär der Delegation und insofern verantwortlich für die Parteidisziplin gewesen war. Er sei beauftragt gewesen, Bucharin und Hessen im Auge zu behalten, die sich ideologischer Abweichungen schuldig gemacht hätten und verdächtig waren. Die Art und Weise ihres Auftretens in London wäre als Test ihrer ideologischen Rechtgläubigkeit angesehen worden. Kolman stimmte mir zu, daß Hessens Londoner Vortrag atypisch für dessen Interessen war. Er fügte hinzu, daß diejenigen Delegationsmitglieder, die der kommunistischen Partei angehörten (Bucharin, Hessen, Kolman, Rubinstein), von keinem geringeren Organ als dem Politbüro instruiert worden seien, die Linie des Marxismus in ihren Referaten zu betonen, während den Nicht-Parteimitgliedern (Joffe, Zawadowski, Wawilow, Mitkiewitsch) größere Freiheit bei der Wahl ihrer Themen eingeräumt worden sei. Kolman fuhr fort, daß Bucharin diesen Instruktionen nicht zufriedenstellend nachgekommen sei und über ›Praxeologie‹ in ›häretischer‹ Weise vorgetragen habe. Nach seiner Rückkehr in die Sowjetunion, sagte Kolman, sei Bucharin wegen seiner Aufführung kritisiert worden; dagegen hätten sich die anderen sowjetischen Gelehrten, Hessen inbegriffen, gut dargestellt.«[63]

Man wird den Enthüllungen einer so schillernden Gestalt wie Kolman nur bedingt Glauben schenken; dennoch spricht einiges dafür, daß sich Hessens Londoner Lesart der Physikgeschichte einem Lernprozeß verdankt, der von außen beeinflußt war und nicht ganz freiwillig zustande kam. Um den zunehmenden Außendruck zu verdeutlichen, unter den Hessen Ende der zwanziger und zu Beginn der dreißiger Jahre geriet, ist es notwendig, seinen sowjetischen Kontext kurz zu umreißen.

(a) Hessen war ein Angehöriger der philosophischen Schule Abram M. Deborins (1881–1963), deren Mitglieder getreu einer Direktive Lenins das systematische Studium der Hegelschen Dialektik betrieben und weniger an der historischen und sozialen als der begrifflichen und logischen Rekonstruktion der Wissenschaftsentwicklung interessiert waren.

(b) Der interpretative Ansatz der Newton-Diskussion Hessens von 1927 liegt noch auf der philosophischen Linie der Deborin-Schule und kommt deshalb ohne die Inanspruchnahme sozio-ökonomischer und technischer Faktoren zur Erklärung des naturwissenschaftlichen Fortschritts aus. 1927 schrieb Hessen: »Die Entwicklung der Physik besteht nicht in der quantitativen Vermehrung ihres Gehalts an Fakten. Untrennbar hängt sie von der Entwicklung und Revision methodologischer Grundvorstellungen ab.«[64] 1931 versuchte er zu zeigen, daß der »irdische Kern« der *Principia* aus »technischen Problemen« besteht, die die Physik jener Zeit »grundlegend determinierten«.[65]

(c) Hessens philosophische »Wende« fällt in die Zeit ebenso gewaltiger wie gewaltsamer Veränderungen der sowjetischen Gesellschaft. Ende der zwanziger Jahre schaltete Stalin die parteiinterne Opposition endgültig aus. 1928 wurde im Rahmen des ersten Fünfjahresplans mit der forcierten Industrialisierung der Sowjetunion begonnen. 1929 folgte die Liquidierung der Kulaken »als Klasse« und die Zwangskollektivierung der Landwirtschaft.[66] 1930 begann die »Bolschewisierung« der Wissenschaft mit der »Proletarisierung« der bis dahin relativ autonom gebliebenen Akademie der Wissenschaften.[67] Im übrigen wurden zwischen 1929 und 1931 sowohl Bucharin und der »Mechanizismus« als auch Deborin und der »menschewisierende Idealismus« auf Konferenzen attackiert und vom Zentralkomitee der KPdSU sowie von Stalin selbst verdammt.[68]

(d) Die Stigmatisierung bestimmter Denkrichtungen traf ganze Denkkollektive und einzelne Denker gleichermaßen. 1928 wurde Hessen wegen seines Eintretens für Einstein, die Relativitätstheorie und die Quantenmechanik als »Rechtsabweichler« und »Machist« etikettiert.[69] »Machisten« galten seit Lenins Kritik des »Empiriokritizismus« (1909) als konfuse Idealisten. »Rechtsabweichler« dienten nach Stalins Verdikt nicht dem Proletariat, sondern der Bourgeoisie. 1930 wurde Hessen als »Metaphysiker übelster Art«[70] denunziert und westlichen Strömungen des Antimaterialismus, Relativismus und Subjektivismus zugeordnet.[71] Schließlich erging eine letzte Warnung.

Drei Monate vor der Reise nach England hieß es in der Zeitschrift *Unter dem Banner des Marxismus*:

»Genosse Hessen macht, wenn auch mit großen Schwierigkeiten, geringe Fortschritte in der Korrektur seiner enormen Fehler, die er zusammen mit anderen Mitgliedern unserer wissenschaftlichen Führung begangen hat. Trotzdem hat er immer noch nicht verstanden, die Angelegenheit in der korrekten Art und Weise, in Übereinstimmung mit der Politik der Partei, aufzufassen […] Man muß sich hier ungeschminkt äußern und sagen, daß in Hessens Wissenschaft kein Bolschewismus zu finden ist, ebensowenig wie in der seiner Kameraden. Das muß man geradeheraus sagen. Genosse Hessen hat jetzt die Gelegenheit, in seiner praktischen Arbeit zu zeigen, daß er seine Irrtümer wirklich korrigieren möchte.«[72]

Der Autor dieser Zeilen war kein anderer als Arnošt Kolman. Er kam als offizieller oder selbsternannter Wächter über die korrekte Parteilinie mit nach London und konnte oder mußte dort feststellen, daß Hessens Konferenzbeitrag keinen Anlaß mehr zu ideologischen Beanstandungen bot. Kolmans Erfolg nimmt dem Externalismus der marxistischen Wissenschaftsforschung, der in London präsentiert wurde und sich zum lexikalischen Eintrag der »Hessen-These«[73] verdichtet hat, zwar nicht seine mögliche Geltung, aber etwas von seinem ursprünglichen Glanz. Das Novum der sozialen Rekonstruktion der Naturwissenschaften wurde auf dem in London unsichtbaren Hintergrund eines politischen Dramas entwickelt, in dem der Chorus des Stalinismus den in England unhörbaren Ton angab.

Das letzte Wort über Boris Hessen dürfte aber auch damit noch nicht gesprochen sein.[74] Der Fall Hessen sollte allerdings gezeigt haben, daß es sich lohnt, die Wissenschaftsforschung zum Gegenstand wissenschaftshistorischer Forschungen zu machen. Und was in diesem Falle kein ganz unfruchtbarer Ansatz war, wäre nun auf Bernal, Baker, Polanyi, Conant und Kuhn sowie die gesamte Wissenschaftsforschung anzuwenden.

VI.

Die Wissenschaftsforschung hat nicht den sicheren Gang der Experimentalwissenschaften genommen, wie ihre ersten Lehrer hofften, und sie ist bei der Untersuchung der naturwissenschaftlichen Erkenntnisse nicht so hoffnungslos gescheitert, wie ihre ersten Kritiker wünschten. Sie steht nicht erfolgreicher da als andere Sozial- und Kulturwissenschaften, und sie hinkt ihnen nicht hinterher. Meine Annäherung an die Erforschung der Geschichte der Wissenschaftsforschung endet mit einigen skizzenhaften Schlußfolgerungen, über deren Vorläufigkeit ich mir angesichts des Forschungsstandes keine Illusionen mache.

(1) Auf Fragen wie: Wohin führt die Metameierei in der Wissenschaftsforschung? Profitiert die Wissenschaftsforschung von der Rekonstruktion ihrer eigenen Geschichte? Hat das Wissen über kontextuelle Bezüge der Wissenschaftsforschung einen Nutzen?[75] wäre zunächst einmal zu antworten, daß man als Historiker keine Relevanzprobleme mit einer ungeschriebenen und vermutlich interessanten Geschichte hat. Für den Wissenschaftsforscher ist die historische Rekonstruktion des eigenen Fachgebiets aber auch aus Gründen der semantischen Konsistenz empfehlenswert. Wenn keine Theorie vom Himmel fällt und unser Denken nicht nur von der Luft lebt, sondern seine Wurzeln im Gemenge des soziokulturellen Erdreichs hat, dann wäre es semantisch inkonsistent (selbstwidersprüchlich) zu behaupten, die klassische Mechanik sei sozioökonomisch bedingt, aber ihre historische Analyse schwebe frei und unbeschwert im blauen Himmel der Ideen. Auch die sozialwissenschaftlichen Ansätze, mit deren Hilfe wir naturwissenschaftliche Erkenntnisse und gesellschaftliche Entwicklungen aufeinander beziehen, haben einen »irdischen Kern«, den es zu untersuchen gilt.

(2) Der Mangel an Selbstreflexivität behindert die Entfaltung der Wissenschaftsforschung.[76] Die Arbeit der Wissenschaftsforschung ist nicht beendet, wenn sie den Kontext und die Genese des Wissens der Naturwissenschaften erforscht hat. Sie muß auch das eigene, sozial- und geisteswissenschaftliche Wissen reflektieren und analysieren, ja sie kann die Zeitlichkeit des menschlichen Wissens insgesamt ausleuchten. (Wir können natürlich nicht wissen, was andere in Zukunft über unser Wissen in Erfahrung bringen werden; aber das gilt immer und ist des-

halb kein Grund, auf die Erforschung der Wissenschaftsforschung hier und jetzt zu verzichten.) Die Einbeziehung der Wissenschaftsforschung in den Gegenstandsbereich wissenschaftskritischer Aufklärung ist keine Lösung auf der Suche nach einem Problem, sondern die Fortsetzung und Erweiterung eines lebendigen Forschungsprogramms, das zwar mit der Aufklärung von naturwissenschaftlichen Wissensbildungsprozessen begonnen hat, aber nicht notwendigerweise darauf beschränkt bleiben muß. Die Wissenschaftsforschung kann alle Arten von Wissen mit denselben Methoden erforschen.

(3) Die Historizität der Wissenschaftsforschung ist weiter zu erhellen. Ein Vergleich Hessen–Conant könnte demonstrieren, daß der wissenschaftshistorische Externalismus die Konsequenz einer säkularen Entwicklung war. Hätte nicht der sowjetische Fünf-Jahres-Plan die neue Wissenschaftsgeschichte *via Hessen* in die Welt gesetzt, dann hätte das amerikanische Manhattan-Projekt den Externalismus wenig später *via Conant* geboren. Der erste Fünf-Jahres-Plan hat angewandte Wissenschaft, moderne Technik und große Industrie in der Sowjetunion in den Vordergrund geschoben. Hessen war nicht der einzige, der zu Beginn der dreißiger Jahre auf die gefällige Berücksichtigung dieser revolutionären Tatsache hingewiesen wurde.[77] In London gelang es ihm, die »materialistische« Funktion der Technologie zur Zufriedenheit seiner stalinistischen Kritiker zu formulieren – möglicherweise mit Hintergedanken.[78] Aber wie dem auch sei, Hessen wurde die wachsende technische Handlungskompetenz der Moderne vor Augen geführt, und er hat sie zur Triebkraft des wissenschaftlichen Fortschritts überhaupt verallgemeinert.[79] Daß diese Dynamik nicht nur von Marxisten nachvollzogen werden konnte, liegt daran, daß auch im kapitalistischen Westen starke soziale Kräfte und besondere Umstände (vor allem der Zweite Weltkrieg) auf die gesellschaftliche Indienstnahme des wissenschaftlichen Fortschritts hingedrängt haben, und zwar mit offenbar nicht wieder rückgängig zu machendem Erfolg. Die Finalisierung der Wissenschaft war systemübergreifend.

(4) Das mit den bewährten Mitteln der Sozial- und Geisteswissenschaften gewonnene Wissen über das Wissenschaftswissen kann Auskunft auf die Frage geben, warum die Menschen die Naturwissenschaften nicht nur wie bisher vorangetrieben, sondern nach drei Jahrhunderten ins Visier genommen und zum Forschungsobjekt gemacht haben.

Der Ansatz und die Geschichte der Wissenschaftsforschung bringen ein sich wandelndes gesellschaftliches Verhältnis zur Wissenschaft zum Ausdruck. 1964 meinte Bernal (in einem Aufsatz, den er zu der Festschrift beisteuerte, die ihm in Erinnerung an *Die soziale Funktion der Wissenschaft* von 1939 gewidmet wurde):

»Vermutlich der größte Wandel, der sich in den letzten fünfundzwanzig Jahren in der Haltung des Wissenschaftlers vollzogen hat, zeigt sich in dem größeren Selbstbewußtsein der Wissenschaft und in ihrer Stellung in der Gesellschaft sowie darin, daß sie sich ihrer Funktion in der Gesellschaft weitaus stärker bewußt geworden ist.«[80]

Dieser Bewußtseinswandel hat sich fortgesetzt, und heute kann man sagen, daß auch die auf Technowissenschaft bauenden Gesellschaften wissenschaftsbewußter (und wissenschaftskritischer) geworden sind.

Anmerkungen

Der Aufsatz beruht auf Vorarbeiten, die 1985 durch ein Stipendium der Fritz Thyssen Stiftung für einen Forschungsaufenthalt am *Center for European Studies* der Harvard Universität ermöglicht wurden. Eine frühere Fassung der Arbeit wurde als Manuskript gedruckt (TUB-Dokumentation Kongresse und Tagungen, Heft 39: *Die geschichtliche Perspektive in den Disziplinen der Wissenschaftsforschung*, hrsg. von H. Poser und C. Burrichter, Berlin 1988 [erschienen 1989], S. 7–46).

1 Vgl. Thomas S. Kuhn, *The Structure of Scientific Revolutions*, Chicago 1962 (2. erw. Auflage 1970, dt. 1976, siehe Anm. 30).

2 Für einen ersten Überblick über »externalism« siehe W. F. Bynum / E. J. Browne / Roy Porter (Hrsg.), *Dictionary of the History of Science*, London 1981, S. 145: »The view that social, political, and economic circumstances affect the pursuit of knowledge of Nature.«

3 Vgl. John Desmond Bernal, »After Twenty-five Years«, in: M. Goldsmith / A. Mackay (Hrsg.), *Society and Science*, New York 1964, S. 217: »The science of science, or the self-consciousness of science, as I have put it elsewhere, is the real drastic advance of the second part of the twentieth century.« Bernals »Wissenschaftswissenschaft« wird sicher nicht als der Hauptfortschritt der zweiten Hälfte des zwanzigsten Jahrhunderts in Erinnerung bleiben, aber das heißt nicht, daß sie nicht dennoch ein bedeutendes Novum dieses Jahrhunderts darstellt.

4 Vgl. u. a. Derek John de Solla Price, »The Science of Science«, in: Goldsmith / Mackay (Hrsg.), *Society and Science*, a. a. O. [wie Anm. 3], S. 195: »The science of science, like the history of history, is a second-order subject of first order importance« und Abschnitt IV dieses Aufsatzes.

5 Jürgen Mittelstraß, »Zur Philosophie der Wissenschaftstheorie. Über das Verhältnis von Wissenschaftstheorie, Wissenschaftsforschung und Wissenschafts-
ethik«, in: C. Burrichter (Hrsg.), *Wissenschaftsforschung – neue Probleme, neue
Aufgaben*, Erlangen 1985, S. 4.

6 Vgl. Hayden White, *Metahistory. The Historical Imagination in Nineteenth-
Century Europe*, Baltimore 1973.

7 Vgl. *Science at the Cross Roads. Papers presented to the international congress of
the history of science and technology held in London from June 29th to July 3rd,
1931, by the delegates uf the U.S.S.R.*, London 1971 (2. Auflage).

8 Vgl. John Desmond Bernal, »Science and Society«, in: *The Spectator*, Nr. 5376
(July 11, 1931), S. 43 f. Ausführliche Schilderungen dieser »Russian Roadshow«
(Werskey) finden sich in James G. Crowther, *Fifty Years with Science*, London
1970, S. 76 ff.; Paul Gary Werskey, »Introduction: On the Reception of *Science
At The Cross Roads* in England«, in: *Science at the Cross Roads*, a. a. O. [wie
Anm. 7], S. XI–XXIX; ders. *The Visible College*, London 1978, S. 138–49.

9 Vgl. Boris Hessen, »The Social and Economic Roots of Newton's *Principia*«, in:
Science at the Cross Roads, a. a. O. [wie Anm. 7], S. 190: »In so far as the ›Principia‹ arises in the main from the requirements of the economy and technology of
the epoch and studies the laws of the movement of material bodies, the book
undoubtedly has elements of healthy materialism.«

10 Vgl. Horst Poldrack, »Historische Hintergründe der ›Wende‹ in der bürgerlichen Wissenschaftsforschung«, in: *Thematische Information Philosophie 7*
(1983), S. 91–115; ders., »Historische Hintergründe des ›new approach‹ in der
bürgerlichen Wissenschaftsforschung«, in: *Deutsche Zeitschrift für Philosophie*
31 (1983), S. 856–60.

11 Siehe vor allem George Norman Clark, *Science and Social Welfare in the Age of
Newton*, Oxford 1949 (Erstausgabe 1937).

12 Vgl. Robert King Merton, *Science Technology and Society in Seventeenth-Century England*, New York 1970 (Erstausgabe 1938).

13 Vgl. John Desmond Bernal, *The Social Function of Science*, London 1939 (Reprint Cambridge, Mass. 1967). Zit. nach der dt. Ausgabe, hrsg. von Helmut Steiner, Berlin 1986, S. 389, Anm. 3.

14 Vgl. William McGucken, »The Social Relations of Science: The British Association for the Advancement of Science«, in: *Proceedings of the American Philosophical Society* 123 (1979), S. 236–64.

15 Vgl. ebd., S. 238.

16 Ebd., S. 240.

17 Ebd., S. 264 (meine Übersetzung).

18 Vgl. Charles Percy Snow, *Public Affairs*, New York 1971, S. 17 (meine Übersetzung).

19 Vgl. Hessen, »The Social and Economic Roots«, a. a. O. [wie Anm. 9], S. 212:
»And as in all epochs, in reconstructing social relationships we are reconstructing
science.«

20 Vgl. Bernal, *The Social Function*, a. a. O. [wie Anm. 13], S. 385 (meine Übersetzung). 1968 bekräftigte Needham: »I should think that all those in the thirties who believed that the natural sciences could only come to their most perfect fruition in a socialist society probably still think so now« (zit. nach Werskey, *The Visible College*, a. a. O. [wie Anm. 8], S. 305).

21 John Randal Baker, »Counterblast to Bernalism«, in: *The New Statesman and Nation* 18 (29. Juli 1939), S. 174 (meine Übersetzung).

22 Vgl. Lancelot Hogben, *The New Authoritarianism*, London 1949, S. 6–11; zit. nach Werskey, *The Visible College*, a. a. O. [wie Anm. 8], S. 298. Werskey selbst bezeichnet Baker als »reactionary eugenist« (ebd., S. 283).

23 Vgl. John Randal Baker, *Race*, Athens, Georgia 1981. (Erstausgabe Oxford University Press 1974; dt.: *Die Rassen der Menschheit*, Stuttgart 1976).

24 Vgl. Michael Polanyi, »Rights and Duties of Science«, in: *The Manchester School of Economics and Social Studies* 10 (1939) 2, S. 175–193.

25 Vgl. William McGucken, »On Freedom and Planning in Science: The Society for Freedom in Science, 1940–46«, in: *Minerva* 16 (1978), S. 42–72, insbes. S. 45.

26 Siehe James Bryant Conant, *My Several Lives. Memoirs of a Social Inventor*, New York 1970.

27 James Bryant Conant, »Foreword«, in: ders. (Hrsg.), *Harvard Case Histories in Experimental Science*, Cambridge, Mass. 1950, S. 9: »Science today is closely connected with technology because theory and the practical arts have become closely interwoven.«

28 Vgl. ebd., S. 1: »The Harvard Case Histories in Experimental Science have been designed primarily for students who are majoring in the humanities or the social sciences. Such students require an understanding of science that will help them to relate developments in the natural sciences to those in the other fields of human activity. To do so demands an understanding both of the methods of experimental science and of *the growth of scientific research as an organized activity of society*« (meine Hervorhebung).

29 Vgl. ebd., S. 3 (meine Übersetzung).

30 Thomas S. Kuhn, *Die Struktur wissenschaftlicher Revolutionen*, zweite revidierte und um das Postscriptum von 1969 ergänzte Auflage, Frankfurt/M. 1976, S. 13. (Die ersten dt. Ausgaben erschienen bei Suhrkamp 1967 in der Theorie-Reihe und 1973 in der stw-Reihe. Diese beiden Ausgaben sind wegen der äußerst mangelhaften Übersetzung nicht brauchbar.) Weiteren Aufschluß über den Wechsel Kuhns von der einen zur anderen Disziplin gibt Thomas S. Kuhn, »Professionalization Recollected in Tranquility«, in: *Isis* 75 (1984) 276, S. 30: »In 1947 James Bryant Conant [...] published *On Understanding Science*, a series of four lectures proposing that nonscientists be introduced to science through historical case studies of selected scientific advances. Even before the book appeared, he announced a one-semester course to try out his proposal, and I was invited to be one of his two assistants [...] At our first meeting he asked me, still a physics graduate student scarcely aware that history of science existed, to prepare a case

history on mechanics. Much of the summer was spent reading Aristotle, Galileo, and bits of the scholastics, together with Alexandre Koyré's *Etudes galiléennes*, and the results were for me transforming. By the early fall I was seriously considering transferring from science to its history. By spring the decision was made.«

31 Kuhn zitiert hier offenbar aus dem Gedächtnis. Der Titel lautet richtig: *Science and Social Welfare in the Age of Newton*; vgl. Anm. 11.

32 Thomas S. Kuhn, »Reflections on Receiving the John Desmond Bernal Award«, in: *4 S Review* 1 (1983), S. 26 (meine Übersetzung).

33 James Bryant Conant, »Staatsbürger und Wissenschaftler«, in: *Arbeitsgemeinschaft für Forschung des Landes Nordrhein-Westfalen: Geisteswissenschaften* Heft 17, 1953, S. 16. Conant fügte hinzu (ebd.): »Die Politik ist viel zu wichtig, als daß man sie den Politikern überlassen könnte. Wenn wir also eine Brücke zwischen Naturwissenschaft und Politik schlagen wollen, so stehen wir vor einem doppelten Problem. Einmal ist es nötig, bei der größtmöglichen Zahl unserer Staatsbürger ein Verständnis für die Naturwissenschaft zu entwickeln. Zum anderen ist es genauso nötig, bei unseren Naturwissenschaftlern ein größeres Interesse und Verständnis für die Politik heranwachsen zu lassen.«

34 Zit. nach Werskey, *The Visible College*, a.a.O. [wie Anm. 8], S. 246 (meine Übersetzung).

35 *The New York Times*, 13. Sept. 1936, Section IV, S. 8E (meine Übersetzung).

36 Vgl. z. B. das Statement der Sektion für Chemie der BAAS nach dem italienischen Überfall auf Äthiopien: »chemists as a body view with grave concern the increasing use of science for destructive ends« (zit. nach McGucken, »The Social Relations of Science«, a.a.O. [wie Anm. 14], S. 254).

37 Sir Richard Gregory, der Herausgeber der Zeitschrift *Nature*, 1936 auf der BAAS-Tagung in Blackpool; vgl. *Manchester Guardian* vom 17. Sept. 1936, S. 10 (»The Scientists Disperse«).

38 Zu nennen wären: Ritchie Calder vom *Daily Herald*; James G. Crowther vom *Manchester Guardian*; Waldemar Kaempffert von der *New York Times* und Charles Percy Snow als Herausgeber der Monatszeitschrift *Discovery*.

39 Kuhn, »Reflections«, a.a.O. [wie Anm. 32], S. 29: »The scientific enterprise is not autonomous.«

40 Vgl. ebd.: »The first great break in that conception of an autonomous science occured in the early 1930's, primarily under the influence of Marxist studies. The shape of scientific institutions, the selection of the problems their members pursued, and the general direction of scientific advance were all seen to be affected [...] by the socio-economic interests of the society within which scientific activity occurred. Science was no longer autonomous: factors external to the enterprise affected its content as well as its rate of development.«

41 Auch wenn die Naturwissenschaften gegen den Externalismus und Kontextualismus immun wären, wäre eine entsprechende Rekonstruktion der sozialwissenschaftlichen Wissenschaftsforschung mit Sicherheit möglich, da ja die ver-

meintliche Schwäche der Sozial- und Humanwissenschaften (im Vergleich zu den Naturwissenschaften) gerade darin besteht, daß sie für gesellschaftliche Einflüsse besonders aufgeschlossen sind.

42 Peter Weingart (Hrsg.), *Wissenschaftssoziologie II: Determinanten wissenschaftlicher Entwicklung*, Frankfurt / M. 1974, S. 8.

43 Ebd., S. 303.

44 Ebd., S. 292.

45 Joseph Needham, »Foreword«, in: *Science at the Cross Roads*, a.a.O. [wie Anm. 7], S. IX f. (meine Übersetzung).

46 Werskey, »Introduction«, a.a.O. [wie Anm. 8], S. XV f. (meine Übersetzung).

47 Vgl. *Akademiia nauk SSSR personalnyi sostav*, Moskau 1974. Bd. 2 (1917–1974), S. 174. Die Notiz ist übrigens (wie alle anderen Einträge auch) mit einer kleinen Fotografie Hessens nach Art eines Paßbildes versehen.

48 Loren R. Graham, »The Socio-political Roots of Boris Hessen: Soviet Marxism and the History of Science«, in: *Social Studies of Science* 15 (1985), S. 708 (meine Übersetzung). Grahams Quellenangabe lautet: »For biographical information on Hessen I have drawn on Manuscript Division, Lenin Library, Moscow, fond 384, karton 6, ed. 15, as well as the information from Dirk Struik« (ebd., S. 720, Anm. 9). Struik wiederum erhielt seine Informationen Ende der sechziger Jahre von Kolman; siehe weiter unten, Anhang, Nr. 1.

49 Siehe weiter unten, Anhang, Nr. 2.

50 Vgl. B(oris) M. Gessen, *Sotsial'no-ekonomicheskie korni mekhaniki N'iutona. Doklad na II mezhdunarodnom kongresse po istorii nauki i tekhniki*, Moskau / Leningrad 1933. (Sozioökonomische Wurzeln von Newtons Mechanik. Rede auf dem II. Internationalen Kongreß der Wissenschafts- und Technikgeschichte); ders., *Sotsial'no-ekonomicheskie korni mekhaniki N'iutona. Doklad na II mezhdunarodnom kongresse po istorii nauki i tekhniki*, Moskau / Leningrad 1934, 2. Auflage, 78 S.

51 Vgl. B(oris) Hessen, *The Social and Economic Roots of Newton's ›Principia‹*, Sydney 1946. (Mit einem Vorwort von John P. Callaghan, M.Sc., Chairman, Science Committee, Australian Communist Party, S. 3–4); ders., *The Social and Economic Roots of Newton's ›Principia‹*, New York 1971. (Mit einer Einleitung von Robert S. Cohen, S. V–X).

52 Vgl. Weingart (Hrsg.), *Wissenschaftssoziologie II*, a.a.O. [wie Anm. 42], S. 262 bis 325.

53 Vgl. Günter Kröber, »›Science at the Cross Roads‹ – Voraussetzungen und Folgen«, in: E. G. Forbes (Hrsg.), *Human Implications of Scientific Advance. Proceedings of the XVth International Congress of the History of Science*, Edinburgh 1978, S. 108, Anm. 1: »In den vorliegenden englischen und deutschen Übersetzungen der Arbeit von Hessen wird deren Titel wiedergegeben als ›Die sozialen und ökonomischen Wurzeln [...]‹. Bei Hessen ist jedoch von ›sozialökonomischen Wurzeln‹ die Rede [...] Der Unterschied ist wesentlich, da der Terminus ›sozialökonomisch‹ in der marxistischen Theorie auf die Totalität einer Gesell-

schaftsordnung [...] abzielt und infolgedessen etwas anderes bezeichnet als ›sozial und ökonomisch‹.«

54 Klaus Schlüpmann, »On Boris Gessen« (unveröffentl. Ms.; 30 S.), S. 18: »Gessen's Essay was printed in Moscow as a brochure and appeared with its main chapter [...] 1933 in the Karl Marx Memorial Volume of the Academy's popular journal ›Priroda‹. The English version needs revision. Thus, the decisive chapter just mentioned starts [...]: ›It would, however, be too greatly simplifying and even vulgarising our object if we began to quote *every problem* which has been studied by one physicist or another, and every economic and technical problem which he solved.‹ [Vgl. *Science at the Cross Roads*, a.a.O. [wie Anm. 7], S. 177. – W.S.] If this phrase does not make much sense, the Russian original certainly does. It reads: ›It would be a great simplification and vulgarisation, if we would deduce every problem taken up by one physicist or another straight away from economy or industrial technology.‹ Gessen's intention obviously was to start by refuting what is commonly called the ›Economistic Reduction of Marxism‹ and the translator got it all wrong.«

55 Vgl. Horst Poldrack/Dieter Wittich, »Beiträge sowjetischer Wissenschaftler im Umfeld des Londoner Kongresses 1931 zur Wissenschaftsgeschichte«, in: *Deutsche Zeitschrift für Philosophie* 36 (1988) 8, S. 747–751.

56 Vgl. B(oris) G(essen), »Predislovie k stat'iam A. Einshteina i Dzh. Dzh. Tomsona«, in: *Pod znamenem marksizma* (1927) 4, S. 152–65 (Vorwort zu den Artikeln von A. Einstein und J. J. Thomson). Mir liegt eine unveröffentlichte Übersetzung ins Deutsche von Jenny und Klaus Schlüpmann vor.

57 David Joravsky, »Soviet Views on the History of Science«, in: *Isis* 46 (1955), S. 5, Anm. 8 (meine Übersetzung).

58 Vgl. Graham, »The Socio-political Roots of Boris Hessen«, a.a.O. [wie Anm. 48], S. 713–15.

59 Werskey, »Introduction«, a.a.O. [wie Anm. 8], S. XVI (meine Übersetzung).

60 Arnošt Kolman, *Die verirrte Generation. So hätten wir nicht leben sollen. Eine Autobiographie. Ergänzt durch: Wie habt ihr so leben können? Ein Dialog zwischen František Janouch und Arnošt Kolman*, Frankfurt/M. 1982 (überarb. und erweiterte Ausg., hrsg. von Hanswilhelm Haefs und František Janouch), S. 368.

61 Vgl. Arnošt Kolman, *Die verirrte Generation. So hätten wir nicht leben sollen. Eine Biographie*, Frankfurt/M. 1979.

62 Kolman, *Die verirrte Generation*, überarbeitete und erweiterte Ausgabe von 1982, a.a.O. [wie Anm. 60], S. 136. Memoiren im allgemeinen und Kolmans Erinnerungen im besonderen ist nie unkontrolliert zu vertrauen. Nach Crowther hatte auch Wawilow, »who had recently been in London at the International Congress [...] a splendid command of English«; vgl. Crowther, *Fifty Years with Science*, a.a.O. [wie Anm. 8], S. 85.

63 Graham, »The Socio-political Roots of Boris Hessen«, a.a.O. [wie Anm. 48], S. 713 (meine Übersetzung).

64 Zit. nach der unveröffentlichten dt. Übersetzung (s. o. Anm. 56), S. 19.

65 Vgl. Hessen, »The Social and Economic Roots«, a.a.O. [wie Anm. 9], S. 171.

66 Vgl. Robert Conquest, *The Harvest of Sorrow. Soviet Collectivization and the Terror-Famine*, New York 1986.

67 Vgl. Werskey, »Introduction«, a.a.O. [wie Anm. 8], S. XII–XIV. Proletarisierung hieß vor allem die gezielte Berufung von Parteimitgliedern (»roten Experten«).

68 Vgl. Joravsky, »Soviet Views«, a.a.O. [wie Anm. 57], S. 4 mit Anm. 6.

69 Vgl. Graham, »The Socio-political Roots of Boris Hessen«, a.a.O. [wie Anm. 48], S. 711.

70 Ebd., S. 712.

71 Vgl. ebd., S. 710 mit Anm. 16 und S. 712 mit Anm. 25. Hessen wurde mit philosophischen Bestrebungen in Verbindung gebracht, die den wahrscheinlichkeitstheoretischen Ansatz der Quantenmechanik gegen das Kausalitätsprinzip ausspielten und die Materie-Energie-Äquivalenz der Relativitätstheorie gegen den Materialismus ins Feld führten.

72 Ebd., S. 715 (meine Übersetzung).

73 Vgl. Bynum/Browne/Porter (Hrsg.), *Dictionary of the History of Science*, a.a.O. [wie Anm. 2], S. 185 f. (»Hessen Thesis«).

74 Der Stand der Hessen-Forschung läßt allenfalls die Lücken erkennen, die erst einmal geschlossen werden müßten, um zu einer fundierten Beurteilung der Arbeiten, Kämpfe und Wandlungen Hessens zu kommen; vgl. die in diesem Aufsatz zitierten Studien und die Arbeiten, die Graham 1985 in »The Socio-political Roots of Boris Hessen« verzeichnet; außerdem K. Kh. Delokarov, »B. M. Gessen i filosofskie problemy estestvoznaniia«, in: *Vestnik akademia nauk USSR* Dez. 1978, Nr. 12, S. 75–84 (B. M. Gessen und die philosophischen Probleme der Naturwissenschaft); Paul Josephson, *The Leningrad Physico-technical Institute and the Birth of Russian Physics*, Ph.D. dissertation Cambridge, Mass. 1986 (Kap. 9: »Theoretical Physics and Philosophical Disputes«); Horst Poldrack, *Zum Problem des sozialtheoretischen Erkenntnisfortschritts der Bourgeoisie im niedergehenden Kapitalismus. Eine erkenntnistheoretisch-historische Studie zum epochalen und formationsspezifischen Hintergrund der Wende in der bürgerlichen Wissenschaftsforschung*, Diss. Karl-Marx-Universität, Leipzig 1986; Rainer Rilling, »Die ›Social Relations of Science Movement‹ – gewerkschaftliche Organisierung und politische Linksorientierung in der britischen Wissenschaft 1917–1945«, in: *BdWi-Forum*, 43/44 (Nov. 1980), S. 49–61 (Marburger Habilitationsvortrag vom 16.7.1980); Michael Wolff, »Boris Hessen und die sozialen Ursprünge physikalischer Theoriebildung«, in: *Materialistische Wissenschaftsgeschichte. Naturtheorie und Entwicklungsdenken*, Berlin 1981, S. 34–47.

75 Horst Poldrack griff diese »bohrenden Fragen« seinerzeit auf und schlug 1987 in Moskau vor, die Erforschung der Wissenschaftsforschung als »Baustein« für eine marxistische Wissenschaftstheorie der Gesellschaftswissenschaften zu benutzen; vgl. H. Poldrack, »Die Geschichte der Wissenschaftsforschung als Gegen-

stand der Wissenschaftsforschung – fruchtlose ›Meta-Metameierei‹ oder Baustein für eine Wissenschaftstheorie der Gesellschaftswissenschaften?« in: Akademie der Wissenschaften der DDR. Zentralinstitut für Philosophie (Hrsg.), *VIII. Internationaler Kongreß für Logik, Methodologie und Philosophie der Wissenschaften, Moskau, 17.–22.8.1987*, Berlin 1987, S. 17–27.

76 Der Eindruck mangelnder Selbstreflexivität der Wissenschaftsforschung wächst; vgl. Bruno Latour und Steve Woolgar, *Laboratory Life. The Construction of Scientific Facts*, Princeton 1986 (2. Aufl.), S. 18: »Very few studies of science have undertaken any kind of self-appraisal of the methods employed. This is surprising in that one might automatically expect students of science to be constantly aware of the basis for their pretensions to produce ›scientific‹ findings: it might be reasonable to expect scholars concerned with the production of science to have begun to examine the basis for their own production of findings. Yet the best works of these scholars remain mute on their own methods and conditions of production.« Inzwischen ist aus dieser treffenden Kritik der Wissenschaftsforschung ein Projekt der dritten Art hervorgegangen; vgl. Steve Woolgar (Hrsg.), *Knowledge and Reflexivity. New Frontiers in the Sociology of Knowledge*, London 1988, S. 7: »The Next Step. The exploration of reflexivity is the next natural development of the relativist-constructivist perspective in the social study of science.«

77 Siehe u. a. den Angriff auf die technokratischen Aspirationen der »alten Spezialisten«; vgl. Kendall E. Bailes, »The Politics of Technology: Stalin and Technocratic Thinking Among Soviet Engineers«, in: *The American Historical Review* 79 (1974) 2, S. 445–69.

78 Vgl. Graham, »The Socio-political Roots of Boris Hessen«, a.a.O. [wie Anm. 48], S. 716 f. Graham meint, daß Hessen sich nur deshalb bereitgefunden habe, »›to do a Marxist job‹ on Newton« (ebd., S. 716), weil er damit gegenüber seinen Kritikern in Moskau klarstellen konnte: »›What you do to Einstein and Bohr, I can do to Newton; so let's leave the physics alone‹« (ebd.). Hessen hätte demnach zeigen wollen, daß gute Wissenschaft trotz fragwürdiger sozialer Einflüsse zustande kommt. »The unwritten final line was that when Einstein wrote on religion or philosophy he also merely expressed his social context and therefore these views should not be held against his physics« (ebd., S. 717). Ob Hessen in seinem Innersten (»deep down«) so gedacht hat, wissen wir nicht. Graham kann folglich auch nur von einer »implicit message« (ebd., S. 716) sprechen, die er [Graham] aus Hessen herausliest. Aber abgesehen davon, daß diese Interpretation unbeweisbar ist, ist zu bemerken, daß sie mit einer asymmetrischen Lesart des Externalismus operiert. Sie unterscheidet zwischen der Genese von wahrem und falschem Wissen, und zwar so, daß der Einfluß des sozialen Kontexts auf Meinungen und Irrtümer beschränkt bleibt. Der Erklärungsanspruch des Externalismus ist aber durchaus symmetrisch und insofern viel stärker: Er zielt auf die Rekonstruktion der gesellschaftlichen Geburt allen Wissens, auf wahres Wissen ebenso wie auf falsches.

79 In der als Manuskript gedruckten Fassung dieser Arbeit wurde noch folgendes überlegt (mit Rücksicht auf die Kollegen in der damaligen DDR): »Rechtfertigt diese Ansicht Kolmans Attacken gegen Hessen? Ich hoffe nicht. Natürlich hatte Kolman immer nur die besten proletarischen Absichten, wenn er zum Angriff auf Abweichler blies. Man sollte ihm auch nicht zugute halten, daß er Hessen auf Gedanken gebracht hat, die nicht nur politisch opportun, sondern auch in einem tieferen Sinne richtig und fruchtbar waren. Und wenn im Falle Hessens die Selbstanwendung des Externalismus in die Hände des Antimarxismus spielt? Hierauf würde ich antworten: Wenn der Marxismus sich als ein Projekt der Aufklärung versteht, dann ist die Aufklärung des Marxismus über den Marxismus kein Projekt der Gegenaufklärung, sondern eine aktuelle und dringend notwendige Aufgabe des Marxismus selbst« (a. a. O., S. 36).

80 John Desmond Bernal, »Fünfundzwanzig Jahre später«, in: ders., *Die soziale Funktion der Wissenschaft*, hrsg. von H. Steiner, a. a. O. [wie Anm. 13], S. 15.

Anhang

1. Ein Lebenslauf Boris Hessens von Arnošt Kolman

Die Angaben von Loren Graham über Boris Hessen gehen auf Informationen von Professor Dirk Struik zurück, die dieser von Arnošt Kolman 1968/69 erhalten hat (siehe Anm. 48). Die Bekanntschaft von Kolman und Struik datiert aus dem Jahre 1921. Kolman kam damals als »Emigrant« unter dem Namen »Breuer« nach Deutschland, um illegale politische Arbeit zu leisten. Über seine erste Begegnung mit Struik berichtet Kolman in seinen Lebenserinnerungen:

»Marussja, die als meine russische Emigrantenfrau galt, ließ ich gemeinsam mit Ermar in unserer Wohnung im Arbeiterviertel Neukölln und fuhr selbst nach Jena, um am Parteitag der KPD teilzunehmen und eine Grußbotschaft des Moskauer Parteikomitees zu überbringen. Am selben Tag noch warnten die deutschen Genossen mich und einen weiteren Genossen, der eine Grußbotschaft der holländischen kommunistischen Partei überbracht hatte, daß die Polizei uns als Ausländer verhaften wolle. Was sollten wir machen? Noch vor dem Schluß des Parteitages, der mich in den Zentralausschuß gewählt hatte, wurden wir beide als umherreisende Studenten verkleidet. Als es dunkel wurde, ließ man uns durch den Hinterausgang in den Garten hinaus, und von dort machten wir uns wohlbehalten auf die Chaussee, die nach Leipzig führte. Wir unterhielten uns unterwegs lebhaft. Natürlich kannte keiner den Namen des anderen. Aber es stellte sich heraus, daß auch er Mathematiker war, sich für die gleichen methodologischen Probleme wie ich und für die Geschichte der Mathematik interessierte. Bei Nacht schlugen wir uns bis Baumburg durch und setzten uns am frühen Morgen in den Nahverkehrszug nach Leipzig. Dort trennten sich unsere Wege; ich fuhr nach Berlin, mein Weggefährte nach Holland zurück. Es schien, als sei unsere Bekanntschaft damit beendet. Aber es kam anders. Anfang der dreißiger Jahre las ich in Moskau in der amerikanischen Zeitschrift *Science and Society* einen Artikel über philosophische Probleme der Mathematik, der mich erstaunlich an mein Nachtgespräch mit dem unbekannten Holländer erinnerte. Er war mit Dirk Struik unterzeichnet, also mit einem offenbar holländischen Namen. Ich schrieb an den Autor, und wie groß war meine Freude, als sich herausstellte, daß ich mich nicht geirrt hatte. Wir begannen, miteinander zu korrespondieren. Struik emigrierte 1925 von Holland in die USA, wo er in Cambridge Professor des MIT, des Technologischen Instituts von Massachusetts, wurde.« (A. Kolman, *Die verirrte Generation. So hätten wir nicht leben sollen. Eine Autobiographie. Ergänzt durch: Wie habt ihr so leben können? Ein Dialog zwischen František Janouch und Arnošt Kolman*, Frankfurt 1982, S. 108 f.)

Kolman traf Struik später auch in den USA. Als Struik in den sechziger Jahren den Auftrag erhielt, für die *Encyclopedia Judaica* eine biographische Notiz über Boris Hessen zu verfassen (die allerdings niemals erschienen ist), wandte er sich an Kolman mit der Bitte um biobibliographische Auskünfte. Kolman stellte ihm daraufhin in mehreren Briefen einiges Material zur Verfügung.

Professor Struik hat dieses Material sowohl Graham (im Winter 1976) als auch mir (im Sommer 1986) zugänglich gemacht. Zwischen den von Graham veröffentlichten biographischen Daten und den von Kolman stammenden besteht ein hohes Maß an Übereinstimmung. Diese Übereinstimmung ließe sich dadurch erklären, daß das Ergebnis der Kolmanschen Recherchen seinerzeit sowohl an Struik gegangen ist als auch in dem Karton deponiert wurde, den Graham in Moskau eingesehen hat (und in dem nur etwa fünf beschriebene Blätter liegen, wie

Professor Graham mir mitteilte). Der von Kolman an Struik übermittelte Lebenslauf Boris Hessens enthält einige Angaben, die die von Graham publizierten ergänzen. Nachfolgend gebe ich – mit freundlicher Erlaubnis von Professor Struik – diesen Lebenslauf Hessens ungekürzt und ohne Korrektur des fehlerhaften Englisch wieder.

Curriculum vitae

Boris Mihaïlovich Hessen, born 1893 in the town Yelisavetgrad (now Kirovograd) in south Ukraine, in the Jewish family of a bank employee. In 1905–13 he attended the local secondary school (gymnasium), and after the graduation, 1913–14 he studied at the physical faculty of the university of Edinburgh. Then, to 1917 he was a student of the physico-mathematical faculty of the university of Leningrad, and 1924–28 was a student of the Institute of the Red Professorship for the theoretical natural science in Moscow. 1931 he received the academic degree of doctor of physics and the title of professor of physics. In 1933 he was elected as a correspondend-member of the AS of USSR. In 1935, owing to a slander, he was arrested and died in 1938 in inprisonment. In 1956 he was posthumous fully rehabilitated.

Already being a secondary schoolboy B. M. Hessen joined the communist party in Yelisavetgrad. Here he took part as a fighter in a communist detachement against the white guard bands of ataman Grigiriev, was elected as a member of the local Revolutionary Committee and later as member of the local board of people's education. In Moscow, 1919–20 he worked in the Red army as an instructor of the Political Board of the Revolutionary War Committee, 1921–24 was a member of the Presidium of the communist high-school the Sverdlov university and head of its lecturing bureau.

1928–30 he was the assisten(t) director of the section for natural science of the Institute of the Red Professorship, 1928–30 he was a scientific worker of the section for natural science of the Communist Academy, 1929–30 professor at the department of physics of the Moscow State university, 1933–35 assistent director in science of the Physical institute of the AS of USSR (the director was S. I. Vavilov).

Knowing German, French and English, B. M. Hessen took an active part in 1928 in the international courses of physicists in Berlin, in 1930 in the congress of German physicists in Königsberg (now Kaliningrad), in 1931 in the second international congress of history of science and technology in London.

2. Das Geburtsjahr von Boris Hessen

Das Mitgliederverzeichnis der sowjetischen Akademie der Wissenschaften von 1974 gibt 1883 als Geburtsjahr von Boris Hessen an (s. Anm. 47). Loren Graham teilt die auch im vorstehenden Lebenslauf verzeichnete Jahreszahl 1893 mit.

In den Special Collections der Edinburgh University Library werden sowohl das *First Matriculation Book 1913/14* als auch das *Matriculation Album 1913/14* mit den handschriftlichen Eintragungen des Studenten Boris Hessen aufbewahrt (George Square, Edinburgh EH8 9LJ). Die Eintragungen im *Matriculation Album* lauten:

date:	Oct 2,
matriculation number:	873,
signature:	Boris Hessen,
country:	Russia,
home:	Elizabethgrad,
age last birthday:	20,
faculty:	Science,
year:	First.

Das *First Matriculation Book* enthält übereinstimmende Angaben und verzeichnet zusätzlich: »school education: Gymnasium of Elizabethgrad«.

Diese Eintragungen stammen, wie in den mir in fotografischer Kopie vorliegenden Dokumenten angegeben, vom 2. Oktober 1913. Da Hessens Geburtstag auf den 16. August fällt, folgt aus der Angabe »age last birthday: 20«, daß Boris Hessen im Jahre 1893 geboren wurde.

ZWEITER TEIL:
ÜBER ZUKÜNFTIGE DINGE

*»Wenn es Wirklichkeitssinn gibt,
muß es auch Möglichkeitssinn geben.«*
Robert Musil
in *Der Mann ohne Eigenschaften*, 1930

Dehumanisierung im Kontext der »Zwei Kulturen«: John Desmond Bernal und Max Horkheimer über die Entmenschlichung der Gattung

I.

> *»Wir kennen nur eine einzige Wissenschaft, die Wissenschaft der Geschichte. Die Geschichte kann von zwei Seiten aus betrachtet, in die Geschichte der Natur und die Geschichte der Menschen abgeteilt werden. Beide Seiten sind indes nicht zu trennen; solange Menschen existieren, bedingen sich Geschichte der Natur und Geschichte der Menschen gegenseitig. Die Geschichte der Natur, die sogenannte Naturwissenschaft, geht uns hier nicht an; auf die Geschichte der Menschen werden wir indes einzugehen haben, da fast die ganze Ideologie sich entweder auf eine verdrehte Auffassung dieser Geschichte oder auf eine gänzliche Abstraktion von ihr reduziert.«*
>
> Marx/Engels, *Die deutsche Ideologie*, 1845/46 [1]

> *»Die Naturwissenschaft ist viel zu wichtig, als daß man sie den Naturwissenschaftlern überlassen könnte.«*
>
> James B. Conant nach dem Zweiten Weltkrieg [2]

Die Zeit ist gekommen, da man Karl Marx und Friedrich Engels zitieren kann wie Friedrich Schiller und Johann Wolfgang Goethe, als berühmte deutsche Schriftsteller, deren Namen einen vertrauten Klang haben, die aber vom großen Publikum nicht gelesen werden. Wer heute auf sie verweist, will vielleicht seine Bildung unter Beweis stellen, vielleicht hat er auch ein echtes Interesse an ihnen, einen literarischen, historischen oder philosophischen Anlaß. Jedenfalls hat das Absterben des Staatssozialismus vom sowjetischen Typus dazu beigetragen, daß Marx und Engels zu wahren Klassikern geworden sind, sofern wir als »Klassiker« jene Autoren bezeichnen wollen, die immer wieder zu neuen Deutungen und Umdeutungen einladen, so daß auch belesene Leute zu ihren Werken zurückkehren und aufs neue aus ihnen lernen können.

Die Aufnahme der Werke der Urväter der kritischen Gesellschaftstheorie in die Bibliothek klassischer Texte bedeutet ferner, daß wir eine größere Interpretationsfreiheit im Verhältnis zur gesamten marxistischen Tradition gewonnen haben, daß wir die Werke unserer intellektuellen Großväter mit mehr Distanz lesen können und müssen – so wie schon Horkheimer und seine Mitarbeiter Marx und Engels nicht ehrfürchtig und mit abgeschaltetem Hirn, sondern mit wachem Verstand gelesen haben. Sie zitierten Engels, Freud, Kant, Marx und Weber in wissenschaftlicher, nicht in ideologischer Absicht. Die kritischen Theoretiker scheuten sich nicht, die Rolle der Arbeiterklasse im 20. Jahrhundert ebenso in Frage zu stellen wie die Dogmatisierung des Klassenkampfes und der ökonomischen Basis.[3] Sie emigrierten mit dem Institut für Sozialforschung nicht nach Moskau, sondern nach New York und kehrten nach dem Zweiten Weltkrieg nach West-, nicht nach Ostdeutschland zurück. Die Kritische Theorie maß der wirtschaftlichen und intellektuellen Unabhängigkeit ebenso wie der Freiheit und Zufriedenheit des Individuums einen hohen Wert bei. Sie war orthodox im Gefolge des Gelehrten Marx und nicht im Gefolge der verhängnisvollen Entwicklung des repressiven Marxismus. Die gegenwärtigen Vertreter der Frankfurter Schule sind entschiedene Verteidiger der liberalen Demokratie und der zivilen demokratischen Gesellschaft.

Ich will hier jedoch nicht ausmalen, was das kritische Denken von Marx über Horkheimer bis zu Habermas und über ihn hinaus an bewunderungswürdigen Leistungen hervorgebracht hat und hervorbringt, sondern möchte den blinden Fleck der Kritischen Theorie problematisieren. Kreativ und durchaus wirkungsvoll hat sie kleine interdisziplinäre Brücken zwischen Philosophie, Psychoanalyse und Sozialpsychologie geschlagen und Verbindungen zwischen Ökonomie, Soziologie, Literatur und Musik hergestellt. Es ist ihr jedoch nicht gelungen, die größere und viel bedeutsamere Kluft zwischen den Sozial- und Naturwissenschaften, zwischen moderner Technik und humanistischer Philosophie zu überwinden. Meine Kritik an der Kritischen Theorie zielt darauf, daß sie ihr Forschungsprogramm faktisch auf die Geistes- und Sozialwissenschaften begrenzt hat – ganz ähnlich wie Karl Mannheim, der in seiner konkurrierenden Wissenssoziologie Physik, Mathematik und Logik von der soziologischen Untersuchung ausnahm.[4]

Die beiden Mottos dieses Essays definieren den historisch-theoretischen Rahmen meiner Kritik. Sie markieren zwei wichtige historische Schritte in Richtung auf ein Verständnis der gesellschaftlichen Funktion der Technowissenschaft in den hundert Jahren zwischen 1845 und 1945. Am Anfang stehen Marx und Engels. Als sie in der *Deutschen Ideologie* ihre materialistische Geschichtstheorie entwickelten, betonten sie, daß Naturgeschichte und Menschengeschichte – solange es Menschen gibt – in Wechselbeziehung zueinander stünden, daß Natur- und Gesellschaftsgeschichte nichts anderes als zwei Seiten einer einzigen Geschichte seien. Mit suggestiven Formulierungen votierten sie für eine Geschichtsauffassung, in der Natur- und Gesellschaftsgeschichte untrennbar miteinander verbunden sind. Doch zum Schluß ihrer Überlegungen wird die Naturgeschichte erneut ausgeklammert, fällt die naturhistorische Seite der Geschichte wieder unter den Tisch. Daß der zitierte Absatz von den Autoren im übrigen gestrichen wurde,[5] mag darauf hindeuten, daß Marx und Engels selbst es für nicht sehr materialistisch hielten, »die ganze Ideologie« hauptsächlich als ein Problem der »Geschichte der Menschen« zu betrachten.

Am Ende des geschichtlichen Ringens um die Erkenntnis der modernen Geschichte steht der Yankee-Wissenschaftler und Harvard-Präsident James Bryant Conant, der 1945 rundheraus erklärte, die menschliche Geschichte, zumindest die der neueren Zeit, lasse sich ohne ein ausreichendes Verständnis der Naturwissenschaften nicht mehr adäquat begreifen.[6] Das intensive Erlebnis der Militarisierung der modernen Naturwissenschaften, die Erfahrung ihres unter dem Mantel der Geheimhaltung verborgenen fundamentalen Wandels, hatte Conant tief beeindruckt. Er war zu dem Schluß gekommen, daß eine demokratische Gesellschaft es sich nicht leisten kann, die Naturwissenschaften den Experten zu überlassen, daß die moderne Technowissenschaft viel zu groß und zu folgenschwer für unser Schicksal geworden ist, um von Insidern allein gesteuert zu werden, und daß es dem Gemeinwohl schadet, wenn Nichtwissenschaftler aufgrund ihrer Unwisssenheit gezwungen sind, die Ergebnisse naturwissenschaftlicher Arbeit als die Produkte einer fremden Kultur zu betrachten. Er wandte sich gegen die überkommene Ahnungslosigkeit hinsichtlich der wissenschaftlich-technischen Seite von Geschichte und nutzte seine einflußreiche Position, um pädagogische Gegenmittel zu institutionalisieren.[7]

Conants Widerspruch war scharf und aktuell. Die Realität der Technowissenschaft und die allgemeine Unwissenheit hinsichtlich dieser Realität hatten nach dem Zweiten Weltkrieg kritische Ausmaße erreicht. Von der Öffentlichkeit wurde das Problem des weitverbreiteten Mangels an Vertrautheit mit dem harten Kern der modernen Kultur allerdings erst in den späten fünfziger und frühen sechziger Jahren wahrgenommen, man sprach damals viel von den »zwei Kulturen«. Das Stichwort hatte der englische Naturwissenschaftler und Romancier Charles Percy Snow gegeben. In einem Vortrag mit dem Titel *The Two Cultures and the Scientific Revolution*[8] lenkte er im Jahre 1959 die allgemeine Aufmerksamkeit, die durch eine bösartige Attacke gegen ihn noch verstärkt wurde,[9] auf die Stellung der Naturwissenschaften innerhalb der modernen Kultur. Seine Rede löste eine lebhafte internationale Debatte aus.[10]

Ich möchte hier von zwei Annahmen ausgehen. Erstens: Im Hinblick auf die beiden Seiten der menschlichen Geschichte hatten Marx und Engels recht. Zweitens: Die Vernachlässigung einer der beiden Hälften der Geschichte, der Gesellschafts- oder der Naturgeschichte, verzerrt auch die Wahrnehmung der jeweils anderen und folglich die Wahrnehmung des Ganzen. Theoretisch hatte die Marxsche Gesellschaftstheorie die beiden Seiten der Geschichte seit 1845 miteinander verknüpft, aber praktisch ignorierte sie nach wie vor die Kultur der Naturwissenschaften. Die Ausklammerung der Naturwissenschaften bzw. der menschlichen Naturgeschichte in der *Deutschen Ideologie* ist ein theoretisches Urversäumnis, das nie wieder wettgemacht wurde, weder von Marx noch von Horkheimer, Habermas oder seinen Schülern. Aber was für die Akteure auf der sozialgeschichtlichen Seite der Geschichte gilt, das gilt auch für jene, die sich vorwiegend auf der Seite der Naturgeschichte betätigen. Die Mehrzahl der naturwissenschaftlichen Praktiker ist im Hinblick auf Philosophie, Geistes- und Sozialwissenschaften vergleichsweise ahnungslos. Der Mangel an Vertrautheit mit der jeweils anderen Seite der Geschichte hindert die lokalen Akteure auf beiden Seiten daran, die historischen Probleme in angemessener Weise zu behandeln. Diese Unfähigkeit wird im folgenden demonstriert, und zwar am Beispiel der »Dehumanisierung«. Mit dem Projekt der Dehumanisierung verbindet sich auf der einen Seite der Geschichte ein hochfliegender Techniktraum, auf der anderen hingegen eine radikale Technikkritik. Die eine Hälfte dieser Halbwahrheit vertritt der Naturwissenschaftler John Desmond Bernal (1901–1971), die andere – auf der gegenüberliegenden Seite des Grabens zwischen den beiden Kulturen – der Philosoph Max Horkheimer (1895–1972).

Die Rahmenbedingungen sind wie geschaffen für ein vergleichendes biographisches Experiment. Es gibt keine Hinweise darauf, daß Horkheimer und Bernal einander je begegnet wären, und höchstwahrscheinlich wußten sie nicht einmal voneinander. In der Literatur über Horkheimer ist kein Hinweis auf Bernal zu finden und umgekehrt[11] – eine ideale Gelegenheit zu zeigen, daß es sinnvoll ist, Bernal und Horkheimer in einem Atemzug zu nennen und auf ein und derselben Buchseite zu erwähnen. Ich möchte noch weitergehen und behaupten: Wenn die Regel gilt, daß komplementäre Gestalten wie Bernal und Horkheimer in unserer Wahrnehmung, Erinnerung und intellektuellen Welt so isoliert dastehen, daß niemandem der Gedanke kommt, sie miteinander zu vergleichen oder Verbindungen zwischen ihnen herzustellen, dann zeigt sich darin das kulturelle Schisma und die zweigleisige Geschichte, die seit Conant und Snow ein in Abständen wiederkehrender Anlaß zur ernsthaften pädagogischen, politischen und sozialen Besorgnis geworden ist.[12]

Bernal und Horkheimer, so kann man sagen, verkörpern jeweils eine der beiden Kulturen. Horkheimer ist in der Welt der Wörter zu Hause, in unserer traditionellen humanistischen Kultur, die vor allem auf die Interpretation, Kreation und Überlieferung großer Texte zielt, während Bernal für die Welt der Laboratorien steht, für unsere naturwissenschaftliche Kultur, die großartige Maschinen entwickelt und darauf programmiert ist, die Natur zu erklären, zu manipulieren und zu transformieren. Diese beiden seit langem getrennten Hälften der Kultur haben, abgesehen von den Vorurteilen, die sie gegeneinander hegen, wenig miteinander gemein. Das tiefgründige Denken des Philosophen ist für den Naturwissenschaftler nichts weiter als »heiße Luft«[13], während die Zukunftshoffnung des Wissenschaftlers – die Erwartung von »mehr Marmelade morgen« – von seinem Kritiker als künstlich gesüßte »menschliche Leere«[14] abgetan wird.

Seit nach dem Ende des Zweiten Weltkriegs allgemein bekannt wurde, welche Rolle die Technowissenschaft in den geheimen Forschungs- und Entwicklungsprojekten der kriegführenden Staaten spielte, hat es zahllose Diskussionen über die Gefahren und das Potential von Wissenschaft und Technik gegeben. Fast alle, die an diesen Debatten teilnahmen, waren sich darin einig, daß eine rationale Orientierung des wissenschaftlich-technischen Fortschritts der ganzen Menschheit dienen würde; aber eine alle Seiten zufriedenstellende Lösung wurde nie gefunden. Versuche, den Fortschritt von Wissenschaft und Technik in bestimmten kritischen Augenblicken in die »richtige« Richtung zu lenken, sind regelmäßig fehlgeschlagen. Die Unfähigkeit, in der Frage des richtigen Weges einen Konsens zu erzielen, hat sicherlich mehrere Ursachen. Nicht unwichtig scheint mir allerdings in diesem Zusammenhang die Tatsache zu sein, daß die Diskussionsteilnehmer von getrennten kulturellen Kontinenten ausgehen, in völlig unterschiedlichen intellektuellen Welten leben und nicht dieselbe Sprache sprechen.

Ein Vergleich zwischen dem Techniktraum des Kristallographen Bernal und der Technikkritik des Sozialphilosophen Horkheimer macht diese kulturelle Scheidelinie sichtbar und zeigt außerdem, daß die Kluft zwischen den beiden Kulturen auch solche Denker zu prägen vermag, die wir zu Recht für originell, eigenwillig und bedeutend halten. Selbst der außergewöhnlichste Kopf empfindet eine gewisse Voreingenommenheit für die Kultur, in der er sich gebildet hat. Sein Denken mag viele gesellschaftliche und politische Grenzen überwinden, aber nicht unbedingt die wichtigste Bruchstelle unserer Kultur. Weder Bernal noch Horkheimer steht über den beiden Kulturen; jeder von ihnen ist in seinem Bereich verwurzelt und wird von der Situation beeinflußt, die in diesem Bereich herrscht. Horkheimers auffälliger Pessimismus trägt dem Niedergang der literarisch-philosophischen Kultur Rechnung, Bernals erstaunlicher Optimismus hingegen dem Aufstieg der naturwissenschaftlich-technischen Kultur. Der Philosoph und der Naturwissenschaftler interpretieren die Welt verschieden, nicht nur wegen ihrer subjektiven Vorlieben, sondern auch im Einklang mit den Anschauungen, die in den beiden Kulturen als grundlegend und selbstverständlich gelten. Dies ist um so bemerkenswerter, als die Unterschiede zwischen Bernal und Horkheimer hinsichtlich ihrer sozialen Herkunft, ihrer politischen Orientierung und ihrer beruflichen Laufbahn nicht besonders groß sind. Beide stammen aus relativ wohlhabenden Familien, beide bekannten sich als Studenten zu Marx und zum Sozialismus, und beide erreichten schon in jungen Jahren eine gesicherte akademische Position.

Bernal wurde auf einem Landgut in Irland geboren. Sein Freund C. P. Snow schrieb: »Für diejenigen, die sich für gesellschaftliche Feinheiten interessieren: Bernal war seiner Geburt nach ein katholischer irischer Gentleman, der die Erziehung der englischen Oberklasse empfing und sein Leben lang im Tonfall des privilegierten Engländers sprach.«[15] Vermutlich war die Familie Bernal jedoch sephardischer Herkunft. Ein Apotheker namens Bernal nahm 1502 an der dritten Expedition des Kolumbus nach Nordamerika teil; ein gewisser Abraham Nuñez Bernal wurde 1654 in Cordoba auf dem Scheiterhaufen verbrannt; ein Bruder entkam über Holland nach England; seine Nachfahren nahmen in Irland den katholischen Glauben an.[16] Der zehnjährige John Desmond wurde auf ein von Jesuiten geleitetes Jungeninternat in England geschickt. Bernal war und blieb »immer ein Mann des Glaubens«,[17] ob als Katholik oder als Kommunist.

Horkheimer wurde in Stuttgart geboren. Sein Vater, Moses Horkheimer, war ein erfolgreicher Textilfabrikant in Württemberg. Er betrachtete seine Religion als Privatsache und weigerte sich bis 1938 oder 1939, Deutschland zu verlassen: »Seine Familie lebe länger hier als die des Herrn Hitler, ließ er den nach Amerika emigrierten Sohn wissen.«[18] Max Horkheimer wurde amerikanischer Staatsbürger. Er ist einer der wenigen deutsch-jüdischen Intellektuellen, die nach dem Zusammenbruch des Dritten Reiches in das Land ihrer Muttersprache zurückkehrten. Er übernahm wieder den Lehrstuhl, von dem er 1933 vertrieben worden war, und baute das Institut für Sozialforschung neu auf. Im Jahre 1951 wurde er als »erster Jude in der deutschen Universitätsgeschichte« zum Rektor der Frankfurter Universität gewählt.[19]

In ihrer politischen Orientierung ähneln sich Bernal und Horkheimer bis in die Mitte der dreißiger Jahre. Horkheimer nahm während seines Studiums Verbindung zu linken Studentengruppen auf, kritisierte den Reformismus der Sozialdemokratie in der wilhelminischen und der Weimarer Zeit und verfolgte »klopfenden Herzens« die sowjetischen Anstrengungen, die »furchtbare gesellschaftliche Ungerechtigkeit« der kapitalistischen Welt zu überwinden.[20] Aber Horkheimer trat nie der Kommunistischen Partei bei und verlor seit den Moskauer Prozessen mehr und mehr den Glauben an den orthodoxen Marxismus und das bolschewistische Experiment. 1969 erklärte er: »Ich anerkenne in Marx, aber gewiß nicht in seinen Nachfolgern, einen großen Denker, jedoch nicht so groß, daß er Kant oder Hegel vorgezogen werden müßte.«[21]

Bernal trat zwei linken Parteien bei, der großen britischen Labour Party und der kleinen Kommunistischen Partei Großbritanniens. 1923 verließ er die KPGB aus taktischen Gründen.[22] In Wirklichkeit gab Bernal die Verbindung zur kommunistischen Partei jedoch nie auf, ebensowenig wie sein unerschütterliches und mehrfach bekundetes Vertrauen in die historische Mission der Sowjetunion und ihres »großen Führers«. Nach Stalins Tod im Jahre 1953 rühmte Bernal den sowjetischen Diktator als die »bedeutendste Gestalt der Zeitgeschichte« und als »großen Naturwissenschaftler«.[23]

Sowohl Bernal als auch Horkheimer waren, ungeachtet ihrer nicht eben konventionellen politischen Anschauungen, im akademischen Bereich schon früh sehr erfolgreich. Horkheimer wurde mit fünfunddreißig Jahren auf den Frankfurter Lehrstuhl für Sozialphilosophie berufen und trat als Direktor des Instituts für Sozialforschung die Nachfolge Carl Grünbergs an, der aus Krankheitsgründen ausschied. Bernal wurde 1927 mit sechsundzwanzig Jahren erster Dozent für strukturelle Kristallographie am Mineralogischen Institut der Universität Cambridge unter Professor Arthur Hutchinson;[24] 1937, mit sechsunddreißig Jahren, wurde er zum Fellow der Royal Society gewählt und mit dem Lehrstuhl für Physik am Birkbeck College in London betraut, wo er Nachfolger des nach Manchester berufenen Patrick M. S. Blackett wurde. Aber Bernal und Horkheimer gaben sich mit ihren universitären Erfolgen nicht zufrieden. Sie setzten sich über die akademischen Schranken und Grenzen ihrer Fachgebiete hinweg; sie dachten über die Geschichte der Menschen im großen nach; sie blickten in die Kristallkugel, um die Zukunft der Menschheit vorauszusagen. Und was sahen der Philosoph und der Naturwissenschaftler? Zwei Welten, die nichts miteinander zu tun hatten.

II.

> *»Die ganze Welt ist voll der Verheißung großer
> Dinge, und es wird ein Tag kommen, ein Tag in
> der unendlichen Folge der Tage, an dem Wesen,
> die heute noch in unseren Gedanken schlummern
> und in unseren Lenden verborgen sind, auf dieser
> Erde stehen werden, wie man auf einem Fuß-
> schemel steht, sie werden lachen und mit ihren
> Händen nach den Sternen greifen.«*
>
> H. G. Wells im Jahre 1902 [25]

> *»Wenn der ganzen Menschheit Frieden, Fülle
> und Freiheit zuteil geworden ist, wird sie sich
> vielleicht bereit finden, die fanatischen, aber
> nützlichen Leute in Ruhe zu lassen, die sich ent-
> schlossen haben, ihre Körper zu entstellen oder
> sich in den Weltraum zu schießen; und wenn ih-
> nen dann angesichts des Ausmaßes der Verände-
> rungen irgendwann klar wird, daß sich da etwas
> Wichtiges und Erschreckendes zugetragen hat,
> dann wäre es zu spät, dann könnten sie nichts
> mehr dagegen tun. Selbst wenn eine Woge von
> primitivem Obskurantismus über die Welt ginge
> und die Häresie der Wissenschaft unter sich be-
> graben würde, wäre die Wissenschaft doch längst
> unterwegs zu den Sternen.«*
>
> John Desmond Bernal im Jahre 1929 [26]

Bernals erstes Buch trägt den biblischen Titel *The World, the Flesh and
the Devil* – Die Welt, das Fleisch und der Teufel. Der Untertitel kennzeichnet es als eine »Untersuchung über die Zukunft der drei Feinde
der rationalen Seele«. Es wurde erstmals 1929 veröffentlicht und 1969,
vierzig Jahre später, noch einmal, versehen mit einem Vorwort, in dem
der Verfasser gesteht, daß ihm sein erstes Buch immer noch lieb und
teuer ist: »Es enthält viele Ideenkeime, die ich dann im Laufe meines
wissenschaftlichen Lebens ausgearbeitet habe.« [27] Es gibt keinen
Grund, hieran zu zweifeln. Bernals frühe Zukunftsstudie ist nicht nur
ein seriöses und übrigens ziemlich einflußreiches Stück Science Fiction,
sie eröffnet auch einen Blick auf die intellektuelle Physiognomie ihres
Verfassers. *The World, the Flesh and the Devil* beinhaltet die wesent-

lichen Antriebe von Bernals Denken. Alles, was Bernal später hervorgebracht hat, auch sein Buch *The Social Function of Science* (1939), und alles, wofür er bekannt, berühmt und berüchtigt wurde, wurzelt in dem rationalen Traum seines ersten Buches. Er wünschte sich, dieser Traum möge Wirklichkeit werden, und nie sind ihm dabei irgendwelche Bedenken gekommen.

Bernal war bestrebt, die Zukunft objektiv zu untersuchen. Als erster Dozent für strukturelle Kristallographie in Cambridge warf er natürlich rein wissenschaftliche Blicke in die Kristallkugel. Das Einführungskapitel seines prophetischen Versuchs handelt von den Methoden und Werkzeugen einer »Wissenschaft der Zukunft«. Um künftige Zustände des Universums wissenschaftlich vorherzusagen, bemühte sich Bernal, eigene Wunschvorstellungen in bezug auf die Zukunft hintanzustellen und mögliche Illusionen und mystische Erwartungen auszuschließen.[28] Als Hilfsdisziplinen zog er die Geschichte, die physikalischen Wissenschaften und die Psychologie heran und wendete das zentrale Prinzip, mit dem Lyell im 19. Jahrhundert die wissenschaftliche Geologie begründet hatte, auf seine Zwecke an: daß »der Zustand der Gegenwart und die in ihr wirksamen Kräfte auch den künftigen Zustand in sich enthalten und den Weg zu seiner Deutung weisen«.[29] Aber da die Zukunft des gesamten Universums den Rahmen eines kleinen Buches – und wahrscheinlich auch den eines großen – sprengen würde, beschränkte sich Bernal in seinem Essay auf die Zukunft des *menschlichen* Handelns.

The World, the Flesh and the Devil beschäftigt sich mit drei Bereichen menschlichen Handelns, in denen weitere Fortschritte wahrscheinlich waren. Bernal definiert seine drei Interessengebiete als »drei Arten von Kampf«.[30] An erster Stelle steht der Krieg *auf dem Schlachtfeld der Welt*, d.h. der Kampf mit den »intelligenzlosen Kräften der Natur«. An zweiter Stelle steht der Krieg *auf dem Schlachtfeld des Fleisches*, d.h. der Kampf mit dem menschlichen Körper, der Kampf »um Gesundheit und gegen Krankheit«. Und schließlich folgt der Krieg *auf dem Schlachtfeld des Teufels*, also der Kampf mit unseren »Sehnsüchten und Ängsten«.[31] So bewegt sich Bernal in aggressiver Weise von der Außenwelt durch den menschlichen Körper in die Innenwelt des Geistes. Aber auch der menschliche Geist ist nur ein Stadium, eine Zwischenstation, ein Fußschemel, um die Formulierung von Wells zu benutzen, auf dem evolutionären Eroberungszug vom niederen Leben auf dem Planeten Erde zu dem höheren Leben zwischen den Sternen.

Den Zugang zur Zukunft gewinnt Bernal durch die Physik bzw. die Baconische Beherrschung der leblosen Materie und Energie. Bernal macht die Physik, die erste moderne Naturwissenschaft, zu seiner Richtschnur; sie liefert ihm das Modell für die Beherrschung sowohl der lebendigen Materie durch die Molekularbiologie als auch der denkenden Materie durch eine exakte oder »harte« Psychologie. So feiert er im Jahre 1969 nicht nur die Raketen-, Laser- und Computertechnologie als triumphale Siege der Physik, sondern auch die Entschlüsselung der Molekularstruktur der DNS als »die bedeutendste Entdeckung der gesamten modernen Naturwissenschaft«.[32] Selbstkritisches Unbehagen äußert er nur darüber, daß er sich früher der Freudschen Psychologie bedient habe.[33]

Bernal machte 1929 zwei Prognosen im Hinblick auf die physikalische Welt. Er sagte eine Revolution der Materialwissenschaft und ein höheres Zivilisationsniveau voraus, nämlich die Emanzipation des intelligenten Lebens von der Oberfläche des Globus mit Hilfe der Raumfahrt und die Gründung von Kolonien »jenseits der Grenzen des Sonnensystems«.[34] Im Hinblick auf die Materialwissenschaft antizipierte Bernal ganz richtig den Schritt von der Analyse zur Synthese, also die Herstellung von Stoffen, »die nicht bloß Modifikationen dessen sind, was uns die Natur bereitstellt [...], die vielmehr nach genauen Vorgaben über die molekulare Architektur hergestellt werden«.[35] Er prophezeite ein Zeitalter synthetischer Stoffe für alle erdenklichen Zwecke, »eine unvergleichlich effizientere und reichere Welt«. Seine Prophezeiung umfaßte auch die »biochemische und letztlich chemische Produktion von Nahrungsmitteln unter kontrollierten Bedingungen«. Und im Überschwang angesichts solcher Aussichten verkündete er, die synthetischen Nahrungsmittel würden die Gastronomie zum erstenmal auf das hohe Niveau der anderen Künste heben.[36]

Bernal faßte die emanzipatorische Eroberung des Sonnensystems und der Sternenwelt ins Auge und malte die Errichtung »eines permanenten Lebensraums für die Menschen im Weltraum« aus. Er stellte sich Hohlkugeln vor – »von vielleicht zehn Meilen Durchmesser [...], hergestellt aus dem Rohstoff eines oder mehrerer kleiner Asteroiden, aus dem Material der Saturnringe oder anderem Planetenschutt«.[37] Sie würden um die Sonne kreisen, ihre Energie durch eine harte, aber dünne und transparente Haut empfangen, eine Leben ermöglichende Atmosphäre umschließen und bis zu dreißigtausend Bewohner aufnehmen können. Die Entwicklung, Vergrößerung und Vermehrung dieser Kugeln werde die Hauptaufgabe der Menschen im Weltraum sein. Bernal sah den Tag schon vor sich, an dem die Mehrheit der Menschen in solchen Gebilden hausen würde. Das Leben in diesen Kugeln hat Konflikte und Leidenschaften hinter sich gelassen, es funktioniert wie eine gut geölte Maschine und »benötigt nicht mehr Regierung und Verwaltung als [...] ein modernes Hotel«. Die Siedler in Bernals Zukunft sind veränderte Menschen, völlig rationale Wesen und nicht interessiert am »Abwechslungsreichtum von Landschaften, an der Vielfalt von Tieren, Pflanzen und historischen Gedankenverbindungen«.[38] Sie verhalten sich wie leidenschaftslose Naturwissenschaftler, genauer gesagt: Der objektive Naturwissenschaftler ist Bernals Modell für die Evolution der Menschheit zu einer neuen, auf das Leben in hohlen, unregierten Kugeln zugeschnittenen Spezies.

»Schon heute beschäftigt sich der Naturwissenschaftler intensiver mit seiner Arbeit und konzentriert sich stärker auf die Beziehungen zu seinen Kollegen als auf das Leben in seiner Umgebung. Außerdem weisen auch die ästhetischen Tendenzen der Gegenwart ins Abstrakte und verlangen nicht so sehr nach Inspiration aus der unberührten Natur. Was die Beschränktheit und Enge der Kleinstadt ausgemacht hat, ist einerseits ihre Isolation, andererseits die Tatsache, daß die Mehrheit ihrer Bewohner auf einem so niedrigen kulturellen Niveau lebt, daß es innerhalb ihrer Grenzen kaum zu einem nennenswerten intellektuellen Austausch kommt. Keine dieser Beschränkungen gilt für die Kugeln, und das Beispiel des antiken Athen zeigt zur Genüge, daß geringe Ausdehnung für sich genommen kulturelle Aktivität nicht verhindert.«[39]

Das Kapitel über die Welt schließt mit einigen Mutmaßungen, aus denen Bernals Raumfahrtprogramm seinen Schwung bezieht. Bernal versichert, der moderne Mensch werde nicht innehalten, »ehe er den größten Teil der Sternenwelt durchstreift und kolonisiert hat«, und erklärt, man könne »die Sterne nicht so weitermachen lassen wie bisher, sie werden vielmehr in hocheffektive Wärmemaschinen umgebaut«.[40] Der *Homo faber* wird also der allmächtige Herr des Universums sein, er wird die kosmische Energieverschwendung beenden und die Sterne in Kraftwerke verwandeln.

Wenn man aber die Sterne nicht so weitermachen lassen kann wie bisher, dann kann man auch das Fleisch, den Leib, nicht unverändert lassen. Dazu Bernal: »Der Mensch selbst muß sich aktiv in seine Erschaffung einmischen, und zwar auf eine höchst unnatürliche Weise.«[41] Bernal ist nicht daran interessiert, durch indirekte Methoden das Beste aus den vorhandenen Arten zu machen. Er hat wenig übrig für »Eugeniker und Gesundheitsapostel«, die nur darauf aus sind, das zu optimieren, was die Natur zufällig hervorgebracht hat. Bernal will die Blindheit der Darwinschen Natur überwinden und die Evolution kurzschließen.[42] Er ist an einer »radikalen Veränderung« des menschlichen Körpers interessiert und will mit Hilfe direkter Methoden einen Homo super-sapiens konstruieren. Seine Begeisterung über die Entdeckung der Doppel-Helix der DNS, die in Bernals Vorwort von 1969 zum Ausdruck kommt, spiegelt seine Freude über einen großen Schritt in Richtung einer Gentechnik, die Bernal schon 1929 unter dem Stichwort »physiologische Chemie« konzipiert hatte.[43]

Es war natürlich nie einfach vorauszusagen, wie die Zukunft genau aussehen wird. Deshalb beschreibt Bernal in Form eines Märchens, wie sich der Leib verändern wird: »Früher oder später wird sich irgendein bedeutender Physiologe bei einem super-zivilisierten Unfall den Hals brechen [...] und sich anschließend entscheiden müssen, ob er seinen Körper oder sein Gehirn aufgeben soll.« Bernals Lösung dieses scheinbar unerfreulichen Dilemmas ist eindeutig: »Schließlich kommt es auf das Gehirn an.«[44] Die Moral ist klar: Der Körper kann verschwinden, das Gehirn muß bleiben. Lebendig sein heißt denken.

Bernal skizziert die Verwandlung des Menschen in drei Phasen. In Phase eins

»führt der Mensch sechzig bis hundertzwanzig Jahre lang ein unspezialisiertes, der eigenen Entwicklung gewidmetes Dasein – sicherlich Zeit genug, um die Befürworter des natürlichen Lebens zufriedenzustellen. In dieser Phase [...] kann er seine Zeit auf Tanzen, auf Dichtung, auf die Liebe verwenden [...] Anschließend wird er seinen Körper verlassen, dessen Möglichkeiten er inzwischen ausreichend erkundet hat.«[45]

Phase zwei ist ein »komplizierter und ziemlich unangenehmer Prozeß«, in dessen Verlauf der vorhandene Körper mit »neuen Sinnesorganen« und »motorischen Apparaturen« versehen wird und dessen Einzelheiten man in *The World, the Flesh and the Devil* nachlesen kann. Der Mensch der zweiten Phase ist »ein hocheffektiver, verstandesgelenkter Mechanismus«, dessen »stoffliche Plastizität die Möglichkeiten der nicht transformierten Menschheit bei weitem übersteigt«.[46] In Phase drei tritt schließlich der neue Mensch auf, für den Uneingeweihten »ein sonderbares, monströses und unmenschliches Geschöpf«.[47] Aber Bernal zufolge ist dieses dehumanisierte Geschöpf »für wissenschaftliche, nicht für ästhetische Zwecke mechanisiert«.

»An Stelle des gegenwärtigen Körperbaus tritt ein Gerüst, das ganz aus einem sehr festen Material besteht, wahrscheinlich nicht aus Metall, sondern aus einem der neuen Fiberwerkstoffe. Es könnte die Form eines kurzen Zylinders haben. In diesem Zylinder, sorgfältig gelagert, um Erschütterungen zu vermeiden, befindet sich das Gehirn mit seinen Nervenverbindungen, umgeben von einer bei gleichbleibender Temperatur gehaltenen, ständig zirkulierenden Flüssigkeit vom Typ der Gehirn-Rückenmarks-Flüssigkeit. Das Gehirn und die Nervenzellen werden unaufhörlich mit frischem, sauerstoffreichem Blut versorgt, während das sauerstoffarme Blut durch Arterien und Venen abgeleitet wird, die das Gehirn mit dem künstlichen Herz-Lungen-Verdauungs-System außerhalb des Zylinders verbinden – eine aufwendige, automatische Apparatur.«[48]

Der Gehirnkastenmensch verfügt über eine »gesicherte, kontinuierliche Wahrnehmungsfähigkeit«. Er ist mit allen möglichen Apparaten verbunden, mit unmittelbaren Sinnesorganen und motorischen Organen ebenso wie mit wartungsfreien Mechanismen und zahlreichen anderen neuartigen Erweiterungen, die »nur noch im weitesten Sinne einer Einzelperson angehören«. Bernal denkt daran, die einzelnen Gehirnkästen zusammenzuschließen und auf diese Weise Verbundgehirne zu schaffen. Die Verbundmenschen bieten die Chance einer »vervollkommneten, ökonomischen Gedankenübermittlung [...] wie sie für das kooperative Denken der Zukunft erforderlich ist«, und ebnen den Weg zu einer Verschiebung des Todes »um dreihundert, vielleicht auch um tausend Jahre« und zu einem »Ekstasezustand«, in dem sich »das Fühlen wirklich unmittelbar mitteilt«. Bernal bezeichnet seine Gehirnwesen als »Engel«. Sie beherrschen die Sterne und alles Leben im Universum und haben ihre fleischlichen Körper weit hinter sich gelassen.[49]

»Schließlich könnte das Bewußtsein selbst aufhören oder in einer vollständig ätherisch gewordenen Menschheit vergehen, die den geschlossenen Organismus verloren hat und zu Massen von Atomen im Raum geworden ist, die durch Strahlung miteinander kommunizieren, und vielleicht verwandelt sie sich zu guter Letzt ganz in Licht.«[50]

Nach diesem spekulativen Höhenflug beschäftigt sich das Kapitel über den Teufel mit dem Zustand akuter Verwirrung, in den, wie Bernal erwartet, die Leser seines Buches inzwischen geraten sind. Bernal gibt zu, daß auch er selbst »wirklichen Abscheu« empfand, »vor allem in Hinblick auf die leiblichen Veränderungen«.[51] Diese unbehaglichen Empfindungen, so erklärt er jedoch, sind das Werk des Teufels. Der Teufel will nicht, daß wir »die Welt hinter uns lassen und das Fleisch überwinden«.[52]

Bernals Teufel sitzt am Kreuzweg der Zukunft der Menschheit, weckt in uns Ängste und beeinflußt unsere Sehnsüchte. Der Geist des Bösen empfiehlt den Weg des Fleisches, nicht den Weg der rationalen Seele. Der Horizont ist offen, entweder für eine Zukunft, die vom Teufel beherrscht wird, oder für eine Zukunft nach Bernals Geschmack. Die Alternative des Teufels, so behauptet Bernal, führe zum »Ende des wissenschaftlichen Zeitalters«[53], wie es bisweilen auch Bertrand Russel, Aldous Huxley, D. H. Lawrence und andere vorausgesagt haben. Dagegen führe seine, Bernals, Alternative zu einer »intellektuell gesunden Menschheit«.[54] Wenn die dem Fleisch Verhafteten, die im Banne des Bösen stehen, den Sieg davontragen, werde der Fortschritt zugunsten eines »idyllischen Südseedaseins« aufgegeben.[55] Wenn aber die »verrückten Einzelgänger, die Überdurchschnittliches leisten«[56], den Sieg erringen – oder weniger bescheiden ausgedrückt: wenn Wissenschaftler wie Bernal über die Zukunft bestimmen werden –, dann werde sich die Menschheit über ihre Dehumanisierung weiterentwickeln.

Originell daran, wie Bernal den Teufel ins Spiel bringt, ist nicht die überkommene Alternative zwischen Fortschritt und Stillstand, sondern die Idee, daß der Fortschritt von der »Evolution der menschlichen Sehnsucht« abhängig ist.[57] Bernal greift Freuds Begriff der Triebsublimierung und Triebunterdrückung auf und fragt: Was bedeutet es langfristig, wenn unsere leiblichen Energien in verfeinerte Aktivitäten transformiert werden? Wird die Vergeistigung eine Art von Perversion bleiben, oder weist sie in die Richtung eines Fortschritts? In seiner Antwort verwandelt Bernal Freuds räumliches Drei-Schichten-Modell von Es, Ich und Überich in eine historische, in der Zeit sich entfaltende Tendenz, die vom primitiven Es über das realistische Ich zum wahrhaft aufstrebenden Überich führt, das nach den Sternen greift, indem es den tierischen Körper hinter sich läßt. Deshalb fordert er »eine angewandte

Psychologie, [...] die die Ideale des Überich mit der äußeren Wirklichkeit in Einklang bringen soll«.[58]

The World, the Flesh, and the Devil sagt den Ausgang des Kampfes zwischen der rationalen Seele und ihren Feinden nicht mit Sicherheit voraus. Bernal hofft auf einen Sieg der Naturwissenschaft, aber er schließt nicht aus, daß die »emotionalen Reaktionen der allem Mechanischen feindlich gesonnenen Massen« in dem, was er als »Krieg der Maschinen« bezeichnet, die Oberhand gewinnen.[59] Er zieht sogar eine weitere interessante Möglichkeit in Betracht, die »Entwicklung eines Dimorphismus innerhalb der Menschheit, wobei der Konflikt zwischen Humanisierern und Mechanisierern nicht durch den Sieg der einen oder der anderen, sondern durch eine Spaltung der menschlichen Gattung gelöst wird«.[60]

Warum soll die Menschheit als Ganze voranschreiten, fragt Bernal. Schließlich »bleiben mehr Fische im Meer, als je daraus hervorgekommen sind«.[61] Wenn die Massen sich nicht dazu entschließen können, ihre eigene Dehumanisierung voranzutreiben, kann sich die Spezies immer noch »in einen progressiven und einen nicht progressiven Teil aufspalten«.[62] Das könnte auch durchaus heimlich geschehen, überlegt Bernal 1929. Die neuen Nationen zum Beispiel, die Vereinigten Staaten, China oder die Sowjetunion, könnten ihre Wissenschaftler, Techniker und Experten über deren Beratungsaufgaben hinaus nach und nach mit Regierungsaufgaben betrauen; oder eine künftige, von »der Gefahr eines kapitalistischen Angriffs befreite« Sowjetunion könnte ihre wissenschaftlichen Institutionen zur Regierung machen; oder große wissenschaftliche Unternehmen könnten sich zu »nahezu unabhängigen Staaten entwickeln und in die Lage versetzt werden, ihre umfangreichsten Experimente ohne Rücksprache mit der Außenwelt zu betreiben – einer Welt, die immer weniger imstande wäre zu begreifen, worum es bei diesen Experimenten geht«.[63] So oder so könnte die Welt zu einer Welt von Dummköpfen werden, die von kartesischen Wissenschaftlern (statt von platonischen Philosophen) regiert würde. Die Erdlinge würden in einer permanenten Jetztzeit leben und den Entwurf der Zukunft ihren rationalen Wächtern überlassen. »Die Kräfteverhältnisse, die heute gegen eine Spaltung der Menschheit sprechen, könnten sich fast unmerklich umkehren.«[64]

Aber niemand braucht den Mut sinken zu lassen. In der schönen neuen Welt, die da auf uns zukommt, werden sich Humanisten und Wissenschaftler in der beständigen Sorge um die Massen einig sein. Bernal stellte sich einen Planeten ohne Wissenschafts- und Technikfolgenabschätzung vor, eine Welt, die als unbeschwerter Menschenzoo durch den Weltraum treibt, »ein Zoo, der so intelligent geleitet wird, daß seine Bewohner gar nicht merken, daß sie nur zu Beobachtungs- und Versuchszwecken da sind«. Diese Aussicht, so stellte der Verfasser von *The World, the Flesh and the Devil* abschließend fest, »könnte beiden Seiten gefallen: sie könnte die Wissenschaftler in ihrem Streben nach mehr Wissen und mehr Erfahrung ebenso zufriedenstellen wie die Humanisten bei ihrer Suche nach dem guten Leben auf der Erde«.[65]

III.

> *»Denken verdinglicht sich zu einem selbsttätig ablaufenden, automatischen Prozeß, der Maschine nacheifernd, die er selber hervorbringt, damit sie ihn schließlich ersetzen kann.«*

Horkheimer / Adorno,
Dialektik der Aufklärung, 1947[66]

> *»Wie jeder bestehende Glaube kann auch die Wissenschaft benutzt werden, den teuflischsten gesellschaftlichen Kräften zu dienen, und der Szientivismus ist nicht weniger engstirnig als die militante Religion.«*

Horkheimer,
Zur Kritik der instrumentellen Vernunft, 1947[67]

Dehumanisierung oder Entmenschlichung war für Horkheimer genau wie für Bernal ein Schlüsselproblem, aber anders als Bernal propagierte Horkheimer mit diesem Begriff keinen neuen Menschen. In seiner *Kritik der instrumentellen Vernunft*, die auf öffentliche Vorlesungen an der Columbia University im Frühjahr 1944 zurückgeht, sagte Horkheimer: »Das Fortschreiten der technischen Mittel ist von einem Prozeß der Entmenschlichung [*dehumanization*] begleitet. Der Fortschritt droht das Ziel zunichte zu machen, das er verwirklichen soll – die Idee des Menschen.«[68] Für Horkheimer bezeichnet die »Entmenschlichung« eine verabscheuungswürdige Tendenz und kann nur negative Bedeutung haben. Bernal dagegen benutzt das gleiche Wort in einem ganz und gar positiven Sinne. An einer Stelle in *The World, the Flesh and the Devil* heißt es: »Die dringende Notwendigkeit, Nahrungsmittel oder andere Konsumgüter zu produzieren, schwindet mit dem Fortschreiten der Dehumanisierung rasch.«[69] Für Bernal ist Dehumanisierung eine wünschenswerte, von der Technowissenschaft geförderte Entwicklung. Sie weist den Weg zu einem konkreten Fortschritt über jede traditionelle Idee und gegenwärtige physische Realität des *Homo sapiens sapiens* hinaus und führt schließlich zu den Engeln der Zukunft, einer posthumanen Spezies von »entleibten« Supergehirnen, zu einem neuralen Netzwerk von Denkmaschinen mit reinem Bewußtsein, die das Universum vollständig beherrschen.

Der Unterschied zwischen Horkheimers und Bernals Verständnis von Dehumanisierung ist offenbar fundamental, aber er war nicht von Anfang an vorhanden, sondern ergab sich aus einem radikalen Paradigmenwechsel in Horkheimers Geschichtsphilosophie. Es gibt zumindest zwei Horkheimer. Der eine, der junge Horkheimer der dreißiger Jahre, war ein ziemlich streitbarer marxistischer Philosoph, der seine materialistische Lektion gelernt hatte und sie repetierte wie jeder andere auch, Bernal eingeschlossen. Diese Lektion besagte: »Die Anwendung der gesamten geistigen und physischen Mittel der Naturbeherrschung wird dadurch behindert, daß sie unter den herrschenden Verhältnissen partikularen, sich widerstreitenden Interessen anheimgegeben sind.«[70] Der junge Horkheimer kritisierte nicht die Naturbeherrschung (wie es der spätere Horkheimer so heftig tat); er bekräftigte sogar, daß die Beherrschung der Natur »jene Funktion des Wissens« sei, »die auch in einer künftigen Gesellschaft notwendig bleibt«.[71] Mit anderen Worten: Die gegenwärtige Klassengesellschaft mit ihrem Antagonismus zwischen Kapital und Arbeit hemmt die Naturbeherrschung, weil sie Wissenschaft und Technik nicht zur vollen Blüte kommen läßt; eine klassenlose Gesellschaft dagegen wird die Kräfte von Wissenschaft und Technik entfesseln und die vollständige Beherrschung der Natur durch den Menschen erreichen.

Das war die offizielle Position, die unter dem Stichwort »*Science at the Cross Roads* – Wissenschaft am Scheideweg« während der Zeit des ersten Fünfjahresplans (1929–1933) von ebenso bedeutenden wie tragischen sowjetischen Denkern propagiert wurde, etwa von Nikolai Bucharin und Boris Hessen.[72] Ihre Geschichtsauffassung stellten sie sehr eindrucksvoll auf dem Zweiten Internationalen Kongreß für Wissenschaftsgeschichte 1931 in London dar.[73] Natürlich erreichten sie damit nur die bereits Bekehrten, unter ihnen Bernal. Nicht nur in England, sondern überall betrachteten linke Intellektuelle, die sich Gedanken über Wissenschaft, Technik und Gesellschaft machten, die Verheißungen einer künftigen sozialistischen Naturwissenschaft mit grenzenloser Zuversicht. Joseph Needham, der große Kenner der chinesischen Kultur und Wissenschaft, christliche Sozialist und Ehren-Taoist, schrieb in Erinnerung an diese hoffnungsfrohen Tage vor dem Zweiten Weltkrieg, als der Fortschritt des Sozialismus noch im Einklang mit der Entwicklung der Technowissenschaft war: »Alle meine Freunde und Autorenkollegen glaubten fest daran, daß die angewandte Wissenschaft der Menschheit zum Wohl gereichen werde; und unser Einwand gegen den Kapitalismus besagte, daß er diesen Prozeß behindere.«[74] Am Ende des Krieges hatte dieser ungeprüfte Optimismus schon einige ernüchternde Schläge erhalten. Seither haben Menschen in allen Ländern und aus allen politischen Lagern ihre Naivität verloren und angefangen, an der wohltätigen Gutmütigkeit des ungebrochenen technowissenschaftlichen Fortschritts zu zweifeln. Horkheimer überdachte als einer der ersten die rosigen Erwartungen, die seine Generation in der Vorkriegszeit gehegt hatte, und vollzog einen radikalen Kurswechsel.

Der zweite, der reife Horkheimer trat Anfang der vierziger Jahre als desillusionierter Sozialphilosoph in Erscheinung, als ein sozialistischer Intellektueller, den die Vorstellung plagte, der Stalinismus repräsentiere möglicherweise die Zukunft des Faschismus, und als ein kritischer Theoretiker, der sich mehr und mehr zu Schopenhauers Skepsis und düsterem Humanismus hingezogen fühlte. Die Kritische Theorie, die das Individuum vordem zu rationaler, verändernder gesellschaftlicher Praxis, fern aller reinen Theorie, hatte führen sollen, nahm nun einen pessimistischen Zug an, der die äußerste »Hoffnungslosigkeit« reklamierte, um einen letzten Funken von Hoffnung zu bewahren.[75] Sie machte sich eine Vorstellung von Philosophie zu eigen, in der Wahrheit zwar noch immer nicht ohne kritisches Handeln erreichbar war, aber die kritische Praxis oder das »kritische Verhalten« – ursprünglich ein Deckwort für revolutionäres Handeln, »das die Gesellschaft selbst zu seinem Gegenstand hat«[76] – war nun selbstkritisch und dystopisch geworden.

Horkheimers pessimistische Wendung korrespondierte mit den einzigartigen negativen Errungenschaften des 20. Jahrhunderts: Konzentrationslager, Völkermorde, Atombomben, unsägliches Elend und zahllose Tote durch endlosen Hunger und Krieg. Wenn man diese Bilanz bedenkt, dann muß der reife Horkheimer meiner Meinung nach nicht gegen den Vorwurf mangelner Zuversicht, bürgerlicher Dekadenz, nachlassender akademischer Publikationstätigkeit oder wie die Vorwürfe seiner Kritiker sonst lauten mögen in Schutz genommen werden. Wenn Verzweiflung angesichts der Steigerung des Leidens von Menschen und Tieren ein akzeptabler Grund ist, dann hatte Horkheimer Anlaß genug, die Gewißheiten seiner Jugend und das Ziel der Weltverbesserung auf dem Papier und in der Theorie aufzugeben. Was er über Schopenhauers Philosophie schrieb, kennzeichnet auch sein eigenes reifes Denken: Dieses Denken eigne sich wenig »zur Ertüchtigung, nicht einmal der akademischen«.[77] Der Horkheimer der vierziger Jahre hatte allen Glauben an die Zukunft der Menschheitsgeschichte verloren einschließlich seines früheren Glaubens an die eingeborene Wohltätigkeit der technowissenschaftlichen Naturbeherrschung.

Die Umkehrung der Prämissen trat besonders deutlich in einem Artikel in Erscheinung, der 1942 in der letzten Ausgabe von Horkheimers Zeitschrift unter dem Titel »The End of Reason« [Vernunft und Selbsterhaltung] erschien. Hier erklärte Horkheimer, »daß mit der Vernunft der Mensch aus der Befangenheit der Natur erwacht; nicht freilich, wie sie [die Philosophen] meinen, um diese zu beherrschen, sondern um sie zu begreifen«.[78] In einem einzigen Satz wurde die technowissenschaftliche Seite des Projekts der Moderne von Bacon und Descartes bis zu Wells, Haldane und Bernal für illegitim erklärt und Marx, der in seiner elften Feuerbach-These verkündet hatte, das interpretierende Begreifen der Welt sei nicht mehr gefragt[79], von den Füßen auf den Kopf gestellt. Jetzt griff der kritische Theoretiker sowohl die abendländische Vernunft als auch die instrumentelle Rationalität an und bezeichnete das Projekt der Aufklärung als »totalitär«.[80] Horkheimer entwickelte diese neue »umfassende philosophische Theorie«[81] über die Geschichte des Abendlandes zusammen mit Theodor W. Adorno in zwei wichtigen Texten: in den fünf Vorlesungen über »Society and Reason« an der Columbia University, aus denen die *Kritik der instrumentellen Vernunft* hervorging, und in der brillanten *Dialektik der Aufklärung*, die Friedrich Pollock gewidmet ist und ihm im Mai 1944 zu seinem fünfzigsten Geburtstag als Manuskript überreicht wurde.[82]

Wie einschneidend diese Wandlung in den philosophischen Anschauungen war, wird deutlich, wenn man sich vergegenwärtigt, in welch heikle Nähe der reife Horkheimer und Adorno auf diese Weise zu einem anderen Denker mit ganz und gar konträren politischen Überzeugungen gerieten – zu Martin Heidegger, der das Projekt der Aufklärung und die instrumentelle Vernunft schon immer kritisch betrachtet hatte. Adorno und Heidegger hegten ähnliche Hoffnungen hinsichtlich der erlösenden Kraft der Kunst; Heidegger und der reife Horkheimer deuteten den technischen Aufstieg des Abendlandes als ein Sympton seines inneren Niedergangs; und alle drei waren der Ansicht, der fatale technowissenschaftliche Wille zur Macht sei lange vor der eigentlichen Technowissenschaft in Gang gekommen, im alten Griechenland durch die abendländische Metaphysik oder irgendein anderes schöpferisches Mißgeschick.[83] Horkheimer, Adorno und Heidegger betrachten die globale technowissenschaftliche Zivilisation mit grundsätzlichen Einwänden und vergleichbarem Unbehagen.

Nachdem Horkheimer aus dem Gnadenstand der marxistischen Philosophie getreten war, blieb ihm nichts anderes als die mystische Kraft des wahren Wortes. Historischer Fortschritt war in seinen Augen nicht mehr Annäherung an eine bessere Welt, sondern ein Abgleiten in die kulturelle Barbarei und die Selbstzerstörung der Menschheit. »Naturbeherrschung«, so schrieb er, »schließt Menschenbeherrschung ein.«[84] Er war nicht mehr imstande zu glauben, daß der Hauptwiderspruch der industriellen Moderne – auf der einen Seite eine machtvolle Beherrschung der Natur, auf der anderen eine offenkundige Schwäche bei der Bewältigung gesellschaftlicher Probleme – je gelöst werden könne, ohne die »Krankheit der Vernunft« zu heilen, die aus den »tiefsten Schichten der Zivilisation« aufsteigt.[85] Wenn die Menschheit diese Krankheit heilen wolle, müsse sie »das Verlangen des Menschen, die Natur zu beherrschen«,[86] auslöschen. Das aber war eine Kur mit höchst unsicherem Ausgang. Revolutionäre Subjekte und Fortschritt in Richtung einer herrschaftslosen Gesellschaft ohne Ausbeutung, geplante Technowissenschaft und rationale Naturbeherrschung – die Marxschen Elemente der frühen Kritischen Theorie waren unwiederbringlich zerstört. Das einzig Vernünftige an der Vernunft war nurmehr die verzweifelte Fähigkeit, Alarm zu schlagen, die Fähigkeit, »die Dinge beim Namen zu nennen«.[87]

»Einmal war es das Bestreben von Kunst, Literatur und Philosophie, die Bedeutung der Dinge und des Lebens auszudrücken, die Stimme alles dessen zu sein, was stumm ist, der Natur ein Organ zu leihen, ihre Leiden mitzuteilen oder, wie wir sagen könnten, die Wirklichkeit bei ihrem richtigen Namen zu nennen. Heute ist der Natur die Sprache genommen. Einmal wurde geglaubt, jede Äußerung, jedes Wort, jeder Schrei oder jede Geste habe eine innere Bedeutung; heute handelt es sich um einen bloßen Vorgang.«[88]

An diesem Punkt kann man wohl sagen, daß die intellektuelle Gemeinsamkeit zwischen Bernal und Horkheimer – wohlgemerkt dem reifen Horkheimer – lediglich in ihrer Gegensätzlichkeit besteht. Die Ähnlichkeit der ideologischen Anfänge entwickelt sich zur Alternative am Kreuzweg der Dehumanisierung. Der Philosoph und der Naturwissenschaftler nehmen gegenüber der rasch sich wandelnden Welt und der Zukunft der Menschen denkbar unterschiedliche, ja gegensätzliche Haltungen ein. Bernal fürchtet zu wenig Dehumanisierung, Horkheimer erblickt schon viel zuviel Entmenschlichung; das gleiche gilt für die Technowissenschaft, den materiellen Fortschritt, die Naturbeherrschung usw. Woher rührt diese totale Gegensätzlichkeit? Und wie läßt sie sich begreifen?

Bernals technischer Traum nahm im Zweiten Weltkrieg festere Züge an. Bernal spielte eine wichtige Rolle innerhalb der britischen Kriegsanstrengungen; er erlebte einen »guten Krieg« und sah in der effizienten internen Kriegsorganisation der kapitalistischen Staaten einen Vorgriff auf den wissenschaftlichen Sozialismus.[89] Horkheimer war weniger glücklich. Angesichts der antisemitischen Gesetzgebung des Dritten Reiches brachte er sich und sein Institut 1933 in Sicherheit und geriet, wenn auch gemildert durch finanzielle Sicherheit, in eine von Exil, Kulturschock und Krieg geprägte prekäre Lage. Seine Wendung von einer positiven zu einer negativen philosophischen Deutung der westlichen Zivilisation wurde durch diese extreme historische Belastung natürlich stark beeinflußt – das müssen wir berücksichtigen. Aber in diesem Essay geht es nicht um die gesellschaftliche Bedingtheit individuellen Denkens (die sich bekanntlich nie schlüssig nachweisen läßt), das heißt wir müssen unser biographisches Experiment nicht auf die äußeren Lebensumstände Horkheimers in den vierziger Jahren stützen. Das Hauptinteresse ist hier ein vergleichendes. Es soll gezeigt werden, daß Bernal und Horkheimer auf unterschiedliche gedankliche Mittel zurückgriffen, daß sie von verschiedenen Anhäufungen kulturellen Kapitals zehrten und nicht im gleichen Boden wurzelten. Der Traum des Kristallographen speiste sich aus den Mineralien von Wissenschaft und Technik, dem Kunstdünger des *Homo faber*, während sich die Kritik des kritischen Theoretikers aus den Ablagerungen von Theologie, Philosophie und Literatur, dem Humus der Humanisten, nährte.

Daß Bernal und Horkheimer unvereinbare Theorien über Dehumanisierung oder Entmenschlichung entwickeln, ist dabei weniger wichtig als die Tatsache, daß keinem von beiden die kulturellen Ressourcen des anderen zugänglich sind. Jeder von ihnen verfügt über Schulung, Erfahrung und Bildung in jeweils einer der beiden durch eine tiefe Kluft getrennten Kulturen. Wenn Bernal und Horkheimer denken, zapfen sie getrennte Reservoire kultureller Ressourcen an. Sie arbeiten mit unterschiedlichen kognitiven Landkarten und divergierenden Bezugssystemen, greifen nach verschiedenen Traditionen und in unterschiedliche Werkzeugkästen. Bernal setzt die kulturellen Ressourcen der Technowissenschaft in Bewegung, wenn er die Spaltung der menschlichen Rasse in erdverbundene Humanisten und nach den Sternen ausschwärmende Naturwissenschaftler propagiert. Er treibt den Keil, der schon die abendländische Kultur gespalten hat, in die Gattung als solche. Er setzt sich für die fortschreitende Dehumanisierung zumindest einer menschlichen Avantgarde ein und erwägt die Schaffung einer neuen Super-Spezies auf freiwilliger Basis oder durch verdeckte Aktion. Der reife Horkheimer ist genauso frei und zugleich gebunden wie Bernal. Er nutzt die reichhaltigen Ressourcen seiner kulturellen Hemisphäre und schreibt über den »Niedergang des Individuums«.[90] In seine Kritik mischt sich der Unterton konservativer Kulturkritik. Wenn er den »riesigen technischen Fortschritt« betrachtet, »der die Bedingungen des menschlichen Daseins zu revolutionieren verspricht«[91], dann erkennt er die »Liquidation« des [männlichen] Subjekts[92] und bemerkt die instrumentelle Vernunft des Ingenieurs.

»Zwar ist der Ingenieur, vielleicht das Symbol dieses Zeitalters, nicht so ausschließlich auf Gewinn aus wie der Industrielle oder der Kaufmann. Weil seine Funktion unmittelbarer mit den Erfordernissen der Produktionstätigkeit selbst verbunden ist, tragen seine Anweisungen das Zeichen größerer Objektivität. Seine Untergebenen anerkennen, daß zumindest einige seiner Befehle in der Natur der Dinge liegen und deshalb in einem allgemeinen Sinn rational sind. Aber im Grunde gehört auch diese Rationalität zur Herrschaft, nicht zur Vernunft. Der Ingenieur ist nicht daran interessiert, die Dinge um ihrer selbst oder um der Einsicht willen zu verstehen, sondern im Hinblick darauf, daß sie geeignet sind, in ein Schema zu passen, ganz gleich, wie fremd dieses ihrer eigenen inneren Struktur sein mag; das gilt für lebende Wesen ebensogut wie für unbeseelte Dinge. Das Bewußtsein des Ingenieurs ist das des Industrialismus in seiner hochmodernen Form. Seine planmäßige Herrschaft würde die Menschen zu einer Ansammlung von Instrumenten ohne eigenen Zweck machen.«[93]

In der Tat, ein Bernalist würde sagen, unser neuer Mensch ist eine Ansammlung von Instrumenten, mit elektronischen Apparaten »zum Empfang von Radiofrequenzen, mit Augen für Infrarot-, Ultraviolett- und Röntgenstrahlen, mit Ohren für Ultraschallwellen, Detektoren für hohe und niedrige Temperaturen, für elektrische Spannungen und Ströme und mit vielfältigen chemischen Organen«.[94] Die technowissenschaftliche Naturbeherrschung ist für den Anhänger Bernals ganz unbedenklich und hat nichts Metaphorisches. Die Beherrschung der menschlichen Natur ist sein Ziel, und das nicht in einem metaphysischen Sinne; er will »das Fleisch unterwerfen«, um die konkrete physische Natur des Lebewesens Mensch zu verbessern. Doch immer wenn Horkheimer sich dieser Erkenntnis nähert, verfehlt er den entscheidenden Punkt. Für ihn greifen die Symptome der Dehumanisierung die metaphysische *Idee* des Menschen an, nicht seine physische Natur. Für Bernal ist die Dehumanisierung physisch, für Horkheimer metaphysisch. Ein »Abgrund von gegenseitigem Unverständnis«[95] trennt den Naturwissenschaftler vom Philosophen. Bernal und Horkheimer sind, ob schuldig oder unschuldig, Gefangene ihrer jeweiligen Kultur. Beide sind am Kreuzweg der Dehumanisierung gestrandet und keineswegs in der Lage, uns als Wegweiser zu dienen.

Schlußfolgerung

Horkheimer hat viel Wertvolles zu bieten, aber keinen festen Standpunkt für Wahrheitsansprüche, falls es einen solchen überhaupt gibt. In der *Kritik der instrumentellen Vernunft* schrieb der ernüchterte Horkheimer:

»Es ist hier zu beachten, daß die Einstellung aller menschlichen Wahrheit in Natur- und Geisteswissenschaften selbst ein gesellschaftliches Produkt ist, das durch die Organisation der Universitäten hypostasiert wurde, zuletzt auch durch philosophische Schulen, insbesondere die von Rickert und Max Weber. Die sogenannte praktische Welt hat für die Wahrheit keinen Platz und spaltet sie daher auf, um sie ihrem eigenen Bilde anzugleichen: die Naturwissenschaften sind mit sogenannter Objektivität ausgestattet, aber des menschlichen Inhalts entleert; die Geisteswissenschaften bewahren den menschlichen Inhalt, aber nur als Ideologie, auf Kosten der Wahrheit.«[96]

Wenn man diese Feststellung als wahr und als nicht ideologisch verzerrt ansehen könnte, dann könnte die fachliche Aufsplitterung der Wahrheit durch ein neues gesellschaftliches Produkt behoben und wieder zu einem Ganzen zusammengefügt werden, vielleicht durch die Reorganisation der Universitäten und unseres intellektuellen Lebens gemäß dem Evangelium irgendeiner holistischen Philosophie. Falsche Objektivität und wahre Ideologie könnten überwunden werden; Wahrheiten ohne menschlichen Inhalt könnten rehumanisiert und Wahrheiten mit unwahrem menschlichen Inhalt korrigiert werden. Aber die Anschauungen Horkheimers können nicht wahr sein, da sie selbst innerhalb der Geisteswissenschaften entwickelt wurden, d. h. innerhalb jener Bildungsbereiche, die »den menschlichen Inhalt nur als Ideologie bewahren«. Horkheimer muß sein eigenes Denken in diesem ideologischen Kontext ansiedeln, und wir müssen feststellen, daß der reife Horkheimer seiner eigenen Dekonstruktion der abendländischen Vernunft zum Opfer fällt – daß er selbst ein Teil des Problems ist, nicht dessen Lösung.

Das gleiche gilt für Bernal. Seine Unbekümmertheit im Hinblick auf eine heimliche Dehumanisierung ist nicht akzeptabel. Man könnte versucht sein, Horkheimers Kritik am Positivismus – »engstirniger Szientivismus« – auf Bernals Grundhaltung zu übertragen. Darin würde zwar unsere Ansicht über Bernals Befürwortung einer Spezies von hochfrisierten Gehirnkastenwesen zum Ausdruck kommen, es würde jedoch unsere Aufmerksamkeit vom Wirklichkeitsgehalt seines Techniktraums ablenken. Bernals Vision unserer Zukunft verdient volle Aufmerksamkeit, ernsthafte Prüfung und eine sorgfältige Beurteilung. Wir stehen noch immer am Kreuzweg der Dehumanisierung, im Grunde sogar mehr denn je, wenn man die raschen Fortschritte der Gentechnik, der Computerwissenschaft und der Nanotechnologie bedenkt.[97] Die moderne Technowissenschaft besitzt schon heute große Macht, obgleich sie noch in den Kinderschuhen steckt; sie wird unsere physische Natur nicht mit *ihrer* kritischen Aktivität verschonen, und deshalb dürfen wir die Zukunft der menschlichen Gattung nicht den Bernalisten überlassen.

Aber weder die frühe noch die spätere oder die gegenwärtige Kritische Theorie widmet den Naturwissenschaften und Technologien, die die Naturseite der menschlichen Geschichte beeinflussen und formen, genügend Aufmerksamkeit. Die Träume, Phantasien und Projekte unserer technowissenschaftlichen Kultur gedeihen mit sehr wenig oder ganz ohne interne Technikkritik, die über rein technische Gesichtspunkte hinausginge; unsere eloquentesten Technikkritiker nehmen oft eine schlicht antitechnologische Haltung ein; und einschlägige akademische Disziplinen wie die Geschichtswissenschaft, die Wissenschafts- und Techniksoziologie beschäftigen sich mehr mit ihren eigenen Problemen und Forschungsfronten als mit der Gesellschaft am Kreuzweg in die Zukunft.

Natürlich könnten unsere Universitäten den interkulturellen Austausch zwischen den Bernals und den Horkheimers fordern und fördern; Vertreter der Wissenschafts- und Technikforschung könnten als Mittler zwischen der naturwissenschaftlichen und geisteswissenschaftlichen Kultur tätig werden; Geisteswissenschaftler könnten ein gewisses Maß an technowissenschaftlicher Bildung erwerben; Naturwissenschaftler könnten objektive Forschungsmethoden mit subjektiver menschlicher Einfühlungsbereitschaft verbinden; und kritische Theoretiker könnten die beiden Seiten der Geschichte in den Blick nehmen. Aber unser Wissenssystem fördert die selektive kulturelle Unwissenheit. Es gibt kaum interkulturelle Kommunikationsverbindungen zwischen den Lagern der Technowissenschaft, der Sozialwissenschaften und der postmodernen Geisteswissenschaften. Aufgrund dieser Abgrenzungen werden die Denker innerhalb ihrer jeweiligen Kulturen reichlich mit Material versorgt, aber nur mit solchem, das dem eigenen Gebiet entstammt, und obendrein werden bei ihnen fundamentalistische Tendenzen bestärkt, die leicht in Szientivismus, Relativismus, Defaitismus oder irgendeine andere Übertreibung münden. Wir sind Gefangene auf den kulturellen Inseln unserer Zivilisation – und das ist keine gute Ausgangsposition, wenn es um Probleme geht, die statt einer monokulturellen eine multikulturelle Antwort erfordern.

Dieser Aufsatz hat nicht nach einer Lösung für die Diskrepanz zwischen dem Wunsch- und dem Alptraum von der Dehumanisierung gesucht. Es sollte aber deutlich geworden sein, daß weder die Herausforderung der Dehumanisierung noch die autistische Struktur der beiden großen intellektuellen Subkulturen eindimensionale Probleme sind, daß es sich dabei vielmehr um Probleme handelt, die eine aufgeklärte multikulturelle[98] Antwort erfordern. Eine solche Antwort zeigt sich jedoch nirgendwo. Die Trennungslinien zwischen den verschiedenen intellektuellen Disziplinen sind stark befestigt. Es wäre daher schon hilfreich, wenn wir unsere kulturellen Grenzen wenigstens kennen würden. Aus diesem Grund sollten wir die kulturelle Teilung der Erkenntnisarbeit genauer untersuchen, wir sollten mehr kulturvergleichende Studien unternehmen und die Bewußtseinshistoriker zu einer Bestandsaufnahme der unterschiedlichen kulturellen Ressourcen veranlassen, die in so vielen hochqualifizierten und hochgelehrten Köpfen einseitig zur Anwendung kommen.

Aus dem Amerikanischen von Reinhard Kaiser

Anmerkungen

Ein Teil dieses Textes wurde im August 1989 auf dem 18. Internationalen Kongreß für Wissenschaftsgeschichte in München auf einem Symposium zum fünfzigsten Jahrestag des Erscheinens von Bernals *Social Function of Science* (1939) vorgetragen. Die englische Originalfassung ist 1993 in einem Sammelband mit Aufsätzen zu Max Horkheimer in Cambridge, Massachusetts, bei MIT Press erschienen.

1 Karl Marx / Friedrich Engels, *Die deutsche Ideologie*, in: dies., *Werke*, Bd. 3, Berlin 1969, S. 18, Fn. *Die deutsche Ideologie* wurde der »nagenden Kritik der Mäuse« überlassen, d. h. zu Lebzeiten von Marx und Engels nie veröffentlicht. Vollständig erschien sie erstmals 1932. Die zitierte Passage wurde von den Autoren im Manuskript gestrichen und wird in englischsprachigen Taschenbuchausgaben häufig weggelassen.

2 Dieses Zitat stammt aus einem Vortrag, den Conant 1953 in Deutschland hielt: »Staatsbürger und Wissenschaftler«, *Arbeitsgemeinschaft für Forschung des Landes Nordrhein-Westfalen: Geisteswissenschaften* 17, (1953), S. 15–21, hier S. 16. Conant war zunächst Chemiker an der Harvard University, dann ihr 23. Präsident (1933–1953), anschließend Hochkommissar in Westdeutschland und von 1955 bis 1957 erster amerikanischer Botschafter in der Bundesrepublik Deutschland. Zwischen 1941 und 1945 war er Vorsitzender des National Defense Research Committee (NDRC) und damit verantwortlich für das amerikanische Atombomben-Projekt. Im Herbst 1945 erklärte er (im Rahmen seiner Terry Lectures an der Yale University): »Wir brauchen ein umfassenderes Verständnis der Naturwissenschaften in diesem Land, denn nur so kann die Naturwissenschaft in das Gefüge unserer weltlichen Kultur einbezogen werden. Wenn dies erreicht ist, werden wir dem Ziel, das wir heute mit so großem Ernst verfolgen, einen Schritt näher sein, dem Ziel einer einheitlichen, kohärenten Kultur, die unserer amerikanischen Demokratie im neuen Zeitalter der Maschinen und Experten angemessen ist.« J. B. Conant, *On Understanding Science: An Historical Approach*, New Haven 1947, S. 3.

3 Sie setzten sich auf diese Weise zahlreichen Angriffen der verschiedenen konventionelleren Versionen des Marxismus und Vulgärmarxismus aus, Angriffen durch den Leninismus, Stalinismus und Trotzkismus ebenso wie durch die Schulen von Lukács und Althusser; vgl. David Held, *Introduction to Critical Theory: Horkheimer to Habermas*, Berkeley 1980, S. 353 ff. Martin Jay schreibt in seinem Buch *Dialektische Phantasie. Die Geschichte der Frankfurter Schule und des Instituts für Sozialforschung 1923–1950*, Frankfurt / M. 1976, S. 343, sogar: »Dennoch legte das Institut letzten Endes eine so substantielle Revision des Marxismus vor, daß es den Anspruch verlor, unter seine zahlreichen Abkömmlinge eingereiht zu werden.« Vermutlich werden jedoch die renegatischen Arbeiten der Kritischen Theorie für eine künftige Lektüre von Marx und Engels mehr Anregung bieten als die toten Schlachtrösser des dogmatischen Marxismus.

4 Der junge Horkheimer kritisierte Mannheims Wissenssoziologie als eine besonders subtile und daher gefährliche Revision der Kernthese von Marx (daß die Welt verändert und nicht nur anders interpretiert werden müsse); vgl. Max Horkheimer, »Ein neuer Ideologiebegriff?« in: *Archiv für die Geschichte des Sozialismus und der Arbeiterbewegung* 15 (1930), S. 33–56; ders., *Gesammelte Schriften*, Frankfurt / M. 1987, Bd. 2, S. 271–294. Mannheim nimmt Physik, Mathematik und Logik von der soziologischen Untersuchung aus, wenn er schreibt: »Die Seinsverbundenheit des Denkens wird in jenen Gebieten des Denkens als

aufgewiesene Tatsache gelten, in denen es gelingt zu zeigen, [...] daß sich der Erkenntnisprozeß de facto keineswegs nach ›immanenten Entfaltungsgesetzen‹ historisch entwickelt, keineswegs nur ›von der Sache her‹ und von ›rein logischen Möglichkeiten‹ geleitet, keineswegs von einer inneren ›geistigen Dialektik‹ getrieben, zustandekommt.« Karl Mannheim, *Ideologie und Utopie*, [1929], Frankfurt/M. 1952, S. 230. Ein entschiedenes Votum zugunsten einer Soziologisierung aller Arten von Denken findet sich bei David Bloor, »Wittgenstein and Mannheim on the Sociology of Mathematics«, in: *Studies in History and Philosophy of Science* 4 (1973), S. 173–191.

5 Siehe oben, Anm. 1.

6 Conant, der seine Kindheit in Dorchester verbrachte, wäre der ideale Erzieher für Henry Adams, seinen Bostoner Mitbürger aus Quincy, gewesen, der sich um die Jahrhundertwende so intensiv darum bemühte, die Lehren der technowissenschaftlichen Moderne zu begreifen. Vgl. Ernest Samuels (Hrsg.), *The Education of Henry Adams: An Autobiography*, Boston 1973; dt. *Die Erziehung des Henry Adams*, Zürich 1953 und James Bryant Conant, *My Several Lives: Memoirs of a Social Inventor*, New York 1970.

7 Conant richtete eine Reihe von allgemeinbildenden Kursen für alle Harvard-Studenten ein. Einen dieser Kurse entwickelte er selbst und leitete ihn viele Jahre lang. Studenten der Sozial- und Geisteswissenschaften sollten darin die spezifischen Forschungsmethoden der Experimentalwissenschaften und das explosionsartige Wachstum der naturwissenschaftlichen Forschung »als eine koordinierte Aktivität der Gesellschaft« verstehen lernen.

8 Vgl. Charles Percy Snow, *Public Affairs*, New York 1971 (darin enthalten: »Prologue. The Two Cultures and the Scientific Revolution« [1959]; »The Two Cultures: A Second Look« [1963]; »The Case of Leavis and the Serious Case« [1970]; »Appendix to ›Science and Government‹« [1962]; »The Moral Un-neutrality of Science« [1960]; »The State of Siege« [1968]; »Epilogue«); dt.: C. P. Snow, *Die zwei Kulturen. Literarische und naturwissenschaftliche Intelligenz*, Stuttgart 1967 (darin enthalten: »Die zwei Kulturen: ›Rede Lecture‹« [1959] und »Die zwei Kulturen: Ein Nachtrag«).

9 Der Kritiker Frank Raymond Leavis, der »Himmler der Literatur«, wie man ihn auch nannte, attackierte Snow 1962; vgl. F. R. Leavis, »The Significance of C. P. Snow«, in: *The Spectator* Nr. 6976, 9. März 1962, S. 297–303.

10 Bibliographische Hinweise finden sich bei Paul Boytinck, *C. P. Snow: A Reference Guide*, Boston 1980.

11 Eine englische Studie über Bernal erwähnt allerdings die Kritik der instrumentellen Vernunft und in diesem Zusammenhang die Namen Marcuse und Habermas, nicht aber Horkheimer, vgl. Hilary Rose/Steven Rose, »The Two Bernals: Revolutionary and Revisionist in Science«, in: *Fundamenta Scientiae* 2 (1981), S. 267–286, hier S. 285: »die in den späten sechziger Jahren wiedererstandene radikale Bewegung innerhalb der Naturwissenschaften kritisierte nicht so sehr die Unzulänglichkeit der Wissenschaftsförderung im Kapitalismus als vielmehr

die Wissenschaft selbst, die als repressiv und menschenfeindlich hingestellt wurde. Nicht der orthodoxe Marxismus, sondern die Kritik der instrumentellen Vernunft durch die Frankfurter Schule (vor allem durch Marcuse und später durch Habermas) prägte die Infragestellung des Kapitals und der kapitalistischen Wissenschaft.«

12 Über »die zwei Kulturen« wird seit mehr als hundert Jahren gesprochen. Spätestens in den achtziger Jahren des 19. Jahrhunderts fing das an – als maßvoller Gedankenaustausch zwischen zwei viktorianischen Gentlemen, Thomas Henry Huxley, der für eine schulische Erziehung auf naturwissenschaftlicher Grundlage plädierte, und Matthew Arnold, der die gute alte humanistische Bildung verteidigte. Ihren Höhepunkt erreichte die Debatte in der Zeit nach 1960 mit der hitzigen Kontroverse zwischen Leavis und Snow. Heute wird das Problem von verschiedenen University Presses auf kleiner Flamme nur mäßig warm gehalten. Dort aber, fernab aller Fragen von allgemeinem Interesse, ist es inzwischen Mode geworden, in das Gebiet »jenseits der beiden Kulturen« vorzustoßen, wie es der Titel eines kürzlich erschienenen Buches andeutet: Joseph W. Slade / Judith Yaross Lee (Hrsg.), *Beyond the Two Cultures: Essays on Science, Technology and Literature*, Ames 1990. Trotzdem bin ich weder davon überzeugt, daß wir die Kluft zwischen den beiden Kulturen überwunden haben, noch davon, daß es den akademischen Anstrengungen, die heute unternommen werden – literaturwissenschaftliche Analyse wissenschaftlicher Diskurse und Texte, Interpretation wissenschaftlicher Metaphern und Tropen –, etwas ausmacht, wenn sich neunundneunzig Prozent derer, die auf den Gebieten der modernen Technowissenschaft tätig sind, überhaupt nicht von den subtilen Operationen etwa der 1985 gegründeten Society for Literature and Science oder ähnlicher verdienstvoller Initiativen beeindrucken lassen. Wir haben uns an das Vorhandensein der zwei Kulturen gewöhnt (oder von drei Kulturen, wenn man die Sozialwissenschaften, vor allem die Soziologie, neben die Geisteswissenschaften und die Naturwissenschaften stellt; vgl. Wolf Lepenies, *Die drei Kulturen. Soziologie zwischen Literatur und Wissenschaft*, München 1985 und Bruce Mazlish, *A New Science: The Breakdown of Connections and the Birth of Sociology*, New York 1989). Die Aufteilung in Fachbereiche und Spezialgebiete ist eine Konsequenz der Professionalisierung, und mit wachsender Professionalisierung haben wir den Sinn für das Ausmaß unserer Unwissenheit verloren. So kommt es, daß das alte Problem der zwei Kulturen immer noch akut und immer noch ungelöst ist.

13 Vgl. C. P. Snow, »The Two Cultures«, in: *The New Statesman and Nation* 52, Nr. 1334, 6. Oktober 1956, S. 413: »Wie Rutherford einmal schmunzelnd zu Samuel Alexander sagte: ›Denken Sie doch nur an all die Jahre, in denen Sie über diese Dinge gesprochen haben, Alexander, und was kommt am Ende dabei heraus? *Heiße Luft*, nichts als *heiße Luft*.‹« Und gegen die Hauptströmung der Philosophie der fünfziger Jahre gerichtet, fährt Snow fort: »So würden es die Naturwissenschaftler von heute sagen. Sie halten es für ein großes intellektuelles Verdienst, zu wissen, worüber man nicht nachdenken sollte. Vielleicht würden

sie die Sprachanalyse als relativ ehrenhafte Form von Zeitverschwendung mit einem kurzen Lupfen des Hutes begrüßen, nicht aber den Existentialismus.«

14 Vgl. Leavis, *The Significance*, a. a. O. [wie Anm. 9], S. 302 f.: »Und darin wird für mich die Vision deutlich, die Snows ›gesellschaftliche Hoffnung‹ für viele von uns so wenig verführerisch macht – die Vision eines Morgen, das wir im Amerika von heute erkennen: die Energie, die siegreiche Technik, die Produktivität, der hohe Lebensstandard und die Verarmung des Lebens – die menschliche Leere; Leere und Langeweile, die nach Alkohol – von dieser oder jener Art – verlangen.«

15 Vgl. C. P. Snow, »Bernal, John Desmond«, in: *Dictionary of Scientific Biography* XV, Supplement I (1978), S. 16.

16 Vgl. Dorothy M. Crowfoot Hodgkin, »John Desmond Bernal«, in: *Biographical Memoirs of Fellows of The Royal Society* 26 (1980), S. 17.

17 Snow, »Bernal, John Desmond«, a. a. O. [wie Anm. 15], S. 17. Als Schüler war John Desmond ein irischer Nationalist und glühender Katholik. Schon auf der Schule, die er in Irland besuchte, plante er, »die Naturwissenschaft im Kampf für die Befreiung Irlands einzusetzen«. Später, auf der ersten Schule, die er in England besuchte, gründete er eine »Bruderschaft zur Ewigen Anbetung des Heiligen Herzens«. Vgl. Hodgkin, »John Desmond Bernal«, a. a. O. [wie Anm. 16], S. 21.

18 Vgl. Helmut Gumnior / Rudolf Ringguth, *Max Horkheimer in Selbstzeugnissen und Bilddokumenten*, Reinbek 1973, S. 11; Rolf Wiggershaus, *Die Frankfurter Schule: Geschichte, theoretische Entwicklung, politische Bedeutung*, München 1986, S. 56 und 292. An jeder der drei Stellen wird ein anderes Datum genannt: Herbst 1939, Sommer 1939 und Sommer 1938!

19 Gumnior / Ringguth, *Max Horkheimer*, a. a. O. [wie Anm. 18], S. 94.

20 Ebd., S. 33.

21 Ebd., S. 122 f.

22 Siehe Gary Werskey, *The Visible College*, London 1978; Reprint mit einem Vorwort von Robert M. Young und einer neuen Einleitung von G. Werskey, London 1988, S. 166: »Indem er seinen Parteiausweis ›verlor‹, hatte er natürlich die Möglichkeit, in der Öffentlichkeit als ›unabhängiger‹ marxistischer Intellektueller tätig zu werden.« Vgl. jedoch Maurice Goldsmith, *Sage: A Life of J. D. Bernal*, London 1980, S. 31: »Er verlor seinen KP-Ausweis 1933 oder 1934 und trat nie wieder ein.« Dem Wissenschaftsautor Goldsmith wurde der Zugang zum Bernal-Nachlaß in Cambridge verweigert; das hinderte ihn jedoch nicht, eine ziemlich enttäuschende und oberflächliche Biographie über Bernal zu schreiben; siehe die kritische Besprechung von Goldsmiths Buch durch Robert Young in *Radical Science Journal* 10 (1980), S. 85–94.

23 J. D. Bernal, »Stalin as Scientist«, in: *The Modern Quarterly* 8 (1953), S. 133.

24 Hutchinsons Bericht über das Einstellungsgespräch mit Bernal findet sich bei C. P. Snow, »J. D. Bernal, a Personal Portrait«, in: M. Goldsmith / A. Mackay (Hrsg.), *Society and Science*, New York 1964, S. 22 f.

25 So Wells in einem Vortrag mit dem Titel »The Discovery of the Future« vor der Royal Institution in London, 24. Januar 1902, in: H. G. Wells, *Works* (Atlantic Edition), Bd. 4, New York 1924, S. 389.

26 J. D. Bernal, *The World, the Flesh and the Devil: An Enquiry into the Future of the Three Enemies of the Rational Soul* [1929], Neuausgabe mit einem neuen Vorwort von Bernal (S. V–VII), Bloomington und London 1969, S. 75.

27 Ebd., S. V.

28 Vgl. ebd., S. 4.

29 Ebd., S. 5 f.

30 Man vergleiche Bernals Satz – »Der Mensch befaßt sich mit drei Arten von Kämpfen und hat sich seit dem Beginn seiner gesonderten Evolution immer mit ihnen befaßt« (ebd. S. 10) – mit dem Grundsatz im *Manifest der Kommunistischen Partei:* »Die Geschichte aller bisherigen Gesellschaft ist die Geschichte von Klassenkämpfen« und beachte die Kluft zwischen den beiden Kulturen: Bernal kämpft mit der Natur, Marx und Engels ringen mit der Gesellschaft!

31 Vgl. ebd.

32 Ebd., S. VI.

33 Vgl. ebd.: »Der Abschnitt über den Teufel bleibt der wichtigste, aber wenn ich ihn heute lese, stelle ich fest, daß er zu sehr in Freudschen Begriffen formuliert ist, die wahrscheinlich bald überholt sein werden.« Bernal erwartet, daß auch diejenigen Abschnitte seines Buches, die auf »weicher« Wissenschaft gründen, einmal »harte« Wissenschaft werden.

34 Ebd., S. 27.

35 Ebd., S. 12.

36 Vgl. ebd., S. 14.

37 Vgl. ebd., S. 18 f.

38 Vgl. ebd., S. 25.

39 Ebd., S. 26.

40 Vgl. ebd., S. 28.

41 Ebd., S. 30.

42 Vgl. ebd., S. 32.

43 Ebd., S. 31.

44 Vgl. ebd., S. 34: »Schließlich kommt es auf das Gehirn an, und ein Gehirn zu haben, das mit frischem, korrekt zubereitetem Blut durchflutet ist, das heißt lebendig sein – denken.«

45 Ebd., S. 36.

46 Ebd., S. 37.

47 Vgl. ebd., S. 41.

48 Ebd., S. 38.

49 Vgl. ebd., S. 39–45.

50 Ebd., S. 47. Hier ist vielleicht ein Wort über die Quellen angebracht, aus denen Bernal seine Inspiration bezog. Da ist zum einen natürlich der religiöse Hintergrund, die christliche Tradition, die die Welt, das Fleisch und den Teufel hinter

sich lassen möchte. John Donne zum Beispiel schrieb in einem seiner *Divine Poems*: »gluttonous death will instantly unjoynt / My Body, 'and soule, and I shall sleepe a space, / But my 'everwaking part shall see that face, / Whose feare already shakes my every joynt: / Then, as my soule, to 'heaven her first seate, takes flight, / And earth-borne body, in the earth shall dwell, / So, fall my sinnes, that all may have their right, / To where they 'are bred, and would presse me, to hell. / Impute me righteous, thus purg'd of evill, / For thus I leave the world, the flesh, the devill.« John Donne, *The Divine Poems*, mit einer Einleitung und Kommentaren von Helen Gardner, Oxford 1978, S. 7. Im Kommentar heißt es (S. 67): »der letzte Vers erinnert an die Lossprechungen, die im Common Book of Prayer der Spendung der Taufe vorangehen«. Und da ist zum anderen die wissenschaftliche Tradition häretischer Träume über die physikalische Welt. Man mag an Johannes Kepler denken, der mit seinem *Somnium* den ersten kopernikanischen Science-fiction-Roman schrieb, in dem es um eine Reise zum Mond ging, und an Giordano Bruno, der von der Inquisition hingerichtet wurde, weil er sich zu früh und zu weit von der politisch korrekten aristotelischen Kosmologie entfernt hatte: »Nun breite ich voll Zuversicht Flügel in den Raum; / ich fürchte keine Sperre aus Kristall noch Glas; / ich bahne mir einen Weg durch die Himmel und erhebe mich ins Unendliche. / Und während ich von meiner eigenen Kugel zu anderen aufsteige / und weiter noch vordringe durch den ewigen Bezirk, / lasse ich das, was andere nur von fern sahen, weit hinter mir.« Dorothea Waley Singer, *Giordano Bruno: His Life and Thought. With Annotated Translation of his Work »On the Infinite Universe and Worlds«*, New York 1950, S. 249. Man kennt den großen Einfluß von H. G. Wells auf Bernals Zukunftsvisionen, ebenso wie die Bedeutung der Webbs und G. B. Shaws. Aber vor allem wird man an den Vortrag erinnert, den J. B. S. Haldane 1923 vor den »Cambridge Heretics« gehalten hat. Haldane, der überzeugt war, daß »die Wissenschaft weitaus anregender für die Phantasie ist als die Klassiker«, wird in Bernals erstem Buch auf den Seiten 30 und 36 zitiert. Wie um Bernal ein Zeichen zu geben, hatte Haldane argumentiert: »Wir müssen die Wissenschaft also unter drei Gesichtspunkten betrachten. Erstens ist sie die freie Ausübung der göttlichen Fähigkeiten des Menschen, Vernunft und Einbildungskraft. Zweitens ist sie die Antwort der Wenigen auf das Verlangen der Vielen nach Wohlstand, Bequemlichkeit und Sieg, [...] Gaben, die sie nur im Tausch gegen Frieden, Sicherheit und Stillstand gewährt. Zuletzt ist sie die schrittweise Eroberung zunächst von Raum zu Zeit durch den Menschen, dann der Materie als solcher, dann des eigenen Körpers und des Körpers anderer Lebewesen und schließlich die Unterjochung der dunklen und bösen Elemente in der eigenen Seele.« J. B. S. Haldane, *Daedalus or Science and the Future*, New York 1924, S. 29, 81 f.

51 Bernal, *The World, the Flesh and the Devil*, a. a. O. [wie Anm. 26], S. 58.
52 Ebd., S. 48.
53 Ebd., S. 52.
54 Ebd., S. 57.

55 Ebd., S. 56.

56 Ebd., S. 53.

57 Ebd., S. 55.

58 Ebd., S. 57.

59 Vgl. ebd., S. 59.

60 Ebd., S. 60. Die Ideen von Bernals anregendem, radikalem Essay fielen bei zahlreichen Wissenschaftlern auf fruchtbaren Boden. Freeman Dyson zum Beispiel, der bedeutende Physiker am Institute for Advanced Studies in Princeton, beschäftigte sich im Anschluß an Bernal mit der kosmischen Dimension der Gentechnik und der Aufspaltung der menschlichen Gattung in mehrere Arten. Vgl. Freeman J. Dyson, *Disturbing the Universe*, New York 1979.

61 Bernal, *The World, the Flesh and the Devil*, a.a.O. [wie Anm. 26], S. 71.

62 Ebd., S. 72.

63 Ebd., S. 78.

64 Ebd., S. 79.

65 Ebd., S. 80.

66 Max Horkheimer/Theodor W. Adorno, *Dialektik der Aufklärung*, Frankfurt 1969, S. 31.

67 Max Horkheimer, *Zur Kritik der instrumentellen Vernunft*, in: ders., *Gesammelte Schriften*, Bd. 6, Frankfurt/M. 1991, S. 86.

68 Ebd., S. 25.

69 Bernal, *The World, the Flesh and the Devil*, a.a.O. [wie Anm. 26], S. 64.

70 Vgl. Max Horkheimer, *Traditionelle und kritische Theorie*, in: ders., *Gesammelte Schriften*, Bd. 4, Frankfurt/M. 1988, S. 187.

71 Ebd., S. 214.

72 Vgl. im Kap. über Hessen in diesem Band, S. 19–21.

73 *Science at the Cross Roads: Papers Presented to the International Congress of the History of Science and Technology. Held in London from June 29th to July 3rd, 1931, by the Delegates of the U.S.S.R.* [1931], mit einem neuen Vorwort von Joseph Needham, S. VII–X, und einer neuen Einleitung von Paul Gary Werskey, S. XI–XXIX, London 1971.

74 Joseph Needham, *Time: The Refreshing River* [1943], mit einem Vorwort zur Neuausgabe, S. I–VIII, Nottingham 1986, S. IV.

75 Vgl. Max Horkheimer, »Die Aktualität Schopenhauers«, in: ders., *Gesammelte Schriften*, Bd. 7, Frankfurt/M. 1985, S. 138: »Ohne Gedanken an die Wahrheit und damit an das, was sie verbürgt, ist kein Wissen um ihr Gegenteil, die Verlassenheit der Menschen, um derentwillen die wahre Philosophie kritisch und pessimistisch ist, ja nicht einmal die Trauer, ohne die es kein Glück gibt.« Der letzte Satz dieses Aufsatzes liest sich wie eine Abwandlung von Tertullians *credo, quia absurdum*: »Es gibt wenige Gedanken, deren die Zeit mehr bedürfte und die, bei aller Hoffnungslosigkeit, weil er [Schopenhauer] sie ausspricht, mehr von Hoffnung wissen als die seinen.« Ebd., S. 142.

76 Vgl. Horkheimer, *Traditionelle und kritische Theorie*, a.a.O. [wie Anm. 70],

S. 181: »jenes kritische Verhalten [ermangelt] durchaus des Vertrauens in die Richtschnur, die das gesellschaftliche Leben, wie es sich nun einmal vollzieht, jedem an die Hand gibt. Die Trennung von Individuum und Gesellschaft, kraft deren der einzelne die vorgezeichneten Schranken seiner Aktivität als natürlich hinnimmt, ist in der kritischen Theorie relativiert. Sie begreift den vom blinden Zusammenwirken der Einzeltätigkeit bedingten Rahmen, das heißt die gegebene Arbeitsteilung und die Klassenunterschiede, als eine Funktion, die, menschlichem Handeln entspringend, möglicherweise auch planmäßiger Entscheidung, vernünftiger Zielsetzung unterstehen kann.«

77 Ders., »Die Aktualität Schopenhauers«, a.a.O. [wie Anm. 75], S. 123.

78 Ders., »The End of Reason«, in: *Studies in Philosophy and Social Science* 9 (1941) 3, S. 366–388, hier S. 387. Die Titelseite des Heftes nennt 1941 als Erscheinungsjahr, aber der Copyright-Vermerk lautet 1942, und Horkheimers Vorwort zu diesem Heft ist mit »März 1942« datiert. Dt.: »Vernunft und Selbsterhaltung«, in: ders., *Gesammelte Schriften*, Bd. 5, Frankfurt/M. 1987, S. 349.

79 Denn »es kömmt darauf an, sie zu verändern«. Marx/Engels, *Die deutsche Ideologie*, a.a.O. [wie Anm. 1], S. 7.

80 Horkheimer/Adorno, *Dialektik der Aufklärung*, a.a.O. [wie Anm. 66], S. 12.

81 Vgl. Horkheimer, *Zur Kritik der instrumentellen Vernunft*, a.a.O. [wie Anm. 67], S. 26: »Sie [die Darstellung in den Columbia-Vorträgen] beabsichtigt, einige Aspekte der umfassenden philosophischen Theorie zu umreißen, die der Verfasser in den letzten Kriegsjahren zusammen mit Theodor W. Adorno entwickelte.«

82 Das Manuskript wurde einige Monate später in einer Auflage von 500 Exemplaren als Veröffentlichung des Instituts für Sozialforschung unter dem Titel *Philosophische Fragmente* vervielfältigt.

83 Vgl. Martin Heidegger, *Die Frage nach der Technik und die Kehre*, Pfullingen 1962; zu Heideggers Auffassung von Technik und zu seiner produktionistischen Metaphysik vgl. Michael E. Zimmerman, *Heidegger's Confrontation with Modernity: Technology, Politics, Art*, Bloomington 1990 (leider ohne genauere Kenntnis der Ursprünge und theoretischen Entwicklung der frühen Frankfurter Schule, vgl. ebd., S. 217 f.).

84 Horkheimer, *Zur Kritik der instrumentellen Vernunft*, a.a.O. [wie Anm. 67], S. 106.

85 Ebd., S. 176.

86 Ebd.

87 Horkheimer, »Vernunft und Selbsterhaltung«, a.a.O. [wie Anm. 78], S. 349.

88 Ders., *Zur Kritik der instrumentellen Vernunft*, a.a.O. [wie Anm. 67], S. 112 f.

89 Vgl. Werskey, *The Visible College*, a.a.O. [wie Anm. 22], S. 273 f.

90 Horkheimer, *Zur Kritik der instrumentellen Vernunft*, a.a.O. [wie Anm. 67], Kapitel 4: »Aufstieg und Niedergang des Individuums«, S. 136 ff.

91 Ebd., S. 155.

92 Ebd., S. 106: »Die totale Transformation wirklich jedes Seinsbereichs in ein Ge-

biet von Mitteln führt zur Liquidation des Subjekts, das sich ihrer bedienen soll. Dies verleiht der modernen Industriegesellschaft ihren nihilistischen Aspekt. Subjektivierung, die das Subjekt erhöht, verurteilt es zugleich.« Daß das Subjekt für Horkheimer und Adorno männlichen Charakters ist, zeigt zum Beispiel folgendes Zitat aus der *Dialektik der Aufklärung*, a.a.O. [wie Anm. 66], S. 40: »Furchtbares hat die Menschheit sich antun müssen, bis das Selbst, der identische, zweckgerichtete, männliche Charakter des Menschen geschaffen war, und etwas davon wird noch in jeder Kindheit wiederholt.«

93 Horkheimer, *Zur Kritik der instrumentellen Vernunft*, a.a.O. [wie Anm. 67], S. 155 f.

94 Bernal, *The World, the Flesh and the Devil*, a.a.O. [wie Anm. 26], S. 35.

95 Snow, *Public Affairs*, a.a.O. [wie Anm. 8], S. 15.

96 Horkheimer, *Zur Kritik der instrumentellen Vernunft*, a.a.O. [wie Anm. 67], S. 90.

97 Die Nanotechnologie zielt auf eine vollständige Beherrschung der Struktur der Materie im atomaren Bereich, vgl. K. Eric Drexler, *Engines of Creation* [1986], London 1990. Marvin Minsky schreibt im Vorwort, S. VII: »Die Nanotechnologie könnte größere Auswirkungen für unser materielles Dasein haben als die letzten beiden großen Erfindungen auf diesem Gebiet – die Ersetzung von Holz und Stein durch Metall und Mörtel und die Nutzbarmachung der Elektrizität.«

98 Der Ausdruck »multikulturell« wird hier im kognitiven, nicht im ethnischen Sinne verwendet.

An der Grenze der Einheit der Gattung:
Hans Jonas und Freeman Dyson über die kosmische Selbstbestimmung des Menschen

> *»Der Mensch bleibt das letzte Relikt, das letzte*
> *›authentische Werk der Natur‹ innerhalb der von*
> *ihm geschaffenen Welt. Ein solcher Zustand kann*
> *nicht beliebig lange andauern.«*
>
> Stanisław Lem[1]

I.

Die technowissenschaftliche Zivilisation beherrscht die Produktion zuverlässiger Erkenntnisse und nützlicher Verfahren. Sie hat sich seit der Mitte des 19. Jahrhunderts von Europa ausgehend über die Erde verbreitet. Seit der Mitte des 20. Jahrhunderts umfaßt ihre Macht alles Leben auf der ganzen Erde. Zu ihren starken Fähigkeiten zählt, daß sie die Grenzen des Wachstums fortlaufend gegen unendlich verschiebt. Ihr großes Problem ist, daß die Vernichtung der menschlichen Gattung, die bislang nur blinden Naturkräften möglich war, nun auch in ihrer Hand liegt. Der Pioniergeist moderner Technowissenschaftler hat beide Möglichkeiten ins Spiel gebracht. Er tendiert im übrigen weit über die endliche Erde und ihre historischen Bewohner hinaus. Was könnte fähige Forscher daran hindern, für die Ausbreitung des Lebens im Universum verschiedene Hominidenlinien zu entwerfen?

Fragen dieser Art tauchen auf, wenn die Ketten reißen, wenn Religion, Tradition und Natur zurücktreten und das Denkbare das Herkömmliche verdrängt, wenn eine Kultur entsteht, die ohne übermächtige und unberechenbare äußere Instanzen funktioniert. Diese Kultur kann sich nur durch Selbstbegrenzung entfalten, hört man. Ihre evolutionäre Prämie ist auf die Erfindung adäquater Mechanismen der Selbstkontrolle ausgesetzt; der Fortschritt vom Wissen zum Können macht es notwendig, nicht ausschließlich für die Umsetzung, sondern häufig auch für die Nichtumsetzung einer Möglichkeit zu optieren; nicht alles, was im Bereich der technowissenschaftlichen Handlungsmöglichkeiten liegt, darf realisiert werden, nur weil es realisiert werden kann; die moderne Zivilisation muß effektive Verfahren praktischer Zurückhaltung entwickeln und durchsetzen, wenn sie sich stabilisieren will.

Einer, der solches seit längerem zu bedenken gab, war der Philosoph Hans Jonas. 1979 legte er unter dem Titel *Das Prinzip Verantwortung* eine als theoretischen Versuch bezeichnete Ethik für die technologische Zivilisation vor. 1985 folgte die von Anfang an in Aussicht gestellte Konkretion in einem angewandten Teil, der sich zur *Praxis des Prinzips Verantwortung* äußerte. Die Strategie der Jonasschen Verantwortungsethik wurde wegen ihrer ontologischen und teleologischen Metaphysik innerhalb der Philosophie als »quasi-aristotelisch« (Karl-Otto Apel) charakterisiert. Im Herbst 1987 erhielt Jonas den Friedenspreis des Deutschen Buchhandels, weil er, wie es in der Verleihungsurkunde hieß, mit dem denkenden zugleich den handelnden Menschen und seinen immer schwerer zu überschauenden Entscheidungsspielraum in den Blick rücke.[2] Jonas selbst pflegte sich prägnanter zu äußern. Er zog die Grenzen des menschlichen Spielraums mit manchmal alttestamentarischer Strenge.

»Unsere so völlig enttabuisierte Welt muß angesichts ihrer neuen Machtarten freiwillig neue Tabus aufrichten. Wir müssen wissen, daß wir uns weit vorgewagt haben, und wieder wissen lernen, daß es ein Zuweit gibt. Das Zuweit beginnt bei der Integrität des Menschenbildes, das für uns unantastbar sein sollte. Nur als Stümper könnten wir uns daran versuchen, und selbst Meister dürften wir dort nicht sein. Wir müssen wieder Furcht und Zittern lernen und, selbst ohne Gott, die Scheu vor dem Heiligen.«[3]

Kein Zweifel, Jonas hatte eine Antwort auf die eingangs gestellte Frage. Er wußte, warum die Biotechnologie zu weit gehen würde, sollte sie sich je an die Konstruktion von Spezialmenschen zum Zwecke der Raumfahrt und Besiedelung des Alls machen. Die Einheit der menschlichen Naturgattung, von der ein Philosoph vor zweihundert Jahren noch ganz unbesorgt zu sprechen vermochte,[4] könnte dadurch aufgespalten werden und verlorengehen. Keine Rede könnte dann mehr sein von einem integralen Menschenbild. Es gäbe verschiedene Arten von Menschen, und die hätten so viel und so wenig miteinander gemein wie Schimpansen und Neandertaler nach der Pongiden-Hominiden-Differenzierung.

Jonas war somit vor allem um die Einheit der Gattung besorgt. Die Gefahr einer Speziation des *Homo sapiens sapiens* wollte er bannen durch die Tabuisierung des jüdisch-christlichen Menschenbildes. Der Mensch sollte Ebenbild Gottes bleiben auch ohne Gott. Andere Gefahren, insbesondere die der atomaren Vernichtung, nahm er nicht weniger ernst. Doch über den Selbstmord der Menschheit braucht die Ethik nach Jonas keine Worte zu verlieren »außer dem unbedingten *Nein*«. Auch die schleichende ökologische Bedrohung des Lebens war Jonas wohlbekannt: Sie schreitet »auf hundert Pfaden und in tausend kleinen Schritten fort«. Doch in das Problemdickicht der Umweltzerstörung einzudringen, »sich darin schon kasuistisch zu versuchen«, war für den Philosophen »verfrüht«. Der nukleare Holocaust stellte also keine fachphilosophische Herausforderung dar, und die Umweltethik war noch zu schwierig. Gleichwohl, sagte Jonas, »muß [es] so etwas wie eine Philosophie der Technologie geben«. Nicht mehr die Politik, sondern die moderne Technologie ist das Schicksal, und die Philosophie muß sich der neuen Aufgabe stellen.[5]

Die Philosophie war nach Jonas aufgerufen, das Fatum der Technologie meistern zu helfen. Da die Philosophie keine streng wissenschaftlichen Methoden und positiven Erkenntnisse anzubieten hat, sollte sie zu den »letzten Fragen unseres Menschseins« Stellung nehmen, über den »Begriff des ›bonum humanum‹, den Sinn von Leben und Tod, die Würde der Person« und ähnliches reden. »Das sind echte Fragen für den Philosophen, die er angehen kann nach Kriterien des Wesens und daher frei vom Rätselspiel der Zahlen und der verschlungen Wertkausalitäten.«[6] An solchen Formulierungen war unschwer abzulesen, und Jonas war sich dessen vollkommen bewußt, daß er einem höchst aktuellen Gegenstand mit einer »fast schon archaischen Philosophie« zu begegnen versuchte.[7]

II.

Die Jonassche Philosophie der Technik stand vor der Aufgabe, »die neue Art von ethischen Fragen und Pflichten« zu formulieren, »die uns die Pandorabüchse der Technik zugleich mit ihren Gaben beschert«. In den Aufsätzen in *Technik, Medizin und Ethik* wurde darüber hinaus »die richtige Antwort des Handelns« auf die moderne Technowissenschaft zu ermitteln versucht.[8]

Der wertkonservative Philosoph hatte mit dem Verdacht prinzipieller Wissenschaftsfeindlichkeit zu kämpfen. Kluge Interessenvertreter von Forschung und Industrie waren beunruhigt. Der Physiker und Wissenschaftspolitiker Heinz Maier-Leibnitz brachte diese Beunruhigung im Mai 1981 auf einem Symposion der Firma Hoechst zum Ausdruck: »Sie haben vorhin zu meinem Leidwesen etwas gesagt, was auf Verzicht auf Forschung hinausläuft. Verzicht auf Forschung!«[9] Der Angesprochene gab sich überfragt und erklärte an anderer Stelle: »Ich meine, man muß über die Pandorabüchse wissenschaftlicher Erkenntnis, die wir geöffnet haben, die Kontrolle gewinnen, ohne wissenschaftsfeindlich zu werden.«[10] Das war natürlich leichter gesagt als getan. Zwischen diplomatischen Freundlichkeiten und jener Kontrolle, die, in Anbetracht der von Jonas beschworenen »apokalyptischen Situation«,[11] eigentlich recht streng ausfallen müßte, so zu vermitteln, daß eine wissenschaftsfreundliche Kontrolle wissenschaftlicher Erkenntnis herauskommt, war und ist ein anerkannt schwieriges Kunststück. Mit höflichen Bitten allein ist der Container unseres Unheils schon lange nicht mehr zu verschließen.

Pandora heißt Allgeberin bzw. Allbeschenkte. Den Freunden der griechischen Mythologie ist sie in Erinnerung als Frau des Epimetheus, des Nachbedacht, welcher ein Bruder des Prometheus, des Vorbedacht, war. Nach Hesiods antifeministischer Fabel wurde Pandora zur Vergeltung für die prometheische Tat – den Diebstahl des Blitzfeuers – eigens von Hephaistos angefertigt.[12] »Das schöne Übel«, der »steile Trug«, verkörperte die Rache des Zeus, »zum Leid den geschäftigen Männern«.[13] Vor allem aber kamen durch Pandoras Neugier Alter, Krankheit und Tod in unsere Welt:

»zuvor, da lebten der Menschen Stämme auf Erden / Frei von allen den Übeln und frei von elender Mühsal / Und von quälenden Leiden, die Sterben bringen den Menschen. / Doch als das Weib von dem Tonfaß den mächtigen Deckel emporhob, / Ließ es sie los; es brachte ihr Sinn viel Unheil den Menschen. / Einzig die Hoffnung blieb da in unzerstörbarer Wohnstatt, / Innen unter dem Rande des Krugs, und flog nicht ins Freie / Auf und davon.«[14]

Jonas verband die Wissenschaft und Technik der Gegenwart mit den exemplarischen Untaten mythischer Gestalten. Er sympathisierte mit dem väterlichen Zeus, der das »unermüdliche Feuer« – das primordiale Werkzeug für die artifiziellen Paradiese der Zivilisation – vor den Menschen verbergen wollte. Er stellte die Frage, »die schon Prometheus«, wie er findet, »hätte stellen können, ob die Macht der Technik nicht zu groß ist für den Menschen«.[15] Der frevlerische Titan und seine modernen Nachfolger werden als trügerische Wohltäter entlarvt. Francis Bacon, der die Antwort der industriellen Moderne auf die von Pandora losgelassenen Übel vorgab, half nur, die Plagen der Menschheit zu potenzieren. »Die tiefe, von Bacon nicht geahnte Paradoxie der vom Wissen verschafften Macht liegt darin, daß sie zwar zu so etwas wie ›Herrschaft‹ über die Natur [...], aber mit dieser zugleich zur vollständigen *Unterwerfung unter sich selbst* geführt hat.«[16] Mit anderen Worten: Wir sind beklagenswert machtlos über unsere Macht.

Das »prometheische Prestige« moderner Wissenschaft und Technik beeindruckte Jonas gar nicht; es versprach ihm zu Unrecht wachsende Kompetenz. Solange nämlich den Menschen die Macht über ihre Macht fehlt, ist zunehmende Herrschaft über die Natur nicht die Quelle des Heils. Ja, diese unbeherrschte Herrschaft droht, uns alle ins größte Verderben zu stürzen. Auch die Hoffnung, die *innen unter dem Rande des Krugs* geblieben ist, hat keinen Wert, wenn sie auf den unveränderten Fortschritt des technowissenschaftlichen Abenteuers baut.[17] Wenn die Hoffnung wirklich helfen soll, muß sie sich auf eine »Macht dritten Grades«[18] richten, errungen durch »sehende Furcht«. Wir sind aufgerufen, eine »Heuristik der Furcht« zu entwickeln und zu kultivieren.[19] Erst wenn die Menschheit mit dem jeweils Schlimmsten rechnet, wird sie in der Lage sein, ihr mit der modernen Technowissenschaft verbundenes Schicksal zu meistern. *In dubio pro malo*, lautete die Jonassche Devise.

Jonas stellte fest, »daß moderne Technik ein Unternehmen und ein Prozeß ist, während frühere ein Besitz und ein Zustand war«. Zur begrifflichen Erfassung dieser Differenz unterschied er zwischen *Technik* und *Technologie*. Technik ist vormodern und statisch, Technologie modern und dynamisch. Die statische Technik schrieb er den »großen klassischen« Kulturen zu, die trotz gelegentlich tiefgreifender Veränderungen stets ein stabiles »Gleichgewicht von Mitteln und Fertigkeiten mit anerkannten Bedürfnissen und Zielen« herzustellen vermochten. Damit erreichten sie immer wieder das, was uns fehlt: »ein nicht weiter herausgefordertes Optimum technischer Kompetenz«. Vor dem kontrastreichen Hintergrund dieses Stillebens der Vergangenheit präsentierte Jonas seine bestürzenden Befunde zur technowissenschaftlichen Aktualität.[20]

Die moderne Technik gebiert das »Ungetüm« des sich stets überholenden Fortschritts, das Kennzeichen einer dynamischen Technologie. Dieser unaufhörliche Fortschritt ist das Resultat starker sozialer Kräfte, vor allem wirtschaftlicher und militärischer Interessen. Der permanente technische Fortschritt kommt aber auch dadurch zustande, daß »die Technik selbst die Probleme schafft, die sie dann durch einen neuen Vorwärtsschub ihrer selbst zu lösen hat«. Jonas war verwundert, daß die eiserne Notwendigkeit des technologischen Fortschritts weitgehend als unbedenklich empfunden wird. Wie kommt es, fragte er, daß der technologische Trieb in der Regel mit dem »ganz präzedenzlosen Glauben an virtuelle ›Unendlichkeit‹« einhergeht? Was ist das Geheimnis der exponentiellen Zunahme wissenschaftlich-technischer Innovationen? Die Antwort fand Jonas »in der Wechselwirkung von *Wissenschaft* und Technik, die das Kennzeichen modernen Fortschritts ist, und damit letztlich in der Art *von Natur*, welche die moderne Wissenschaft progressiv erschließt«.[21]

Wir haben in diesem Zusammenhang von *Finalisierung der Wissenschaft* gesprochen[22] und festgestellt: Wenn die Wissenschaft die Führung der Technikentwicklung übernimmt; wenn nicht mehr mit dem Faustkeil von Versuch und Irrtum gearbeitet werden muß und nicht nur die schlichte Anwendung schon vorhandener Theorien stattfindet; wenn theoretisches Wissen nicht nur ewige Gesetzmäßigkeiten entdeckt und bekannte Phänomene erklärt, sondern das Unbekannte erzeugt und *neue Wirklichkeiten* konstruiert – dann hat die Epoche der Technowissenschaft und Technowissenschaftler begonnen, ist die rein empirische Phase der Technik vorbei und das untheoretische Basteln der Erfinder passé; dann wird die platonische Ergründung des Seins durch das Design unvorhergesehener Dinge ersetzt; dann werden neue Medikamente, Materialien, Maschinen, Menschen und Mikroben entworfen.

Jonas hatte das Beispiel der chemischen Technologie vor Augen, die mit der synthetischen Darstellung von Farbstoffen im neunzehnten Jahrhundert und der Herstellung von Kunststoffen im zwanzigsten die Erfolgsstrategie der auf Wissenschaft beruhenden Industrie demonstrierte. Für Jonas war der Siegeszug dieser *science-based industry* allerdings von einer dunklen Vorahnung überschattet:

»In chemischer, d.h. molekularer Konstruktion tut menschliche Ingenieurskunst mehr als in mechanischer, die ihre Gebilde aus Naturkörpern unseres Größenformats zusammensetzt: Ihr Eingreifen ist tiefer, bis in die Infrastrukturen der Materie, welcher neue Substanzen ›nach Spezifikation‹, d. h. mit geplanten Nutzeigenschaften, durch willkürliche Umordnung ihrer Moleküle abgewonnen werden [...] Künstlichkeit oder schöpferisches Konstruieren nach abstraktem Entwurf (Plan) dringt ins Innerste der Materie vor. Dies deutet, in molekularer Biologie, auf weitere und unheimliche Möglichkeiten.«[23]

Die Tatsache, daß moderne Technowissenschaft die Natur nicht nur analysiert, sondern auch nach Bedarf rekonstruiert, wurde für Jonas zum Problem. Er fürchtete den Übergriff der kreativen technischen Kraft des Menschen von der unbelebten auf die belebte Natur. Jonas betrachtete die Biotechnologie mit *metaphysischem Schauder.*[24] Der Kampf gegen den Umbau der biologischen Konstitution des Menschen wurde für ihn zur »ersten kosmischen Aufgabe« einer »bedauerlich unvorbereiteten« Philosophie.[25] Für die Philosophie der Technik – mit der Jonas nach immerhin einigen Versuchen in diesem Jahrhundert »einen Anfang machen« wollte – steht demnach keine bloß irdische, sondern eine *kosmische* Bewährungsprobe bevor. Doch wie kommt es dazu? Die genetische Rekonstruktion des Menschen – der »technologische Anschlag auf die menschlich-biologische Substanz«[26] – mag ja zu den größten anzunehmenden Gefahren der globalen Epoche zählen; aber was macht die Biotechnologie zu einer Angelegenheit mit *kosmischen* Ausmaßen?

Diese Frage findet bei Jonas keine explizite Antwort, und das ist auch gut so. Wir müssen uns selbst einen Reim auf die Zukunft der Gattung und den kosmischen Horizont der Gentechnologie machen; aber das erst zum Schluß, nach der Jonas-Diskussion. Hier möchte ich nur die Ansicht vorwegnehmen, daß der Kampf gegen die Spaltung der Gattung Mensch in verschiedene Menschenarten nicht unter allen Umständen notwendig zu sein scheint. Was unter *globalen* Lebensbedingungen geboten ist, könnte gerade unter *kosmischen* obsolet werden.

Solange wir Erdenbewohner sind und bleiben, dürfte es vernünftig und besser sein, die Einheit der Gattung zu bewahren. Sollte es aber zur Ausbreitung der Menschen im Weltall kommen, könnte die Einheit der Gattung ihren Sinn verlieren. Wie Jonas zu dieser Alternative steht, ist aus seiner strikt negativen Beantwortung der Frage zu erschließen, ob wir es wagen dürfen, Hand an die eigene Natur zu legen.

Jonas möchte den »technologischen Galopp unter außertechnologische Kontrolle bringen« und das Eingehen »melioristischer, stochastischer, erfinderischer oder einfach pervers-neugieriger Abenteuer« verhindern.[27] Er wollte, daß wir verstehen, daß die Technowissenschaft *erstens* ein eminenter Gegenstand für die Philosophie und *zweitens* für die Ethik ist; daß es *drittens* neue Werte für die globale technologische Zivilisation gibt, die von »maximale[r] Information über späte Folgen unseres Kollektivhandelns« bis zu »Verantwortung für das Ganze« als »Spitzenwert für die Welt von morgen« reichen und sowohl Maßhalten »im Gebrauch der Macht« als auch »im Erwerb der Macht« verlangen;[28] daß *viertens* eine restriktive Wissenschaftspolitik mit freiwilliger »Selbstzensur der Forschung« ebenso notwendig ist wie *fünftens* Aufklärung darüber, daß es die unbedingte Freiheit der Wissenschaft nicht mehr geben kann und nicht mehr gibt.

Den Ideologen der reinen, kontemplativen Wissenschaft schlug Jonas vor, die Realität finalisierter Wissenschaften zu studieren:

»Wir müssen uns die Verschränkung von Theorie und Praxis im tatsächlichen Hergang der Forschung näher ansehen, so wie er heute ist und nicht anders sein kann. Wir werden dann finden, daß nicht nur die Grenzen zwischen Theorie und Praxis unbestimmt geworden, sondern beide jetzt im Innersten der Forschung miteinander verschmolzen sind, so daß das altehrwürdige Alibi ›reiner Theorie‹ nicht mehr besteht und mit ihm die moralische Immunität dahin ist, die es gewährte.«[29]

Mit dieser Fixierung der Eckpunkte seiner wissenschafts- und technikkritischen Position trat Jonas aus dem von der Mehrzahl seiner Fachkollegen bevorzugten »Schutz der Askese in bezug auf Werturteile« heraus. Aber er ging noch weiter und wandte seine regulativen Ideen auf die konkreten Handlungsalternativen von Ärzten und Biologen an.

Das Ausbuchstabieren der Jonasschen Verantwortungsethik begann 1969 mit einem Essay über die Grenzen medizinischer Forschung im Falle von Humanexperimenten.[30] Eine der aufgeworfenen Fragen lautete: Wer wird durch Menschenversuche am wenigsten verdinglicht? Antwort: Der Forscher selbst. Denn nur bei ihm gibt es »eine so authentische Identifikation mit dem Forschungszweck, daß dieser ebenso ein Zweck des Versuchssubjekts wie des Forschers ist«. Daraus entwickelte Jonas die Regel der »absteigenden Reihe«. Je geringer die Übereinstimmung des Subjekts mit der Sache der Forschung ist, desto schwächer ist auch die Berechtigung zur Rekrutierung als Versuchsperson.[31] Ein konsequentes Befolgen dieser Regel würde die Zahl menschlicher Versuchsobjekte klein halten. Und das, gab Jonas ohne Bedauern zu bedenken, könnte »auf eine Verlangsamung des medizinischen Fortschritts hinauslaufen«.

Daß wissenschaftlich-technische Fortschritte im allgemeinen und medizinische im besonderen »kein unbedingt obligatorisches Ziel«, sondern rein »fakultativ« sind, hat Jonas oft und ausführlich verdeutlicht.[32] Als fragwürdig empfand Jonas grundsätzlich alle jene Entwicklungen der ärztlichen Kunst, die, anstelle der von der Natur vorgegebenen Normen, das technisch Letztmögliche zum Maßstab machten und machen. Die »alterprobte Ordnung« soll über Anfang und Ende des menschlichen Daseins regieren. Das *Recht zu leben* soll nicht von den Techniken der Lebensverhinderung abhängen, die nur ausnahmsweise zulässig sein dürfen,[33] und das *Recht zu sterben* soll im Falle des terminal leidenden Patienten nicht durch den Einsatz von Maschinen in eine »Nötigung zu leben« pervertiert werden.[34]

Die medizinkritischen Überlegungen des Ethikers waren nicht selten ein »Exerzitium in Vergeblichkeit«, insbesondere Jonas' Widerspruch gegen die 1968 von einer Kommission der *Harvard Medical School* vorgeschlagene Anerkennung des »irreversiblen Komas als neue Definition des Todes«. Jonas hatte argumentiert, der neue Begriff des Gehirntods würde eine Vorverlegung der Todesfeststellung ermöglichen und zum Beispiel erlauben, entweder die künstliche Beatmung eines Patienten zu beenden, um diesen sterben zu lassen, oder umgekehrt sie nach der Toterklärung »weiter anzuwenden und so den Körper in einem Zustand zu erhalten, der nach älterer Definition ›Leben‹ gewesen wäre [...] – *damit* man an seine Organe und Gewebe unter Idealbedingungen herankann, die früher den Tatbestand der ›Vivisektion‹ gebildet hätten«.[35] Dieser Einspruch gegen die neue Definition des Todes scheiterte an den auf die Transplantationsmedizin gerichteten Interessen. Inzwischen gibt es in den Vereinigten Staaten mancherorts zwei Todesfeststellungen: »die ärztliche vor der Organentnahme, die rechtliche (für Erbschaftsfragen gültige) danach«.[36]

Die Lehre, die Jonas aus diesem Schulbeispiel des Scheiterns für sein eigenes Tun – »die unabhängige ethische Einsprache« – zog, verdient Beachtung. Der vehemente Kritiker des »technologischen Diktats der Verdinglichung auch unserer selbst« hoffte seitdem vor allem darauf, daß die moderne Gesellschaft wenigstens mit offenen Augen in jene Zukunft gehe, die von den Aktivisten des technischen Fortschritts eröffnet wird. Das Vordringen der molekularen Biotechnologie war ein Anlaß, auf diese Hoffnung zu setzen. »Ein neues Können klopft an das Tor des Lebensreiches«, bemerkte Jonas 1974 und erklärte:

»Die praktischen Möglichkeiten, die ein solches Können bietet, mögen sich als so unwiderstehlich erweisen, wie die in den älteren Zweigen der Technik es waren, aber wir täten gut daran, diesmal die Ausblicke in den Anfängen zu bedenken und uns nicht, wie stets bisher, von unserer eigenen Macht überraschen zu lassen. Die biologische Kontrolle des Menschen, besonders die genetische, wirft ethische Fragen völlig neuer Art auf, für die uns weder frühere Praxis noch früheres Denken vorbereitet hat. Da nicht weniger als die Natur des Menschen in den Machtbereich menschlicher Eingriffe gerät, wird Vorsicht zum ersten sittlichen Gebot und hypothetisches Durchdenken unsere erste Aufgabe.«[37]

Das Jahr 1974 muß als ein außergewöhnlich günstiges für Gedanken wie diese angesehen werden. Jonas' Stimme war nicht die einzige, die damals zur biotechnischen Vorsicht mahnte. Im September 1973 war in *Science*, der Zeitschrift der American Association for the Advancement of Science, ein ziemlich ungewöhnlicher Artikel erschienen: eine von Biologen unterzeichnete Warnung vor einem neuen Fortschritt ihrer Wissenschaft. Der Artikel sprach von unabsehbaren Gefahren, »zu denen sich ›hybride DNA-Moleküle‹ für Laborpersonal und Bevölkerung entwickeln könnten«.[38] Darauf folgte wenig später, im Juli 1974, ein von elf führenden Molekularbiologen verfaßter Aufruf zur experimentellen Zurückhaltung und Entwicklung von Richtlinien, der gleich in drei namhaften Zeitschriften – *Science*, *Nature* und *Proceedings of the National Academy of Sciences* – veröffentlicht wurde und mit dem aufsehenerregenden Titel »Potentielle Biogefahren neukombinierter DNA-Moleküle« überschrieben war.

Einen kurzen Moment lang steuerten C. P. Snows zwei Kulturen aufeinander zu. Der Vorstoß der Genforscher in Richtung eines Forschungsverzichts konvergierte mit den gen-ethischen Reflexionen des Philosophen. Der Ethiker schoß jedoch schnell über das Ziel der Wissenschaftler hinaus, das heißt, Jonas blieb seinen ursprünglichen Forderungen treu, während die Gemeinschaft der Genetiker alsbald wieder Entwarnung blies und den Alarm von 1974 als stark übertrieben zu empfinden begann.

In einer Übung »vorgreifender Phantasie und darauf bezogener ethischer Reflexion« hatte Jonas die »*Behauptung* eines Rechtes, *nicht* zu wissen« aufgestellt. Der hypothetischen Frage nachgehend, was es für die Identität einer klonierten Person bedeuten würde, sich als pure Wiederholung und genetischer Reprint verstehen zu müssen, entdeckte Jonas das neue Gut des *Nichtwissens*. Im Unterschied zu echten Zwillingen wäre ein Klon – die exakte Kopie eines existenten Individuums – zwar identisch, aber ungleichzeitig mit dem Kernspender. Ein »Klonsproß« müßte folglich mit der Tatsache leben, daß er von Anfang an »*allzuviel* von sich weiß (oder zu wissen glaubt) und andere allzuviel von ihm wissen (oder zu wissen glauben)«. Durch diesen Vorgriff der Vergangenheit auf die Zukunft würde dem Klon die Möglichkeit der offenen Selbstfindung genommen, das »vorweg kartographierte Subjekt« um die Chance »authentischen Wachstums« gebracht und »im voraus der *Freiheit* beraubt, die nur unter dem Schutz des Nichtwissens gedeihen kann«. Jonas kam zu dem Schluß: es gelte, das »Recht auf ein benötigtes Nichtwissen auf seiten möglicher Opfer unseres Tuns« zu achten und das neue Gebot zu befolgen: »Niemals darf einem ganzen Dasein das Recht zu jener Ignoranz versagt werden, die eine Bedingung der Möglichkeit authentischer Tat, d. h. der Freiheit überhaupt ist.«[39]

Das von Jonas proklamierte *Recht auf Unwissenheit* ist auf das Subjekt und seine Selbsterkenntnis bezogen. Es ist das subjektzentrierte Wissen, nicht das dezentriert-objektive, dem ein schützender Riegel vorgeschoben werden soll. Trotzdem: Die gebotene Ignoranz muß zu erheblichen Wachstumsbeschränkungen auch des technowissenschaftlichen Wissens führen. Im Falle der experimentellen Humangenetik liegt das auf der Hand. Der klonierte Mensch wäre Experiment und irreversible Tat zugleich. Die gewöhnliche Unschuld der Simulation ginge in einem solchen Realexperiment verloren.[40] Der für die Ethik entscheidende – und für die klassische Naturwissenschaft konstitutive – Unterschied zwischen »bloßem Versuch und definitiver Tat« wäre beim Klon nicht mehr gegeben. Selbst wenn die Produktion des Klons eine Bereicherung des objektiven Wissens bedeuten würde, die anders nicht zu gewinnen wäre, würde Jonas dafür plädieren, auf diesen Wissenszuwachs zu verzichten. Was da hergestellt würde, wäre kein bloß versuchsweises, sondern tatsächliches Leben. Die Ausdehnung des objektiven Wissens kollidiert hier mit dem vorrangigen »*Recht jedes Menschenlebens, seinen eigenen Weg zu finden und eine Überraschung für sich selbst zu sein*«.[41]

Jonas, der mit Vorliebe quasi-theologisch argumentierte, stellte klar, daß die »bevorstehende Kontrolle des Menschen über seine eigene Artnatur« nicht als Krönung, sondern als Abdankung bzw. Liquidierung des gottesebenbildlichen Gattungswesens Mensch aufzufassen ist. Er beschrieb, was auf dem Spiel steht, wenn die kreative Gestaltung und Umgestaltung der physischen Konstitution des Menschen in Angriff genommen wird:

»Keine Vorstellung von einer transzendenten Würde ›des‹ Menschen und folglich keine Idee einer daraus fließenden sittlichen Verpflichtung kann diese Absage an die Unantastbarkeit seines generischen ›Bildes‹ überleben. Abgesehen von dieser innerlichen Entwertung würde auch die Einheit der Gattung als solcher auseinanderbrechen [...] und schon der Name ›Mensch‹ würde vieldeutig.«[42]

Jonas befürchtete den Verlust der Menschheit. Um die Natureinheit der Gattung zu bewahren, diesen kleinsten gemeinsamen Nenner der Menschheit zu retten, wollte er das »Probieren neuartigen Glücks [...] schon in der Freistatt experimenteller Forschung« grundsätzlich »verbieten«.[43] Im vorweggenommenen Interesse der ganzen Menschheit – die es zwar seit langem als rhetorischen Zielbegriff, aber bis heute weder politisch noch kulturell als ungeteilte reale Größe gibt – wollte er die Aufspaltung des *genus humanum* verhindert wissen. Er wollte den Traum von einer politisch »irgendwie geeinten« Menschheit befördern und wohltätige Emotionen für die ganze Menschheit als »das allein passende Handlungssubjekt« der globalen Epoche wecken.[44] Um ontologische Singularität und metaphysische Würde *des* Menschen für immer und ewig und unter allen Umständen zu garantieren, wollte Jonas nur *eine* biologische Menschheit erlauben. Mit der Schaffung einer Vielzahl von Menschheiten wäre das Ende der Menschheit als Kollektivsingular gekommen.

III.

In *Menschliches Allzumenschliches* konstatierte Friedrich Nietzsche: »Die Menschheit kann von nun an durchaus mit sich anfangen, was sie will.«[45] Hundert Jahre später stellte Freeman Dyson in *Disturbing the Universe* die »zentrale Frage der menschlichen Zukunft«: »Wollen wir Klados oder Klon sein?«[46] Und er spann den kosmischen Faden aus: »Die Frage, die unser Schicksal entscheiden wird, ist nicht, ob wir uns im Weltall ausbreiten werden.« Das steht für den theoretischen Physiker Dyson vom Institute for Advanced Studies in Princeton seit langem fest. »Die Schicksalsfrage für uns ist: Wollen wir eine Spezies sein oder eine Million? Selbst eine Million Arten könnten die ökologischen Lebensräume, die auf das Auftreten von Intelligenz [in unserer Galaxis] warten, nicht ausschöpfen.«[47] Zur gleichen Zeit konfrontierte Jonas im *Prinzip Verantwortung* den »erbarmungslosen Optimismus« säkularer Fortschrittsutopien mit der »barmherzigen Skepsis« seiner Verantwortungsethik, »die heute, nach mehreren Jahrhunderten postbaconischer, prometheischer Euphorie (der auch der Marxismus entstammt), dem galoppierenden Vorwärts die Zügel anlegen muß«.[48]

Wir haben die Wahl: wollen wir bleiben, was wir sind? Oder werden, was wir noch nicht sind? Das ist in der Tat die vielleicht wichtigste Frage der menschlichen Zukunft. Die Frage ist nicht ganz neu; aber früher galt sie der geistigen, sozialen und kulturellen Gestalt des Menschen. Nun zielt sie auf die materielle Basis des Menschen, unseren Leib. Zur moralischen Autonomie, die Nietzsche der Menschheit zuschrieb, kommt jetzt auch die technische Kompetenz, aus der physischen Natur des Menschen zunehmend machen zu können, was wir wollen.

Der menschliche Körper ist in der zweiten Hälfte des zwanzigsten Jahrhunderts ein Gegenstand der Politik geworden, und Politik jongliert mit Alternativen. Auch wenn wir denen folgen würden, die das unspezialisierte Lebewesen Mensch in religiöser Metaphorik als einen »besonderen Endpunkt der Schöpfung«[49] interpretieren und seine unantastbare Heiligkeit verfechten, wäre die Option für den Status quo der Biologie des Menschen eine Entscheidung, »die wir im Bewußtsein treffen müssen, daß wir auch anders könnten«.[50] De facto und im Prinzip könnten wir auch den Bernalisten Dyson und die kreative Genmanipulation unterstützen. In der pluralistischen Welt offener Gesellschaften ist im übrigen nicht nur mit der einen oder der anderen Meinungsbildung zu rechnen, sondern mit einem insgesamt widersprüchlichen Meinungsgemenge. Den Zeitgenossen, die die Zukunft des Naturwissenschaftlers begrüßen,[51] widersprechen jene, die für die Zukunft des Philosophen eintreten; denen wiederum fallen alle die ins Wort, die noch einmal ganz andere Vorstellungen haben.

Das ungehemmte Ausleben des technologischen Triebs ist ebensowenig zu befürchten wie die absolute wissenschaftlich-technische Askese. Auch die praktische Umsetzung der schon oft erwogenen – und genauso oft verworfenen – Idee eines allgemeinen Forschungsmoratoriums,[52] um »mit Hilfe der Weisheit (zu) entscheiden, in welche Richtung es weitergehen soll, welche Art Wissenschaft weiterbetrieben werden soll und an welcher Stelle man sagen kann, da wissen wir jetzt genug, hier braucht man nicht weiter zu forschen«,[53] ist wenig mehr als ein schöner Traum der Vernunft. Im sensitiven Humanbereich kommen vorläufig weder die konservativen noch die revolutionären Alternativen der Biopolitik allein zum Zuge. Nur über die Abstimmung mit konkurrierenden Interessen ist für jeden etwas zu erreichen – zum Beispiel einen Tag für die Ethik, fünf Tage für die Gentechnik und einen Tag frei. Sollte diese Annahme realistisch sein, dann ist die genetische Revolution des Menschen langfristig zu gewärtigen.

Das wußte auch Jonas. Sein ausgewogenes Schwanken zwischen der großen Zügelung und dem sanften Abbremsen des technowissenschaftlichen Abenteuers, zwischen einer drastischen Kursänderung und einer vorsichtigen Verlangsamung des modernen Fortschritts, legte davon ein beredtes Zeugnis ab.[54] Die große Zügelung trug dem Schwergewicht der anvisierten Probleme Rechnung, und die sanfte Bremsung war den kräftigen Einsprüchen gegen jeden Verzicht auf Forschung geschuldet. Jonas konnte sich diese Ambivalenz leisten. Er setzte auf »die Anfänge eines neuen Bewußtsein, das eben erst aus der Euphorie der großen Siege, noch blinzelnd, ins harte Licht ihrer Gefahren erwacht«. Wenn dieses neue Bewußtsein vorankommt, mochte Jonas denken, sich Bahn bricht und schließlich die Massen ergreift, dann werden die einschneidenden Maßnahmen der großen Zügelung getroffen, und wenn es stagniert und auf wenige Köpfe beschränkt bleibt, dann ändert auch die stärkste Rhetorik nichts. Neues Bewußtsein ohne neue politische Bewegungen ist machtlos, und neue politische Bewegungen ohne neues Bewußtsein sind ziellos. Jonas wußte: »Letztlich wird die Sache der Menschheit wohl doch von unten und nicht von oben betrieben.«[55]

Jonas hätte auch auf sozialgeschichtliche Entwicklungen der siebziger und achtziger Jahre verweisen können. In der Zeit zwischen der Verleihung des Friedenspreises des Deutschen Buchhandels 1967 an den »herrlichen enfant terrible des Utopismus« (Hans Jonas über Ernst Bloch), also der öffentlichen Akzentuierung des *Prinzips Hoffnung*, und der Verleihung derselben Auszeichnung 1987 an den Autor des antiutopischen *Prinzips Verantwortung*, hatte der von Jonas favorisierte Bewußtseinswandel in Gestalt von Friedens-, Frauen- und Umweltbewegungen beachtliche Fortschritte in der Eroberung des Denkens gemacht. Die ständige Umwälzung aller Naturverhältnisse und Lebensbedingungen in der technowissenschaftlichen Welt hatte in den neuen sozialen Bewegungen Gegner von unten gefunden, die in für Jonas wesentlichen Fragen wie der Gentechnologie konservativ eingestellt waren und alles Künstliche vermeiden, alles Natürliche erhalten wollten.

Ich will jetzt aber nicht über die Zukunft der Gegenbewegungen zur permanenten technowissenschaftlichen Revolution spekulieren, sondern nur für einen Moment und nur zur Klärung eines letzten Punktes unterstellen, sie hätten im Verein mit Technikfolgenabschätzungsgremien, Ethikkommissionen, Gewerkschaften, Kirchen und politischen Parteien jedwede Genmanipulation des Menschen erfolgreich disqualifiziert. Was für Gründe könnten Anti-Gegenbewegungen dann noch ins Feld führen, um die bewußte genetische Veränderung des Menschen wieder attraktiv zu machen? Ich fürchte, die besten Revisionsgründe würden aus heutiger Sicht ganz unwahrscheinliche Entwicklungen liefern, etwa Dysons phantastische Vision einer »Begrünung der Galaxis«.[56]

Wenn wir Ausmaß und Tempo der technischen Innovationen des neunzehnten und zwanzigsten Jahrhunderts betrachten und mit dieser Erfahrung in die Zukunft des nächsten Jahrtausends blicken, dann wäre es fahrlässig, der technowissenschaftlichen Zivilisation nicht noch einige Quantensprünge zuzutrauen. Es wäre kontraintuitiv, wenn wir zum Beispiel die gegenwärtig noch in den Kinderschuhen steckende

Raumfahrt nicht als einen aussichtsreichen Kandidaten für technowissenschaftliche Fortschritte ansehen würden. Und es wäre unvereinbar mit astronomischen Entfernungen, wenn Expeditionen in unsere Galaxis nicht zugleich auch Emigrationen wären – »weg von der Sonne und hin zu den Asteroiden und den Riesenplaneten und weiter hinaus«, dichtet Dyson, »wo der Raum grenzenlos ist und das Neuland unermeßlich«.[57] Dyson, der *graue* und *grüne* – unorganisch harte und organisch sanfte – Technologien unterscheidet, ohne dem einen oder anderen Typus den Vorrang zu geben,[58] sieht in der kosmischen Expansion der Menschen die natürliche Frucht dieser beiden Techniktendenzen.

»Auch die graue Technologie des Menschen ist Teil der Natur. Sie war und wird wesentlich sein, um uns den Sprung von der Erde ins Weltall zu ermöglichen. Die graue Technologie war der Trick, den die Natur erfand, um dem Leben den Weltraum zu öffnen. Die grüne Technologie der Genmanipulation war ebenfalls ein Trick der Natur, der sicherstellen sollte, daß sich das Leben rasch und zweckmäßig, anstatt langsam und zufällig, seiner neuen Umgebung anzupassen vermag, so daß es nicht nur die Erde hinter sich lassen, sondern sich im Universum auch ausbreiten, vielgestaltig entwickeln und frei bewegen kann.«[59]

Die kosmische Dimension der Gentechnologie, die wir bei Jonas nur angedeutet fanden – hier ist sie überdeutlich. Abgesehen von der teleologischen Rhetorik, die Dyson mit Jonas teilt, vertreten beide Autoren diametral entgegengesetzte Positionen. Für Jonas war der Mensch an der vorletzten Station eines langen, abschüssigen Weges angekommen. Dieser Weg hatte von Prometheus zu den Entdeckern der DNA-Struktur des Lebens – Francis Crick, Rosalind Franklin, James Watson, Maurice Wilkins – und über Tausende von Molekularbiologen bis an die Grenze der Einheit der Gattung geführt. Für Dyson dagegen sind die Menschen im Aufbruch zu einer langen Reise begriffen. Sie geht von der Erde ins All und verspricht, aus der singularen Menschheit »eine Million verschiedener, über die ganze Galaxis verteilter Arten«[60] zu machen. Für Jonas bedeutet die Aufspaltung der Gattung das Ende der Menschheit. Für Dyson beginnt damit das erste kosmobiologische Kapitel der Menschengeschichte. Für den Physiker sind wir an einer Schwelle und für den Philosophen an einem Abgrund angelangt. Beide halten – mit gegensätzlichen Vorzeichen – den Schritt zur genetischen Rekonstruktion des bislang nur an die Erde angepaßten Menschen für

kritisch. Wir stehen mit ihnen vor der Frage der kosmischen Selbstbe-
stimmung des Menschen und müssen uns entscheiden: für das Konser-
vieren der Menschheit auf der Jonas-Erde oder für ihre Aufteilung im
Dyson-Raum.

Anmerkungen

Nach einem Vortrag, der im Juni 1988 in Starnberg auf einem Symposion für Carl
Friedrich von Weizsäcker gehalten und anschließend im *Merkur* veröffentlicht
wurde (43. Jahrgang, April 1989, Heft 4, S. 292–304). Hans Jonas, mit dem der Verfasser bis dahin keinen Kontakt gehabt hatte, schrieb mir daraufhin und lud mich zu
einem Gespräch in sein Haus im nicht weit entfernten New Rochelle ein, wo der
Philosoph kürzlich, im Februar 1993, im Alter von 89 Jahren verstorben ist. In dem
Brief vom 7. September 1989 heißt es unter anderem: »Ganz neu war mir die Kon-
frontierung mit Dyson.« Wie sich bei dem späteren Gespräch herausstellte, war Jonas die Traditionslinie technowissenschaftlicher Zukunftsträume von Bernal zu Dyson (und über Dyson hinaus) und ihre Bedeutung für Institutionen wie die NASA in
der Tat völlig unbekannt.

1 Stanisław Lem, *Summa technologiae*, Frankfurt/M. 1976, S. 501. Die polnische
Erstausgabe erschien 1964 in Kraków.

2 Vgl. *Frankfurter Allgemeine Zeitung*, Nr. 236, 12. Oktober 1987, S. 33.

3 Hans Jonas, *Technik, Medizin und Ethik. Zur Praxis des Prinzips Verantwortung*, Frankfurt/M. 1985, S. 218.

4 Vgl. Immanuel Kant, *Von den verschiedenen Rassen der Menschen*, Königsberg
1775, A 3: »Nach diesem Begriffe gehören alle Menschen auf der weiten Erde zu
einer und derselben Naturgattung, weil sie durchgängig mit einander fruchtbare
Kinder erzeugen, so große Verschiedenheiten auch sonst in ihrer Gestalt mögen
angetroffen werden.«

5 Vgl. Jonas, *Technik, Medizin und Ethik*, a.a.O. [wie Anm. 3], S. 10f., 15 und 21:
»Wenn Napoleon sagte: ›Die Politik ist das Schicksal‹, so kann man heute wohl
sagen: ›Die Technik ist das Schicksal.‹«

6 Ebd., S. 12f.

7 Vgl. H. Jonas, *Das Prinzip Verantwortung. Versuch einer Ethik für die technologische Zivilisation*, Frankfurt/M. 1979, S. 11.

8 Vgl. Jonas, *Technik, Medizin und Ethik*, a.a.O. [wie Anm. 3], S. 9. – Die elf
Abhandlungen des Sammelbandes *Technik, Medizin und Ethik* zerfallen in zwei
Gruppen. In den Kapiteln 1–5 macht Jonas den Versuch, die Grundzüge des mit
moderner Wissenschaft und Technik verbundenen Neuen zu erfassen und nor-
mativ zu deuten. Die Kap. 6–11 sind der konkreten Anwendung des Prinzips
Verantwortung auf Grundprobleme der Biotechnologie und Humanmedizin ge-

widmet. Den Abschluß des Bandes (Kap. 12) bilden zwei öffentliche Gespräche über das Prinzip Verantwortung. Sie enthalten außer Reformulierungen keine neuen Einsichten und konfrontieren Jonas nur selten mit der Schwierigkeit, auf eine Frage nicht vorbereitet zu sein (vgl. z. B. S. 313).

9 Ebd., S. 287.

10 Ebd., S. 317.

11 Jonas, *Das Prinzip Verantwortung*, a. a. O. [wie Anm. 7], S. 251.

12 Vgl. Hesiod, *Sämtliche Gedichte*, Zürich 1970, S. 58 f. (Theogonie 562–89).

13 Vgl. ebd., S. 59 (Theogonie 585 und 589) und S. 310 (Erga 82).

14 Vgl. ebd., S. 311 (Erga 90–98).

15 Vgl. Jonas, *Technik, Medizin und Ethik*, a. a. O. [wie Anm. 3], S. 79.

16 Ders., *Das Prinzip Verantwortung*, a. a. O. [wie Anm. 7], S. 253.

17 Warum ist gerade die Hoffnung in Pandoras Büchse geblieben? – Die von Nietzsche in *Menschliches, Allzumenschliches*, Bd. 1, § 71, paraphrasierte Antwort eines alten Kommentars lautet: Sie soll die Leidenszeit der Menschen verlängern, indem sie die Sterblichen davon abhält, aller Qual und Pein durch freiwilligen Tod zu entfliehen; vgl. Robert von Ranke-Graves, *Griechische Mythologie. Quellen und Deutung*, Bd. 1, Reinbek 1960, S. 129, Anm. 8.

18 Vgl. Jonas, *Das Prinzip Verantwortung*, a. a. O. [wie Anm. 7], S. 254: »Nachdem die Macht ersten Grades, die sich auf eine unerschöpflich scheinende Natur direkt gerichtet hatte, in eine Macht zweiten Grades übergegangen ist, die jene der Kontrolle des Nutzers entwand, ist die Selbstbeschränkung der den Herrscher mit sich schleifenden Herrschaft, bevor sie an den Schranken der Natur zerschellt, Sache einer Macht dritten Grades geworden: einer Macht also über jene Macht zweiten Grades, die schon nicht mehr die des Menschen ist, sondern die der Macht selber.«

19 Vgl. ders., *Technik, Medizin und Ethik*, a. a. O. [wie Anm. 3], S. 79 und 67.

20 Vgl. ebd., S. 16–18.

21 Vgl. ebd., S. 20, 22 und 25 f.

22 Vgl. Wolf Schäfer, *Die unvertraute Moderne. Historische Umrisse einer anderen Natur- und Sozialgeschichte*, Frankfurt / M. 1985; mit bibliographischen Hinweisen auf die Finalisierungsliteratur und -debatte.

23 Jonas, *Technik, Medizin und Ethik*, a. a. O. [wie Anm. 3], S. 34.

24 Vgl. ebd., S. 200 und 211.

25 Vgl. ebd., S. 40.

26 Ebd., S. 169.

27 Vgl. ebd., S. 52 und 216.

28 Vgl. ebd., S. 64, 72 und 70.

29 Ebd., S. 95.

30 Vgl. ebd., Kap. 6.

31 Vgl. ebd., S. 134 f.

32 Vgl. ebd., Kap. 7, insbesondere S. 145 sowie Kap. 10 und 11.

33 Vgl. ebd., S. 151–57.

34 Vgl. ebd., S. 264–66.

35 Vgl. ebd., S. 221.

36 Vgl. ebd., S. 238.

37 Vgl. ebd., S. 239 und 162.

38 Vgl. Jost Herbig, *Die Gen-Ingenieure. Durch Revolutionierung der Natur zum Neuen Menschen?*, München 1978, S. 103. – Zum weiteren Verlauf dieser Episode der jüngeren Wissenschaftsgeschichte vgl. ebd., S. 102–12.

39 Vgl. Jonas, *Technik, Medizin und Ethik*, a. a. O. [wie Anm. 3], S. 179–94.

40 »Man kann nicht Personen zurück ins Werk liefern oder Bevölkerungen verschrotten«, kommentierte Jonas drastisch; er fragte, »was man mit den unvermeidlichen Fehlleistungen genetischer Intervention tun soll [...] – ob man den Begriff des ›Ausschusses‹ in die menschliche Gleichung einführen soll« (ebd., S. 167).

41 Ebd., S. 194.

42 Vgl. ebd., S. 168 und 198.

43 Vgl. ebd., S. 201.

44 Vgl. ebd., S. 71–73 und im Kap. über Globalgeschichte in diesem Band, S. 166 bis 68.

45 Vgl. Friedrich Nietzsche, *Menschliches, Allzumenschliches. Ein Buch für freie Geister*, 1876–1880, Bd. 2, § 179 »Glück der Zeit«: »In Hinsicht auf die *Zukunft* erschliesst sich uns zum ersten Male in der Geschichte der ungeheure Weitblick menschlich-ökumenischer, die ganze bewohnte Erde umspannender Ziele. Zugleich fühlen wir uns der Kräfte bewusst, diese neue Aufgabe ohne Anmaassung selber in die Hand nehmen zu dürfen, ohne übernatürlicher Beistände zu bedürfen; ja, möge unser Unternehmen ausfallen, wie es wolle, mögen wir unsere Kräfte überschätzt haben, jedenfalls giebt es Niemanden, dem wir Rechenschaft schuldeten als uns selbst: die Menschheit kann von nun an durchaus mit sich anfangen, was sie will.« (Zit. nach *Sämtliche Werke. Kritische Studienausgabe in 15 Bänden*, hrsg. von Giorgio Colli und Mazzino Montinari, München 1980, Bd. 2, S. 457.)

46 Zit. nach der dt. Übersetzung: Freeman Dyson, *Innenansichten. Erinnerungen in die Zukunft*, Basel 1981, S. 238. – Ebd. zur Bedeutung von ›Klados‹ und ›Klon‹: »Ein Klados ist eine Gruppe von Populationen, die zwar einen gemeinsamen Ursprung haben, genetisch jedoch so verschieden voneinander sind, daß Kreuzungen ausgeschlossen sind. Ein Klon ist eine einzelne Population genetisch identischer Individuen. Kladen sind der Stoff, aus dem die großen, evolutionsgeschichtlichen Sprünge gemacht sind. Klone sind dagegen evolutionsgeschichtliche Sackgassen, die sich langsam entwickeln und langsam anpassen.«

47 Ebd., S. 250.

48 Vgl. Jonas, *Das Prinzip Verantwortung*, a. a. O. [wie Anm. 7], S. 386 und 388.

49 Vgl. ders., *Technik, Medizin und Ethik*, a. a. O. [wie Anm. 3], S. 293.

50 Wolfgang van den Daele, »Die Moralisierung der menschlichen Natur und Naturbezüge in gesellschaftlichen Institutionen«, in: *Kritische Vierteljahresschrift für Gesetzgebung und Rechtswissenschaft* 2 (1987), S. 351 f.

51 Etwa Lem in seiner *Summa technologiae* a.a.O. [wie Anm. 1], S. 639: »Der Philosoph, der sich zum Apologeten eines extremen Konservatismus (des Nichthandelns beispielsweise im biologischen oder technologischen Bereich) macht, ist wie der Sohn des Millionärs, der sich dank dem vom Vater angehäuften Vermögen um die Erlangung der zum Leben benötigten Mittel nicht zu kümmern braucht und den Besitz kritisiert. Wäre er konsequent, dann müßte er jenes Vermögen aufgeben; der Gegner von ›Biokonstruktionen‹ darf sich seinerseits nicht auf den Widerstand gegen ›Pläne zur Rekonstruktion des Menschen‹ beschränken, sondern muß unter Verzicht auf sämtliche zivilisatorische Errungenschaften, auf die Medizin, Technik usw. auf allen vieren in den Wald kriechen.« Lem ist trotz dieser harschen Worte für die Philosophie des Nichthandelns und Nichtwissens keinesfalls für eine Biotechnologie jenseits von Vorsicht und Verantwortung; vgl. ebd., S. 641 f.: »Das alles heißt natürlich nicht, daß wir den Menschen mit einem beliebigen, zu konstruierenden materiellen Gegenstand oder mit einem beliebigen, zu perfektionierenden technischen Produkt gleichsetzen. Es ist undenkbar, daß die Aura der Verantwortlichkeit nicht auch den Bereich des Biokonstrukteurswesens umfaßt, der ein ungeheures Risiko (aber vielleicht auch nicht geringere Hoffnungen) in sich birgt.«

52 Zum Beispiel der Vorschlag eines zehnjährigen Feiertags für Naturwissenschaftler, der am 4. September 1927 von dem englischen Bischof Edward Arthur Burroughs in einer Predigt vor zahlreichen Zuhörern der British Association for the Advancement of Science gemacht wurde. Die Idee des Bischofs – »Dare I suggest, at the risk of being lynched by some of my hearers, that the sum of human happiness, outside of scientific circles, would not necessarily be reduced if for, say ten years, every physical and chemical laboratory were closed and the patient and resourceful energy displayed in them transferred to recovering the lost art of getting together and finding a formula for making the ends meet in the scale of human life« – wurde zwar in England und Amerika ein ganzes Jahrzehnt heiß diskutiert, aber nicht für einen Tag verwirklicht; vgl. Carroll Pursell, »›A Savage Struck by Lightning‹: The Idea of a Research Moratorium, 1927–37«, in: *Lex et Scientia. International Journal of Law and Science* 10 (1974) 4, S. 146–61.

53 Vgl. Jonas, *Technik, Medizin und Ethik*, a.a.O. [wie Anm. 3], S. 317.

54 Vgl. ders., »Warum wir heute eine Ethik der Selbstbeschränkung brauchen«, in: Elisabeth Ströker (Hrsg.), *Ethik der Wissenschaften? Philosophische Fragen*, München 1984, S. 83: »Eine Selbstentmachtung des Menschen, etwa durch einen Verzicht auf die Technik, kommt gar nicht in Frage. Ein solcher Plan wäre weder realistisch noch zu verantworten [...] Die Macht sollte jedoch, das räume ich ein, stark gebremst und in die Richtung eines gemäßigten Vorwärtsstürmens gelenkt werden, indem man [...] den Fortschritt nicht länger seiner Eigendynamik überläßt, sondern ihn zu zügeln und zu bremsen sucht. Aber auch ›Bremsen‹ bringt stets Probleme mit sich.«

55 Vgl. ders., *Technik, Medizin und Ethik*, a.a.O. [wie Anm. 3], S. 108 und 75.

56 Vgl. Dyson, *Innenansichten*, a.a.O. [wie Anm. 46], Kap. 21. – Natürlich kann

man sich auch fragen, was wohl die vielen kleinen Fortschritte sein mögen, die die klassische Vorstellung vom Menschen langsam aber sicher liquidieren könnten; vgl. hierzu G. A. Kerkut, »Possible evolutionary futures for mankind«, in: *Comparative Biochemistry and Physiology* 90 A (1988) 1, S. 5–10. Kerkut spielt eine ganze Reihe von Verbesserungen und Veränderungen des Menschen durch, die über die Reparatur genetischer Erbdefekte hinausgehen, uns den Weg (zurück) in die Ozeane eröffnen, »grüne Menschen« ermöglichen, perfekte Vegetarier mit der Fähigkeit zur Photosynthese, Technikmenschhybriden usw. »Over the next 500 years, our scientific knowledge and skill should enable us to make changes in human life that will be greater than any other species has made over its fastest evolution« (ebd., S. 5).

57 Dyson, *Innenansichten*, a. a. O. [wie Anm. 46], S. 250.

58 Vgl. ebd., S. 243: »Bei allem, was wir auf Erden oder am Himmel unternehmen, haben wir die Wahl zwischen zwei Tendenzen, die ich grau bzw. grün nennen möchte […] Der Unterschied zwischen grün und grau läßt sich leichter durch Beispiele als durch Definitionen fassen. Fabriken sind grau, Gärten sind grün. Physik ist grau, Biologie ist grün. Plutonium ist grau, Pferdemist ist grün. Bürokratie ist grau, Pioniersiedlungen sind grün. Selbstreproduzierende Maschinen sind grau, Bäume und Kinder sind grün. Die menschliche Technologie ist grau, die Technologie Gottes ist grün. Klone sind grau, Kladen sind grün. Armeedienstvorschriften sind grau, Gedichte sind grün.«

59 Ebd., S. 252.

60 Ebd., S. 253.

DRITTER TEIL:
ÜBER GEGENWÄRTIGE DINGE

»Weltgeschichte wird zur Globalgeschichte.«
Der Große Ploetz, 1991, S. 1227

Bewegungen auf der Epochenschwelle

I.

Woher kommen wir? Aus der Moderne der europäischen Neuzeit, einer Epoche mit betont männlichen Zügen. Francis Bacon hat gleich am Anfang darauf hingewiesen und die industrielle Moderne ohne Scham als eine »maskuline Geburt der Zeit« konzipiert. »Mein lieber, lieber Junge«, vertraute er zu Beginn des 17. Jahrhunderts einem imaginären Schüler bzw. dem zu Lebzeiten unveröffentlichten Manuskript *Temporis Partus Masculus* an, »ich beabsichtige dich mit *den Dingen selbst* zu verheiraten in einer reinen, heiligen und gesetzlichen Ehe; und aus dieser Verbindung wird dir ein über alle Erwartungen und Gebete gewöhnlicher Ehen hinausgehender Gewinn erwachsen, nämlich eine gesegnete Rasse von Heroen bzw. Supermännern, die die unermeßliche Hilflosigkeit und Armut der menschlichen Rasse überwinden [...] und dich friedvoll, glücklich, wohlhabend und sorglos machen wird.«[1] Die Baconische Ehe mit den Dingen ist in der industriellen Moderne außerordentlich fruchtbar geworden. Die technowissenschaftlichen Fortschritte des 20. Jahrhunderts haben, neben vielem anderen, auch die Ausgangsbasis für die Erzeugung von Supermännern, -frauen und -kindern geschaffen.

Wo stehen wir? Das 20. Jahrhundert gerät in den Bann der Jahrtausendwende. Aber der Schritt auf die Epochenschwelle liegt nicht vor, sondern hinter uns. »An einem nicht näher gekennzeichneten Punkt in den letzten zwanzig Jahren haben wir uns unbemerkt aus dem Zeitalter der Moderne heraus- und in eine neue, vorläufig noch namenlose

Ära hineinbewegt«, erkannte Peter F. Drucker Ende der fünfziger Jahre. Und er fuhr fort:

»Wir leben in einem Zeitalter des Übergangs, einem Zeitalter der Überschneidung, in dem die alte ›Moderne‹ von gestern zwar nicht mehr mit Nachdruck agiert, aber weiterhin die Ausdrucksmittel, Erwartungsnormen und Ordnungswerkzeuge bereitstellt, während der neuen, der ›post-modernen‹ Zeit, obwohl sie unser Handeln und seine Konsequenzen schon wirksam kontrolliert, noch die genaue Bestimmung, der eigene Ausdruck und die Werkzeuge fehlen.«[2]

Drucker behalf sich in Ermangelung eines positiven Begriffs mit dem Arbeitstitel der »post-modernen Welt«.[3] Dabei ist es bis heute geblieben. Wir bewegen uns auf der Epochenschwelle. Der Geist der Übergangszeit trägt den Familiennamen »Moderne« und hört auf den Vornamen »Post«.

Was sehen wir? Der Januskopf der Postmoderne blickt in Vergangenheit und Zukunft zugleich. Er wendet sich einerseits mit Schaudern von der Moderne ab und hat sie doch andererseits unverwandt im Blick. Er sieht: Die Projekte der Moderne sind ambivalent; sie haben das Heil der Aufklärung, aber auch neues Unheil im großen Stil ermöglicht und zuwege gebracht. Experimentelle Wissenschaft und industrieller Fortschritt haben die Hilflosigkeit der Menschen verringert und ihre materielle Armut hier und da beendet, aber auch beispiellose Großgefahren erzeugt und neue Unmündigkeit, Abhängigkeit und Trostlosigkeit geschaffen. Der transhumane Übermensch erscheint seinen Vorläufern, je denkbarer in den technischen Einzelheiten er wird, weniger als ein Segen, eher wie ein Fluch. Aufklärende Kritik, Weltbürgertum und partizipatorische Demokratie sind nach wie vor mit der Arroganz von Bildung und Besitz verknüpft. Die Zeitgenossen der Postmoderne stoßen sich an der harten Dialektik der Moderne.

Immer mehr Menschen geben heute immer weniger auf die Zukunftsversprechungen der permanent unvollendeten Moderne. Sie ziehen es vor, sich mit den konkreten Problemen der hier und heute existierenden Moderne auseinanderzusetzen. Wenn sie finden, daß die Beseitigung des mörderischen Hungers in der Welt ein unvollendetes Projekt der Moderne ist, dann versuchen sie, die Strukturen der Moderne zu verändern, die dafür verantwortlich sind, daß der Tisch nur für einige gedeckt wird; wenn sie finden, daß die Emanzipation der Frauen ein unvollendetes Projekt der Moderne ist, dann beginnen sie, den soziokulturellen Mechanismus der Moderne auszuhebeln, der den Frauen die Ungleichzeitigkeit beschert; wenn sie finden, daß der wissenschaftliche Fortschritt der Moderne nicht gleichbedeutend mit fortschrittlicher Wissenschaft ist, dann überlegen sie, wie die technowissenschaftlichen Fortschritte zu korrigieren sind.

Was hören wir? Von Jürgen Habermas, daß »sich diejenigen, die das unvollendete Projekt der ins Schleudern geratenen Moderne fortsetzen wollen, [mit] verschiedenen Gegnern konfrontiert [sehen], die nur in der Entschlossenheit, von der Moderne Abschied zu nehmen, übereinstimmen«.[4] In Habermas' Augen haben sich die Probleme der Moderne, die nicht weichen wollen, in Gegner verwandelt, die man schlagen muß, um das singuläre Projekt der Moderne zu retten. Die Möglichkeit scheint ausgeschlossen, daß die Projekte der Moderne Selbstkosten verursachen und Schäden anrichten, die nicht einfach reaktionären Dunkelmännern in die Schuhe zu schieben sind. Karl-Otto Apel erklärt, der »Abschied vom Prinzipiellen« sei das »absolut Schlimmste, was uns in unserer heutigen Weltlage passieren könnte«[5] – als ob es keine aktuellen Makro-Risiken gäbe, die viel Schlimmeres anzurichten versprechen als die (allenfalls schlimme) Kritik an den regulativen Idealprinzipien der konsensuellen Frankfurter Diskursgemeinschaft.

Was wissen wir? Daß wir die Welt weiter verändern werden und immer wieder neu interpretieren müssen; daß Abermillionen am Lagerfeuer der Geschichte sitzen und sich mit Recht am Gespräch über Gott und die Welt beteiligen; daß wir den Pluralismus der Ideen und die daraus resultierenden Probleme nicht länger ignorieren dürfen; daß wir uns bemühen müssen, klare Verhältnisse durch Theorien, Definitionen, Prinzipien, Ausgrenzungen, Abgrenzungen, Bilder, Tabellen, Vergleiche, Diagramme, Pfeile und Achsen zu schaffen, aber nicht die globale Harmonie am Ende aller Diskussionsbeiträge erwarten dürfen.

Das Ergebnis des babylonischen Diskurses der Gattung über die Welt ist die Vielfalt der Ansichten, die man je nach Neigung beklagen oder begrüßen, aber nicht auf einen gemeinsamen Nenner bringen kann. Niemand besitzt den für alle verbindlichen Maßstab, keiner hat absolute Autorität, jeder macht seinen Schachzug im Spiel der Lesarten. Das ist vielleicht nicht die Ordnung der besten aller vorstellbaren Welten, aber ein unverkennbares Merkmal der Gegenwart. Der Pluralismus der Lesarten korrespondiert mit substantiell anderen Lebensformen innerhalb und außerhalb der westlichen Gesellschaften. Die postmoderne Übergangszeit nähert sich einer horizontalen Ordnung der Dinge. Wir wissen nicht, ob die Moderne gegenwärtig zu höherer Vollendung gelangt oder in eine neue Zeit mit neuem Namen umschlägt. Was als problematischer Abschied von der Moderne erscheint, kann auf dem besten Wege zu neuen historischen Ufern sein.

In dieser unklaren Umwelt, die zwar nicht alles mögliche, aber doch mehr als eine richtige Ansicht erlaubt, müssen wir uns zurechtfinden. Daher möchte ich versuchen, die für die Postmoderne charakteristische Radikalisierung der Fortschritts- und Wissenschaftskritik zu erfassen sowie die paradoxen Signale zu deuten, die von den sozialen Bewegungen auf der Epochenschwelle ausgesandt werden.

II.

Der Fortschritt ist eine Errungenschaft der frühmodernen Wissenschaft und damit des Zeitalters der Moderne. Er hat sich mit einigen der extravagantesten Phantasien unseres utopischen Erbes verbunden. Während der englischen Revolution kämpften die *Diggers* und *Levellers* tapfer für die soziale Emanzipation, die *Ranters* und *Seekers* für die sexuelle Befreiung und die mathematischen und experimentellen Philosophen für unsere Herrschaft über die Natur. Francis Bacon, der Prophet der industriellen Moderne und selbsternannte »Kolumbus der Philosophie«, hatte zu Beginn des Jahrhunderts die »große Erneuerung« der Herrschaft des Menschen über die Welt propagiert.[6] Er wollte die Menschen an das Buch der Schöpfung heranführen und sie mit dem Alphabet vertraut machen, in dem es geschrieben war; er wollte ihnen dieses Alphabet Buchstabe für Buchstabe beibringen, um sie zu ermächtigen, das Buch der Natur nicht nur lesen, sondern auch nach Belieben umschreiben zu können.[7]

Freilich: Die technologische Kompetenz der Wissenschaft des

17. Jahrhunderts entsprach in keiner Weise den utopischen Träumen, die von Bacon inspiriert und von Descartes auf den Begriff gebracht wurden, als er den männlichen Teil der Menschheit zu »Herren und Eigentümern der Natur« erhob. Erst in den darauffolgenden Jahrhunderten entwickelte sich die westliche Wissenschaft und Technologie in Richtung auf diese hochgespannten Erwartungen. Die frühmodernen Phantasien wurden moderne Realitäten. Um die Mitte des 19. Jahrhunderts gab der bemerkenswerte Fortschritt der materiellen Künste und Wissenschaften willkommenen Anlaß zu vergleichenden Analysen von *stationären* und *dynamischen* Zivilisationen, von orientalischer Pracht und Großartigkeit auf der einen, okzidentaler Macht und Ingeniosität auf der anderen Seite.

»Worin liegt unsere Superiorität?« fragte William Whewell 1851 in einem Vortrag über die grundsätzliche Bedeutung der ersten Großen Weltausstellung in London. »Worin sehen wir den Effekt, die Verwirklichung der weiter fortgeschrittenen Stufe der Kunst, von der wir annehmen, daß wir sie erreicht haben?« Nach dieser bescheidenen Frage versicherte der Philosoph der induktiven Wissenschaften:

»Ganz bestimmt ist unsere Überlegenheit in keiner Weise imaginär; ganz bestimmt sind wir wirklich weiter fortgeschritten als sie und hat der Begriff ›fortgeschritten‹ eine Bedeutung. Ganz bestimmt ist dieser mächtige Gedanke eines FORT-SCHRITTS im Leben der Nationen kein leerer Traum; und ganz bestimmt hat unser Fortschritt uns über sie [die nicht-zivilisierten, stationären Länder] hinausgeführt.«[8]

Andere Redner unterstrichen, »daß sich zivilisierte Staaten von barbarischen Nationen in der Art und Weise der Benutzung natürlicher Kräfte als Hilfsmittel der Produktion unterscheiden«.[9] Zur theoretischen Absicherung der allgemeinen Ansicht warf Whewell einen Blick auf zwei Klassen der Londoner Weltausstellung: *Bergbau und mineralische Produkte* sowie *Chemische Prozesse und Produkte*. Beim Betrachten dieser Abteilungen bemerkte er »einige erstaunliche Unterschiede«.

»Die erste Klasse von Künsten, jene, welche bei der Metallgewinnung und -bearbeitung benutzt werden, gehören zu den ältesten; die zweite, jene Künste, welche der Herstellung chemischer Produkte in großer Menge dienen, gehören zu den allermodernsten. In der ersten Klasse [...] *war die Kunst vor der Wissenschaft*; die Menschen konnten die Metalle für ihre praktischen Bedürfnisse formen, schmelzen, veredeln und verbinden, bevor sie irgendetwas über die Chemie der Metalle wußten [...]. Aber in der zweiten Klasse hat die Wissenschaft nicht nur die Kunst überholt, sondern ist sie die ganze Grundlage, der vollständige Schöpfer der Kunst. *Hier ist die Kunst die Tochter der Wissenschaft.* Die großen chemischen Fabriken, die in Liverpool, Newcastle und Glasgow entstanden sind, verdanken ihre gesamte Existenz einer profunden und wissenschaftlichen Kenntnis der Chemie. Diese Künste hätten niemals entstehen können, wenn es keine Wissenschaft der Chemie gegeben hätte.«[10]

In der Tat. Materieller Fortschritt durch experimentelle Philosophie, dieser »mächtige Gedanke« der Technowissenschaft, war seit der Mitte des 19. Jahrhunderts für die ersten vier oder fünf Industrieländer nicht mehr nur ein leerer Traum. Für sie wuchs »der Baum der Kunst aus den Wurzeln der Wissenschaft«[11], und zwar vor allem der finalisierten. Die zweite Hälfte des 19. Jahrhunderts ist von geradezu fieberhafter Eloquenz, wenn sich die Gelegenheit bietet, über den wohltuenden Fortschritt der angewandten Künste zu reden – und diese Gelegenheit bot sich oft in den zehn Weltausstellungen zwischen 1851 und 1900.[12]

Walt Whitman sang 1871 das hohe Lied auf die erste in der Neuen Welt geplante Weltausstellung, die zur Feier der hundertjährigen Wiederkehr der amerikanischen Unabhängigkeitserklärung 1876 in Philadelphia angesagt war:

»Mightier than Egypt's tombs, / Fairer than Grecia's, Roma's temples, / Prouder than Milan's statued, spired cathedral, / More picturesque than Rhenish castle-keeps, / We plan even now to raise, beyond them all, / They great cathedral, sacred industry, no tomb / A keep for life, for practical invention«.[13]

Er pries »die scharfen Zungen der Äxte«, die den kalifornischen »redwood forest dense« rodeten und ohne Sentimentalität Platz machten für die »höhere Rasse« der neuen industriellen Gesellschaft, die endlich der Natur ebenbürtig geworden war.[14]

Jules Simon, ein französischer Politiker, Schriftsteller und Philosoph, erklärte 1878 aus Anlaß der siebten Weltausstellung in Paris:

»Die Wissenschaft hat endgültig Besitz ergriffen von der Richtung jeder Arbeit. Es gibt keine Überlegenheit oder Sicherheit ohne sie. In dieser Gesellschaft, so wie sie uns die Jahrhunderte, die Revolutionen und die Freiheit geschaffen haben, ist es nicht mehr erlaubt, sie zu ignorieren. Es ist nicht mehr möglich, innezuhalten. Sie ist eine Existenzfrage.«[15]

Die Fülle solcher und ähnlicher Erklärungen beleuchtet das positive Bild des in der Wissenschaft wurzelnden, abendländischen Fortschritts. Sein Höhepunkt war Jules Vernes erfolgreichste Zeit. Danach hat sich das glänzende Image der Technowissenschaft langsam verdunkelt und der Glaube an den problemlosen Fortschritt zerschlagen.

Der Anfang vom Ende der positiven Version des Fortschritts ist natürlich nicht auf den Tag genau zu bestimmen. Aufstieg und Niedergang solcher Mentalitäten sind langwierige Prozesse. Frühe Hinweise auf den beginnenden Zerfall der positiven Fortschrittsmentalität können im *fin de siècle* entdeckt werden. Nach dem Ersten Weltkrieg zog der kollektive Glaube an den kontinuierlichen Fortschritt zum Besseren scharfe Kritik auf sich, am schärfsten vielleicht von Karl Kraus in *Die letzten Tage der Menschheit*. Nach dem Zweiten Weltkrieg, seinen Ungeheuerlichkeiten und seiner noch Schlimmeres verheißenden nuklearen Beendigung, hat die Vorstellung des weiteren Fortschritts um des Fortschreitens der wissenschaftlich-technischen Evolution willen eine alptraumhafte Qualität bekommen. Der Umschwung läßt sich von der großen Literatur bis zur kritischen Gesellschaftstheorie verfolgen. Er hat in der zweiten Hälfte der vierziger Jahre sogar die notorisch technikoptimistische Heftchenliteratur der amerikanischen Sciencefiction erreicht, die nach Hiroshima und Nagasaki dystopisch wurde und ihre Abenteuer in einer postnuklearen Holocaustwelt anzusiedeln begann.

Um den Wechsel von der positiven zur negativen Interpretation des Fortschritts zu illustrieren, brauchen wir uns nur vor Augen zu führen, daß die erwähnten zehn Weltausstellungen von ungefähr 170 Millionen Menschen besucht wurden. Das ganze Land, schwärmte Whewell, ist auf den Beinen, »Tausende und Abertausende, Millionen und Abermillionen, strömen zu dieser Schau, sehen sich tagtäglich satt an den Wunderbarkeiten, laden die Menschen der benachbarten und der weit entfernten Länder ein, zusammen mit ihnen die Gegenstände zu betrachten«.[16] Die ersten Pilger des Industriezeitalters bestiegen »den erhabenen Gipfel der zivilisierten und mechanisierten Fertigkeiten«, beteten die ausgestellten Reliquien der viktorianischen Wissenschaft und Technik an, blickten hinunter »auf die Kindheit der Kunst« und bekamen einen erhebenden Gesamteindruck vom weltweit ungleichzeitigen Entwicklungsstand der materiellen Künste.[17]

Und nun das nächste Bild: unsere Gegenwart. Die Kristallpaläste der Vergangenheit sind verschwunden. Aber dafür ist die gesamte Welt ein Industriepark geworden, ein Lagerhaus knapper Ressourcen, ein Warenhaus unzähliger Güter, ein Labor für Experimente mit der ganzen Erde. Und wieder strömen die Menschen zu den sichtbarsten Errungenschaften moderner Wissenschaft und Technik: Flughäfen, Kernkraftwerke, Raketenbasen. Kein Zweifel, auch die dortigen Redner sprechen wieder davon, daß die Wissenschaft eine »Existenzfrage« geworden sei – der Unterschied ist nur, daß sie das diesmal etwas anders meinen als ihre Vorredner vor einhundert Jahren. Denn das ungelöste Problem der gegenwärtigen Periode ist nicht mehr die Frage, wie man Fortschritte macht, sondern wie man den unüberlegten und lebensgefährlichen Fortschritt unter Kontrolle bringt.

III.

Die Bejahung der gesellschaftlichen Kontrolle wissenschaftlich-technischer Fortschritte ist oft mit einer Wissenschafts- und Technikkritik verbunden, die entweder Kritik am Zustand der Gesellschaft oder am Zustand der Kultur übt. Die *soziale* Wissenschafts- und Technikkritik antwortet auf den sich aufschwingenden Kapitalismus und ist deshalb seit dem frühen 19. Jahrundert virulent; die *kulturelle* steht im Zusammenhang mit der geschilderten Fortschrittsenttäuschung und wird folglich erst im Laufe des 20. Jahrhunderts wirksam.

Der Progressismus des 19. Jahrhunderts war vom bürgerlichen Aufstieg geprägt und schloß die Interessen der Arbeiterklasse weitgehend aus. Das heißt aber nicht, daß die Arbeiter von der säkularen Hoffnung auf eine bessere Zukunft unberührt geblieben wären – das bewegte sie durchaus, ja, in vieler Hinsicht setzten sie sogar stärker auf die Zukunft als die Klasse, mit der sie im Kampfe lagen. Die Arbeiter brachten die Vision einer anderen sozialen Ordnung ins Gespräch. Wenn der Bürger Simon von einer Gesellschaft sprach, »wie sie uns die Jahrhunderte, die Revolutionen und die Freiheit geschaffen haben«, dann heißt das, daß für ihn und seine Klasse die Revolution schon stattgefunden hat und alle weiteren Fortschritte innerhalb der Ordnung und auf der Basis der gegebenen Gesellschaft zu machen sind. Die Arbeiter hingegen wollten Fortschritt in Richtung auf eine neue Revolution und eine neue Gesellschaft machen. Dieser Unterschied erlaubte es ihnen, den sachlichen Kern der positiven Version des wissenschaftlich-technischen Fortschritts zu übernehmen und mit einer vehementen Kritik seiner bürgerlichen Implementierung zu verbinden.

Die sozial orientierte Wissenschaftskritik wurde also von derjenigen Gruppe artikuliert, die am meisten für den Fortschritt bezahlte, obwohl sie zunächst am wenigsten davon hatte. Die Arbeiter diskutierten die soziale Anwendung der technologisch immer effizienteren Wissenschaft und kamen zu dem Schluß, daß die private Aneignung des sozioökonomischen Potentials der Wissenschaft verwerflich ist. Im Jahre 1842 erklärte der Schneidergeselle Wilhelm Weitling, es genüge nicht, daß »eine Erfindung die andere« jage, so daß beinahe »die Elemente von selbst arbeiten«, nein, »die ganze Gesellschaft muß von den Wohlthaten der Maschinen Genuß haben und nicht nur einzelne Familien zum Nachtheile von hunderten Anderer«. Er entsetzte sich über das moralische und politische Elend, das ein wissenschaftlich-technischer Fortschritt auf Kosten des sozialen darstellt, und rief aus:

»Arme, traurige Generation! Welch' ein Durcheinander! welche Unordnung! und trotz dem, welch' bedeutender Fortschritt in Erfindungen, Künsten und Wissenschaften; aber die Anwendung derselben zum Wohle *Aller*, die Verwaltung des gesellschaftlichen Lebens, davon verstehen sie nichts und wollen nichts verstehen.«[18]

Allerdings: die Kritik der Arbeiter richtete sich nur gegen die Anwendung moderner Wissenschaft und Technik für partikulare Profite. Die Arbeiter zweifelten nicht an der Rationalität von Wissenschaft und Technik und nicht am Fortschritt überhaupt. Ihre Kritik zielte auf die bürgerlich-kapitalistische Vergesellschaftung sowohl der »Früchte des Fleißes der Arbeiter«[19] als auch der Arbeitsergebnisse der Wissenschaftler. Es war eine Kritik derjenigen Art von Fortschrittlichkeit, welche Justus von Liebig und Karl Marx, nicht zufällig zur selben Zeit, mit dem Begriff des »Raubbaus« belegten, genauer gesagt, mit der Naturausbeutung auf den Feldern der Landwirtschaft und der Sozialausbeutung in den Räumen der Industriebetriebe. Sie wiesen ebenso wie Weitling und viele andere auf die ökologischen und sozialen Kosten hin, die durch das explodierende Wachstum der modernen Industrie, des modernen Kapitalismus sowie der modernen Wissenschaft und Technik verdeckt wurden.

Die Tatsache, daß das, worauf sie hingewiesen haben, auch heute noch soziale Aktivisten bewegt (zum Beispiel Science for People, Physicians for Social Responsibility oder Greenpeace), zeigt, daß das Problem einer vernünftigen Orientierung der Dynamik von moderner Wissenschaft und Technik ziemlich dauerhaft ist. Dieses Problem ist inzwischen eher noch größer geworden und auf einigen Gebieten vielleicht sogar schon über uns und unsere Kräfte hinausgewachsen. Aber in gewisser Hinsicht ist auch die Kritik gewachsen und zu einer radikaleren Haltung fortgeschritten.

Wie im Falle des Umschlags beim Fortschrittsdenken gibt es auch für diese Radikalisierung kein feststehendes Datum, sondern wieder nur einen Prozeß. Wenn wir nach Querdenkern suchen, die schon während der fortschrittlichen Hochstimmung des 19. Jahrhunderts die okzidentale Rationalität angreifen, dann treffen wir auf die Romantiker, Kierkegaard, Nietzsche. Doch wenn wir die professionelle Schwäche des Historikers hintanstellen, der gerne (und natürlich fast nie ohne Erfolg) nach Vorläufern sucht, und auf das achten, was soziologisch relevant ist, dann rücken säkulare Verschiebungen der allgemeinen Wahrnehmung in den Blick, dann kann man sagen, daß die soziale Kritik von Wissenschaft und Gesellschaft nach dem Zweiten Weltkrieg immer häufiger von einer Variante überholt wird, die auf eine grundsätzliche Kritik der westlichen Kultur insgesamt hinausläuft: die Ablehnung ihrer positivistischen Konstitution, ihrer immanenten Herrschaftslogik und tief verwurzelten instrumentellen Vernunft.

Um einen Zeugen dieser Entwicklung zu zitieren, möchte ich in Erinnerung rufen, daß Max Horkheimer im historischen Augenblick des »Waffensiegs« der demokratischen Nationen die Symptome einer »Kulturkrise« diagnostizierte. Im 1946 geschriebenen Vorwort zur *Eclipse of Reason* schlug Horkheimer einige tief skeptische Töne an, die bis heute nicht veraltet klingen. Er schrieb:

»Die gegenwärtigen Möglichkeiten zur gesellschaftlichen Vollendung übertreffen die Erwartungen aller Philosophen und Staatsmänner, die jemals in utopischen Programmen die Idee einer wahrhaft menschlichen Gesellschaft umrissen haben. Und doch herrscht ein allgemeines Gefühl der Angst und der Desillusionierung. Die Hoffnungen der Menschheit scheinen heute weiter von ihrer Erfüllung entfernt, als sie es selbst in den noch unsicher tastenden Epochen waren, da sie zum erstenmal von den Humanisten formuliert wurden. Deutlich scheint, selbst mit der Erweiterung des Denk- und Handlungshorizonts durch das technische Wissen, die Autonomie des Einzelsubjekts, sein Vermögen, dem anwachsenden Apparat der Massenmanipulation zu widerstehen, die Kraft seiner Phantasie, sein unabhängiges Urteil zurückzugehen. Das Fortschreiten der technischen Mittel ist von einem Prozeß der Entmenschlichung begleitet. Der Fortschritt droht das Ziel zunichte zu machen, das er verwirklichen soll – die Idee des Menschen.«[20]

Als Aufgabe der *Kritik der instrumentellen Vernunft* bestimmte Horkheimer, »den Begriff von Rationalität zu untersuchen, der gegenwärtiger industrieller Kultur zugrunde liegt«.[21] Damit endet der Satz in der deutschen Übersetzung. In der englischen Fassung heißt es weiter: »um zu entdecken, ob dieser Begriff nicht Defekte hat, die ihn wesentlich beeinträchtigen«.[22] Die Kritik der instrumentellen Vernunft, die zusammen mit Theodor W. Adorno in der *Dialektik der Aufklärung* fortgesetzt wurde, begründete Horkheimer damit, daß sich unsere Zivilisation in einem Zustand »irrationaler Rationalität« und »rationalisierter Irrationalität« befinde.[23] Horkheimer kritisierte sowohl den religiösen Dogmatismus (vor allem des katholischen Neothomismus) als auch den nicht weniger beschränkten »wissenschaftlichen Absolutismus« der philosophischen Neopositivisten (insbesondere Sidney Hook, John Dewey, Ernest Nagel et al.), und er wies darauf hin, daß »die Wissenschaft zweifelhaften Boden (betritt), wenn sie auf eine Zensurgewalt Anspruch erhebt, deren Ausübung durch andere Institutionen sie in ihrer revolutionären Vergangenheit denunzierte«.[24] »Die Denunziation dessen, was gegenwärtig Vernunft heißt«, bedeutete für den zu Schopenhauer zurückkehrenden Horkheimer »Aufklärung und geistiger Fortschritt«. Die Kritik der Vernunft erschien ihm unter den Bedingungen der Unvernunft als »der größte Dienst, den die Vernunft leisten kann«.[25]

Während Horkheimer die »Defekte« der modernen Rationalität noch mit der schwachen Hoffnung analysierte, sie könnten, wenn sie erst einmal zutage gefördert sind, einer rationalen Kur zugänglich werden, zielen viele der heutigen Kulturkritiker nicht mehr auf vorsichtige Rekonstruktion, sondern radikale Dekonstruktion. In ihrer Sicht verkörpern moderne Wissenschaft und Technologie nicht nur eine Rationalität mit größeren oder kleineren Defekten, sondern sind vielmehr das beste und am weitesten entwickelte Resultat einer Unvernunft, die nichts Besseres erlaubt. Dieses Denken glaubt: Die Naturwissenschaft, die wir entwickelt haben, müsse in ihrer möglichen Nützlichkeit für alle Menschen behindert sein; sie sei nicht nur vorläufig durch partikulare Aneignung deformiert und vorübergehend durch den Mangel an Toleranz gegenüber anderen Wissensformen beschränkt; sie sei konstitutionell so, wie sie jetzt ist; und sie stehe heute wahrscheinlich noch nicht einmal auf der Höhe ihrer negativen Möglichkeiten. Diese vernichtende Kulturkritik kommt neoluddistischen Slogans entgegen, wie: »Macht kaputt, was euch kaputtmacht«[26], und sie trifft sich mit Martin Heideggers fatalem letzten Wort: »Nur noch ein Gott kann uns retten.«[27]

IV.

Im Bereich der sozialen Akteure sind in den westlichen Ländern der ersten Welt soziale Bewegungen entstanden, die sich das Attribut »neu« verdient haben. Viele dieser Bewegungen sind postneopostmarxistisch und ebensoweit vom sogenannten »Reich des Bösen« (R. Reagan) entfernt wie von der Naivität des ursprünglichen Fortschrittsdenkens. Sie haben, anders als die Organisationen der klassischen Arbeiterbewegung, kein starkes Vertrauen mehr in den Prozeß einer gesetzmäßigen sozialen Evolution. Sie glauben nicht mehr an ein einziges Modell der sozialen Realität. Der Begriff des Klassenkampfes ist ihnen zwar noch bekannt, aber das Ziel der Weltrevolution spielt schon keine Rolle mehr; es scheint in dem Maße an Bedeutung verloren zu haben, in dem die Möglichkeiten zur Weltzerstörung real gewachsen sind. Außerdem: die Umweltgefährdung ist an kein System gebunden, und unterdrückte Frauen sind in allen Gesellschaftsschichten zu finden. Das bipolare Weltbild – die beiden Supermächte, die zwei großen feindlichen Lager, die sich direkt gegenüberstehenden Klassen von Bourgeoisie und Proletariat, der kapitalistische Westen und kommunistische Osten, der reiche Norden und arme Süden – hat seine innergesellschaftliche Trennschärfe eingebüßt. Der Dualismus zwischen Kapital und Arbeit hat sich aufgelöst und neue Bewegungen freigesetzt,

ökologische und feministische, Friedens-, Alternativ- und Regionalbe-
wegungen, die nicht mehr zwanglos auf einen gemeinsamen Nenner zu
bringen sind.[28]

Eines der prominenteren Projekte des postmodernen Denkens der
neuen sozialen Akteure richtet sich gegen die ruinöse Naturpolitik moderner Gesellschaften, die im permanenten Kampf mit der Natur liegen, anstatt eine dauerhafte Kooperation mit ihr anzustreben. Die postmodernen Kritiker erinnern sich an den Satz Horkheimers, daß »die
Geschichte der Anstrengungen des Menschen, die Natur zu unterjo-
chen, [...] auch die Geschichte der Unterjochung des Menschen durch
den Menschen«[29] war und ist.

Gefragt ist eine ökologisch orientierte Wissenschaft. Denn eine Wissenschaft, die die Natur zerstören hilft, kann nicht wahr sein.[30] Die
Suche nach einer wahreren Wissenschaft hat Jerome Ravetz schon 1971
zu der Bemerkung veranlaßt: »Wir beobachten jetzt das Entstehen
einer kritischen Naturwissenschaft, zu der die Wissenschaft, die Technologie, die Politik und letztlich auch die Naturphilosophie beitragen
und die die bemerkenswerteste wissenschaftliche Entwicklung unseres
Zeitalters sein könnte«.[31] Die Befürworter einer ökologisch erweiterten Wissenschaft unterstellen, daß eine Transformation der wissenschaftlichen Forschung auf der Tagesordnung steht, daß sie notwendig
und möglich ist; nicht selten fügen sie sogar hinzu, daß diese Transformation so tief wie jene gehen müsse, die im 17. Jahrhundert stattfand.[32]
Ein derart grundlegender Wandel würde freilich weit über eine normale
wissenschaftliche Revolution hinausgehen und müßte nicht nur eine
vernünftige soziale Anwendung der Technowissenschaft erzwingen,
sondern auch den umfassenden kulturellen Rahmen okzidentaler Mo-
dernität radikal verändern. Das erstere könnte noch eine Sache sozialer
Reformen sein; die zweite Aufgabe wäre ein Projekt zur Kulturrevolu-
tion. Dieses Projekt ist ersichtlich utopisch. Es ist aber nicht die einzige
Utopie im Denken der neuen Aktivisten.

Die neuen sozialen Bewegungen wollen eine andere Natur- und Gesellschaftsgeschichte bewirken. Sie möchten die natürlichen Lebensbedingungen schützen und die sozialen Bedingungen einer Zivilisation
von »konkreten Anderen« schaffen. Sie sind fest davon überzeugt, daß
diese Ziele nicht durch Reparaturen am soziokulturellen System zu erreichen sind, und denken, daß eine fundamentale Kur des Ganzen ge-

fragt sei. Insofern laufen viele Diskurse der neuen sozialen Bewegungen auf der Schiene einer radikalen Kulturkritik.

Das Verlangen nach einem Wandel der gesamten Kultur ist vor allem in den ökologischen und feministischen Bewegungen wirksam, die die Führung in Richtung auf eine postmoderne menschliche Geschichte der Natur und eine postpatriarchalische menschliche Geschichte der Gesellschaft übernommen haben. Ihre radikalsten Aktivisten zielen auf nichts weniger als das kulturelle Superparadigma okzidentaler Rationalität, worin, ihrer Ansicht nach, moderne Wissenschaft und Technologie ebenso wurzeln wie die patriarchalische Gesellschaft. Sie nehmen die Aufgabe auf sich, ein neues Paradigma der Rationalität, eine andere Gesellschaft und eine bessere Kultur zu schaffen. Ihr Traum ist eine Kultur, die weder die Menschen noch die Natur überwältigt, sondern beide gemeinsam in Freiheit wachsen läßt. Wie in allen Fällen wahrhaft utopischer Unternehmungen neigen freilich auch diese tapferen Akteure dazu, die gewaltigen Probleme, auf die ihr anspruchsvolles Projekt stoßen muß, zu unterschätzen.

Sie ignorieren die beträchtliche Zeitspanne, die jeder größere kulturelle Wandel benötigt, und täuschen sich über den mächtigen Widerstand, den sie von Macht und Privileg zu gewärtigen haben. Sie sind schwach gegenüber fragwürdigen Freunden, die von destruktiven Aussichten und romantischen Illusionen angezogen werden, und stolpern über die feinen philosophischen Fallstricke ihrer Vernunftkritik. Heißt das aber, daß wir uns gegen die von ihnen vorangetriebene Kritik der Grundlagen unserer Kultur aussprechen müssen? Ich gebe zu bedenken: nicht nur die Individuen in den neuen sozialen Bewegungen haben gute Gründe für ihr Interesse an einer Alternative zur »Logik des Exterminismus«.[33] Aber Zyniker wie Odo Marquard, die aus den »Modernisierungen« der sie umgebenden »Wohlstandswelt« folgern, die Angst der Menschen sei durch die Errungenschaften der Moderne endlich »arbeitslos« geworden, moderne Medizin, Chemie und Rüstung würden immer mehr Krankheiten heilen, Lebensvorteile bringen und den Frieden sichern, seien mithin der reine Segen – diese Zeitgenossen stellen sich taub und blind; sie würden am liebsten die Boten bestrafen, die es wagen, schlechte Nachrichten über die Moderne zu bringen. Die postmoderne Kritik übersieht die echten Errungenschaften der Moderne; aber die Marquardsche Verteidigung ist auf dem anderen Auge blind, jenem, das die echten Probleme der Moderne sehen sollte. Marquard weiß nicht, wie recht er hat, wenn er zu bedenken gibt, daß es nicht genügt, »Blauäugigkeit mit Einäugigkeit zu verbinden, um mit einem blauen Auge davonzukommen«.[34]

Es gehört meines Erachtens zur Sache, daß die Hoffnungen Europas zwischen 1914 und 1945, wie Robert Heilbroner Ende der fünfziger Jahre schrieb, in einer »Kompression des Schreckens ohne Parallele in der Geschichte« kollabierten und die Zukunft ein Gesicht annahm, »in das wir nicht länger mit Vertrauen blicken«[35]; daß das Ideal der reinen Wissenschaft in den streng geheimen Kernforschungsprojekten des Zweiten Weltkriegs verschwand und finalisierte Wissenschaft mit einem todbringenden Sieg der instrumentellen Vernunft aus den Kulissen auf die Bühne der Geschichte trat; daß Auschwitz und Hiroshima keine Entgleisungen im Rausch, sondern planvolle Handlungen auf lange Sicht waren. Deshalb muß die Frage gestellt werden: Wie kann es heute noch eine genuine Fortsetzung des Projekts der Moderne geben, die nicht aus der Auseinandersetzung mit diesen Katastrophen der Moderne entspringt, die nicht von *dieser* Modernisierung Abschied nimmt?

Die sozialen Bewegungen unserer Tage mißverstehen die Katastrophen des Jahrhunderts nicht als bloße »Verirrungen« und »Havarien« des Projekts der Moderne. Sie folgen der gründlicheren Lesart von Horkheimer, der eine bis in die »tiefsten Schichten der Zivilisation« reichende »Krankheit der Vernunft« diagnostizierte[36], und begeben sich damit auf argumentativ schwieriges Terrain; aber das ist nicht alles. Faktisch tun sie mehr. Sie werden konkret. Die Bewegungen auf der Epochenschwelle sind praktische Erben der Aufklärung. Sie setzen die Arbeit am unvollendeten Projekt der Gleichheit der Menschen fort, sprich: die feministische Bewegung. Oder sie versuchen, ein neues Kapitel im Stoffwechsel des Menschen mit der Natur aufzuschlagen, sprich: das unvollendete Projekt der ökologischen Naturintegration.

Und genau das sind genuine Fortsetzungen des Projekts der Moderne. So entsteht das Paradox, daß diejenigen, die das Projekt der Moderne substantiell weiterbringen, die gleichen sind, die die Moderne am vehementesten kritisieren und mit dem egalitären »Zusammenspiel pluraler Rationalitäten«[37] experimentieren. Ich schließe daraus: Das Projekt der Moderne wird heute von denen fortgesetzt, die es kritisieren.

Anmerkungen

Nach einem Vortrag, der im November 1986 an der Wiener Universität zum 40jährigen Bestehen des Instituts für Wissenschaft und Kunst sowie im Dezember 1986 an der Martin-Luther-Universität Halle-Wittenberg in einem Kolloquium über Wissenschaftsgeschichte und Aufklärung gehalten wurde. Eine leicht gekürzte Fassung ist anschließend in der Hamburger Wochenzeitung *DIE ZEIT* in einer Serie über »Zeitgeist und Postmoderne« erschienen (Nr. 15, 3. April 1987, S. 64–65).

1 Benjamin Farrington, *The Philosophy of Francis Bacon. An Essay on its Development from 1603 to 1609, with new Translations of Fundamental Texts*, Chicago 1964, S. 72 (meine Übersetzung); zur »sexuellen Dialektik« der Baconischen Metaphern vgl. Evelyn Fox Keller, *Reflections on Gender and Science*, New Haven 1985, Kap. 2 (»Baconian Science«).

2 Peter F. Drucker, *Landmarks of Tomorrow. A Report on the New ›Post-Modern‹ World*, New York 1959 (als Taschenbuch und mit neuem Vorwort 1965, S. XI und XII der Taschenbuchausgabe (meine Übersetzung).

3 Vgl. ebd., S. XI: »The old view of the world, the old tasks and the old center, calling themselves ›modern‹ and ›up to date‹ only a few years ago, just make no sense any more. They still provide our rhetoric, whether of politics or of science, at home or in foreign affairs. But the slogans and battle cries of all parties, be they political, philosophical, aesthetic or scientific, no longer serve to unite for action – though they still can divide in heat and emotion. Our actions are already measured against the stern demands of the ›today‹, the ›post-modern world‹; and yet we have no theories, no concepts, no slogans – no real knowledge – about the new reality.«

4 Jürgen Habermas, »Moderne und postmoderne Achitektur«, in: ders., *Die Neue Unübersichtlichkeit*, Frankfurt/M. 1985, S. 15.

5 Siehe das Interview mit Florian Rötzer, in: *Frankfurter Rundschau*, 25. Oktober 1986, S. ZB 2 (»Ausharren und Festhalten«).

6 Vgl. Wolf Schäfer, *Die unvertraute Moderne. Historische Umrisse einer anderen Natur- und Sozialgeschichte*, Frankfurt/M. 1985, S. 221.

7 Vgl. Farrington, *The Philosophy of Francis Bacon*, a. a. O. [wie Anm. 1], S. 51–55; zur allgemeinen Einführung siehe Wolfgang Krohn, *Francis Bacon*, München 1987.

8 William Whewell, »On the General Bearing of the Great Exhibition on the Progress of Art and Science«, in: *Lectures on the Progress of Arts and Science, resulting from the Great Exhibition in London, delivered before the Society of Arts, Manufactures, and Commerce, at the Suggestion of H(is) R(oyal) H(ighness) Prince Albert, by Dr. Whewell et al.*, New York 1856, S. 13 und 14 (meine Übersetzung; Hervorhebung durch Großbuchstaben im Original).

9 Lyon Playfair, »On the Chemical Principles involved in the Manufactures of the Great Exhibition«, in: *Lectures on the Progress of Arts and Science*, a. a. O. [wie Anm. 8], S. 119.

10 Whewell, »On the General Bearing of the Great Exhibition«, a. a. O. [wie Anm. 8], S. 21 f. (meine Übersetzung und Hervorhebung).

11 Ebd., S. 22.

12 London 1851, 6 Millionen Besucher; Paris 1855, 5 Millionen Besucher; London 1862, 6 Millionen Besucher; Paris 1867, 11 Millionen Besucher; Wien 1873, 7 Millionen Besucher; Philadelphia 1876, 10 Millionen Besucher; Paris 1878, 16 Millionen Besucher; Paris 1889, 32 Millionen Besucher; Chicago 1893, 27 Millionen Besucher; Paris 1900, 51 Millionen Besucher.

13 Walt Whitman, *Leaves of Grass and Selected Prose*, ed. with an Introduction by John Kouwenhoven, New York 1950, S. 159 (»Song of the Exposition«).

14 Vgl. ebd., S. 165, 166 und 168 (»Song of the Redwood-Tree«).

15 Zit. nach Christian Beutler, »Weltausstellungen im 19. Jahrhundert«, in: *Weltausstellung im 19. Jahrhundert*, München: Die neue Sammlung, Staatliches Museum für angewandte Kunst 1973 (Katalog), S. VIII.

16 Whewell, »On the General Bearing of the Great Exhibition«, a. a. O. [wie Anm. 8], S. 9 f. (meine Übersetzung).

17 Vgl. ebd., S. 13.

18 Zit. nach Schäfer, *Die unvertraute Moderne*, a. a. O. [wie Anm. 6], S. 99 und 100.

19 Ebd., S. 99.

20 Max Horkheimer, *Zur Kritik der instrumentellen Vernunft*, hrsg. und übersetzt von Alfred Schmidt, Frankfurt / M. 1985, S. 13.

21 Ebd.

22 Vgl. Max Horkheimer, *Eclipse of Reason*, New York 1992 (Erstausgabe Oxford University Press 1947), S. V.

23 Vgl. ders., *Zur Kritik der instrumentellen Vernunft*, a. a. O. [wie Anm. 20], S. 91 und 95.

24 Ebd., S. 74.

25 Vgl. ebd., S. 174.

26 Ein Songtitel von Rio Reiser (Ralph Möbius) für die anarchistische Berliner Rockband »Ton, Steine, Scherben« aus dem Jahre 1970: »Bomber fliegen, Panzer rollen, Polizisten schlagen, Soldaten fallen, die Aktien schützen, die Chefs schützen, das Recht schützen, den Staat schützen – vor uns! macht kaputt [...]«

27 Vgl. das SPIEGEL-Gespräch mit Martin Heidegger vom 23. September 1966, in: *DER SPIEGEL*, Nr. 23, 31. Mai 1976, S. 209.

28 Das war mein Eindruck 1986 / 87. Inzwischen (1994) hat die alte politische Ordnung auch jede *inter*nationale Trennschärfe verloren und neonationalistische Bewegungen auf den Plan treten lassen (insbesondere im ehemaligen Macht- und Einzugsbereich der vormaligen Sowjetunion), die sich von den neuen sozialen Bewegungen in ihrer Haltung zur Gewaltanwendung deutlich unterscheiden. Die letzteren haben in den siebziger und achtziger Jahren gelernt, sich der terroristischen Gewalt zu enthalten und konfligierende Interessen nicht mit mörderischen Mitteln auszutragen. Dieser »postmoderne« Lernprozeß ist für

die neonationalistischen Bewegungen offenbar ohne Bedeutung geblieben. Insofern hat die blutige Renaissance des Nationalismus, Chauvinismus und Tribalis-
mus die angenehme Neuheit der neuen sozialen Bewegungen noch einmal unterstrichen.

29 Horkheimer, *Zur Kritik der instrumentellen Vernunft*, a.a.O. [wie Anm. 20],
   S. 104.

30 Dahinter steht der Satz von Georg Picht: »Eine Erkenntnis, die sich dadurch
   bezeugt, daß sie das, was erkannt werden soll, vernichtet, kann nicht wahr sein«
   (Naturvorlesung 1973/74).

31 Vgl. Jerome R. Ravetz, *Scientific Knowledge and its Social Problems*, Oxford
   1971 (zit. nach der Penguin-Ausgabe 1973), S. 5 (meine Übersetzung).

32 Vgl. ebd., S. 428f. Stephen Toulmin geht sogar hinter das 17. Jahrhundert zurück,
   um die Menschheit mit der Natur zu versöhnen; er schlägt vor, mit Hilfe der
   postmodernen Naturwissenschaft wieder an die traditionelle Kosmologie anzu-
   knüpfen (*The Return to Cosmology. Postmodern Science and the Theology of
   Nature*, Berkeley 1982, S. 217ff.).

33 Vgl. E(dward) P(almer) Thompson, *Beyond the Cold War*, New York 1982,
   S. 41ff. (»Notes on Exterminism, the Last Stage of Civilization«).

34 Vgl. Odo Marquard, »Die arbeitslose Angst. Der Antimodernismus in der postmodernen Gesellschaft«, in: *DIE ZEIT*, Nr. 51, 12. Dezember 1986, S. 47–48.
   Horst-Eberhard Richter antwortete Marquard in *DIE ZEIT*, Nr. 4, 16. Januar
   1987, S. 39; siehe auch die Leserbriefe in *DIE ZEIT*, Nr. 2, 2. Januar 1987, S. 40.

35 Vgl. Robert L. Heilbroner, *The Future as History*, New York 1959 (zit. nach der
   Taschenbuchausgabe von 1961), S. 46: »From 1914 through 1945 Europe expe-
   rienced a compression of horror without parallel in history: the carnage of the
   First World War, the exhaustion of the Depression, the agonizing descent of
   Germany into its fascist nightmare, the suicide of Spain, the humiliation of Italy,
   the French decay, the English decline – and finally the culminating fury of World
   War II. Before the cumulative tragedy of these years all optimistic views failed.
   Indeed the obvious question was no longer whether the forces of technology,
   democracy, and capitalism were the agents of a promising future, but the degree
   to which they should be held responsible for the unspeakable malevolent out-
   come of the past.« Ebd., S. 14: »The future itself is a direction in which we
   look no longer with confidence but with vague forebodings and a sense of unpre-
   paredness.«

36 Vgl. Horkheimer, *Zur Kritik der instrumentellen Vernunft*, a.a.O. [wie
   Anm. 20], S. 164: »Wollte man von einer Krankheit sprechen, welche die Vernunft befällt, so sollte diese Krankheit nicht so verstanden werden, als hätte sie
   die Vernunft in irgendeinem historischen Augenblick heimgesucht, sondern als
   untrennbar vom Wesen der Vernunft in der Zivilisation [...] Die Krankheit der
   Vernunft gründet in ihrem Ursprung, dem Verlangen des Menschen, die Natur
   zu beherrschen, und die ›Genesung‹ hängt von der Einsicht in das Wesen der
   ursprünglichen Krankheit ab, nicht von einer Kur der spätesten Symptome. Die

wahre Kritik der Vernunft wird notwendigerweise die tiefsten Schichten der Zivilisation aufdecken und ihre früheste Geschichte erforschen.«

37 Albrecht Wellmer, *Zur Dialektik von Moderne und Postmoderne. Vernunftkritik nach Adorno*, Frankfurt/M. 1985, S. 109.

Ungleichzeitigkeit als Ideologie

> *»Der Zeiten sind drei: eine Gegenwart vergange-*
> *ner Dinge, eine Gegenwart gegenwärtiger Dinge*
> *und eine Gegenwart zukünftiger Dinge.«*
> Augustinus [1]

I.

Die Zukunft des Raums – das Thema dieser Konferenz des Deutschen Werkbundes [2] – übersteigt meinen Möglichkeitssinn. Ich kann mir viele verschiedene Zukünfte vorstellen, nicht aber *die* Zukunft, und möchte deshalb mit einer Kritik der singularen Zukunftsgeschichte beginnen.

Ich sehe in der Zukunft im Singular die Zukunft, wie sie wirklich sein wird, angesprochen und den Wunsch, diese Zukunft wie einen realen Raum zu betreten und auszumessen. Das ist aber, wie jeder weiß, nicht möglich. Der »Raum« der Zukunft existiert nicht als *real estate*, sondern nur als Metapher. Das heißt, wir können die dubiose Örtlichkeit der Zukunft nur sprachlich aufschließen, andere Zeiträume nur in unserer Vorstellung betreten. Wir operieren grundsätzlich im temporalen Raum der Gegenwart, selbst wenn wir uns in andere Zeiten versetzen. In die Räume von Zukunft und Vergangenheit führen keine Schwingtüren. Wir blicken durch das Objektiv der Gegenwart und sehen die Welt in einem Fenster von René Magritte.

Das Fenster im Gemälde *Der Schlüssel der Felder* von 1933 ist nicht zum *Durch*schauen, sondern zum Durch*denken* gemacht. »Nehmen wir ein beliebiges Fenster«, bemerkte Magritte, »die Scheibe zerbricht und mit ihr die Landschaft, die hinter ihr und durch sie zu sehen war. Wenn sich das, was ja immerhin möglich ist, eines Tages wirklich ereignete, so wünschte ich mir, daß ein Dichter oder Philosoph [...] mir erklärte, was diese Realitätsscherben zu bedeuten haben.« [3] Für den Historiker sind die Magrittschen Realitätsscherben nicht klarer als für den philosophierenden Maler; er weiß nur: Das sind meine Dokumente. Aus diesen Bruchstücken der Welt muß ich versuchen, die soziale Konstruktion der vergangenen Gegenwart zu rekonstruieren.

1989 war ein besonders scherbenreiches Jahr, und es ist wahrscheinlich, daß es in die Geschichte eingehen wird wie 1789. 1989 kam in der angesehenen University of Chicago Press ein Buch meines Kollegen Warren Wagar heraus, der an der State University of New York in Binghamton Geschichte unterrichtet. Wagar trat darin mit der »Erwartung des zukünftigen Zusammenbruchs des Weltkapitalismus« ans Zeitfenster zur Zukunft und erklärte, daß er den Sieg des »proletarischen Sozialismus und schließlich reinen Kommunismus« voraussehe.[4] Das Erscheinungsjahr 1989 war natürlich für das *timing* einer solchen Prognose katastrophal; aber die eigentliche Pointe brachte der Titel des Wagarschen Buchs zum Ausdruck: *A Short History of the Future*. Noch kürzer hätte eine »Kurze Geschichte der Zukunft« gar nicht ausfallen können als diese, die genau im Moment ihres Erscheinens überholt wurde.

Richtig: Ich nähere mich den Geschichten der Zukunft nicht nur mit Interesse, sondern auch mit Skepsis. Ich fürchte, die Scheibe zerbricht, wenn wir glauben, das Fenster zur Zukunft sei ein Fenster zum Aufstoßen. Wer sich die Mühe der Erfolgskontrolle historischer Voraussagen macht, die Geschichtsschreibung der Zukunft studiert, wird finden, daß die Zukunft, anders als die Vergangenheit, unerforschbar ist und auf bekannte Weise unbekannt bleibt, daß eine verläßliche Geschichte der Zukunft vor Eintritt der Zukunft nicht geschrieben werden kann. Wir können die historische Zukunft weder voraussagen noch wahrnehmen. Daß wir die Zukunft nicht voraussagen können, hat mit unseren Naturgesetzen und unserer Geschichte zu tun. Wir haben in der Neuzeit gelernt, die Zukunft nicht für festgelegt, sondern für »offen« zu halten. Wir müssen mit der Zeit gehen und können ihr nicht gleichzeitig vorauseilen, um unsere Zukunft zu beobachten. Zur faktischen Wahrnehmung der Zukunft müßten wir in der Gegenwart und in der Zukunft gleichzeitig leben. Um alle Zeiten – Vergangenheit, Gegenwart und Zukunft – gleichzeitig wahrnehmen zu können, müßten wir aus der Zeit treten. Das kann kein Mensch.

Die künftige Gestalt(ung) des Raums ist also nicht erforschbar und hängt im übrigen sehr davon ab, was in der Gegenwart geschieht. Wer heute an der Zukunft interessiert ist, muß die Gegenwart zum Forschungsthema machen. Das Hauptproblem der Zeit ist heute weder die Vergangenheit noch die Zukunft, sondern die Gegenwart. Unsere neuzeitlich bewegte Zukunft hängt ganz davon ab, was in der Gegenwart geschieht. Unsere Gegenwart selbst hängt immer mehr davon ab, was in der Gegenwart geschieht. Das bedeutet, daß es von größter Wichtigkeit ist, welche Vorstellungen wir uns von der Gegenwart machen. Und da haben wir ein Problem. Das Bild der Gegenwart ist verworren, chaotisch und turbulent oder, wie man in Frankfurt so treffend sagt, unübersichtlich.

II.

Das Hauptproblem der Gegenwartsgeschichte ist nicht, daß sie verwirrende Weltverhältnisse spiegelt, sondern daß wir sie nicht verstehen. Die Gegenwart liegt quer zu unseren alten Schablonen. Wir müssen versuchen, eine angemessene Sprache zu ihrem Verständnis zu entwickeln. Es ist an der Zeit, daß sich die Historie dieser Aufgabe stellt. Sie steht der Gegenwart am fernsten unter den Sozialwissenschaften und ist dabei doch die Wissenschaft, die alles Neue und Fremde in der Gegenwart am besten erkennen und am deutlichsten vermitteln könnte. Einige Forscher haben vor kurzem mit der Entzifferung der Gegenwart begonnen und einen neuen historischen Ansatz entworfen, mit dem (und an dem) sie jetzt arbeiten. Dieser Ansatz erlaubt einen historiographisch und methodologisch adäquaten Zugriff auf die zweite Hälfte des zwanzigsten Jahrhunderts, löst den nichtssagenden Behelfsbegriff der Postmoderne ab und gibt der gegenwärtigen Epoche einen konkreten Namen. Unsere Zeit hat, wie jede andere auch, einen positiven Namen verdient, eine Epochenbezeichnung, die angibt, was ist, und nicht, was nicht mehr ist. Es sollte doch möglich sein, etwas mehr und genaueres über die Gegenwart zu sagen, als daß sie nach der Moderne kommt. Um konkret zu werden, wird deshalb vorgeschlagen, die Epoche der Gegenwartsgeschichte auf den Begriff *Globalgeschichte* zu bringen.

Die Unklarheit über unsere Epoche hat nicht zuletzt damit zu tun, daß mein strukturkonservatives Fach noch nicht in der zweiten Hälfte des zwanzigsten Jahrhunderts angekommen ist.[5] Wenn Historiker in Stellenanzeigen nicht allgemein für Zeitgeschichte, sondern für *deutsche* Zeitgeschichte mit besonderer Berücksichtung der Nordrhein-Westfälischen, der Bayerischen oder Sächsischen Landesgeschichte gesucht werden oder wenn man sich vor Augen führt, daß moderne Rechtsgeschichte, Wissenschafts-, Technik- und Umweltgeschichte immer noch randständig sind, dann gewinnt man den Eindruck, daß der Widerspruch zwischen der engen regionalen, nationalen und sachlichen Begrenztheit der traditionellen Historie und den globalen Dimensionen der Gegenwartsgeschichte ganz erheblich ist. Diesen Gegensatz zwischen aktueller Geschichte und veralteter Geschichtsschreibung muß Globalgeschichte überwinden.

Zur Charakterisierung der Globalgeschichte lassen sich eine Reihe von Überlegungen anführen, die hier nur thesenhaft angerissen, aber nicht im einzelnen ausgeführt werden können. Ich möchte mit einer steckbriefartigen Zusammenstellung der besonderen Merkmale der Globalgeschichte beginnen und eine Definition wagen:

> Myriaden von Kaskaden
>> gleichzeitiger,
>>> selbstreflexiver,
>>>> lokaler Aktivitäten mit
>>>>> unmittelbaren Konsequenzen,
>>>>>> weltweiter Reichweite und
>>>>>>> starker lateraler Vernetzung
>>>>>>>> erzeugen Globalgeschichte.

Die Epoche der Globalgeschichte beginnt um die Mitte des zwanzigsten Jahrhunderts und verknüpft ältere historische Trends zu einer neuen historischen Gestalt.

Globalgeschichte bezeichnet die Epoche, die an der effektiven Vernetzung der ganzen Welt arbeitet, alle Teile der Erde in die Regime globaler Informations- und Kommunikationsnetze, Menschen- und Warenströme, Naturkreisläufe und Verkehrsflüsse einbindet und den ursprünglichen Superkontinent Pangäa auf hochtechnischem Niveau rekonstruiert.

Globalgeschichte verweist auf die gesamte Erdkugel. Das muß nachdrücklich betont werden. Die Globalgeschichte spielt auf dem ganzen

Erdball; sie übersteigt die lokalen Reviere der Stämme und Nationen. Wer Globalgeschichte schreibt, verfolgt eine sich rundum durchsetzende Geschichte.

Globalgeschichte betragtet nicht die epischen Dimensionen der Vergangenheit, sondern konzentriert sich auf die Entzifferung der Signatur der letzten fünfzig Jahre.[6] Der Globalhistoriker ist aufgerufen, das Historische nicht mehr hauptsächlich im Zurückliegenden zu suchen, der Geschichte nicht nur auf den vergangenen, sondern bewußt auf den aktuellen Grund zu gehen und das genetische Erklärungsprinzip von der auf Zukunft und Vergangenheit ausgerichteten, vertikalen Zeitachse zu lösen und auf horizontale Verknüpfungen in der Gegenwart einzustellen. Globalgeschichte ist Gegenwartsgeschichte.

Globalgeschichte wird von lokalen Akteuren mit globalem Bewußtsein gemacht. Die Zahl der global denkenden lokalen Akteure ist groß (viele Millionen Menschen) und nimmt ständig zu.

Globalgeschichte wird von den alltäglichen Sturzbächen global/lokaler oder, mit Roland Robertson zu sprechen[7], glokaler Interaktionskaskaden gespeist und wird dadurch auch ohne große Ereignisse zum mitreißenden Fluß.

Globalgeschichte interferiert mit Lokalgeschichte. In den glokalen Netzen treffen globale Moden auf lokale Mentalitäten, lokale Mentalitäten auf globale Institutionen, globale Institutionen auf lokale Lebewesen, lokale Lebewesen auf globale Naturstoffe, globale Naturstoffe auf lokale Abfälle, lokale Abfälle auf globale Touristen, globale Touristen auf lokale Produkte, lokale Produkte auf globale Verfahren, globale Verfahren auf lokale Widerstände, lokale Widerstände auf globale Konzepte, globale Konzepte auf lokale Kunstwerke, lokale Kunstwerke auf globale Firmen, globale Firmen auf lokale Daten, lokale Daten auf globale Maschinen, globale Maschinen auf lokale Interpretationen, lokale Interpretationen auf globale Krankheiten und so weiter, ohne Grenzen.

Globalgeschichte ist keine globale Weltgeschichte oder totale Gesamtgeschichte, sondern wie Sozial-, Lokal- oder Wissenschaftsgeschichte ein empirisch orientiertes Teilgebiet der Historie.

Globalgeschichte ist nicht ohne Wissenschafts-, Technik- und Umweltgeschichte zu schreiben. Moderne Wissenschafts-, Technik- und Umweltgeschichte muß die Sozial- und Kulturgeschichte berücksichtigen. Moderne Sozial- und Kulturgeschichte kann nicht mehr ohne Rechtsgeschichte auskommen. Kurzum: Die Historiker müssen sich und die Geschichte der zweiten Hälfte des zwanzigsten Jahrhunderts neu zusammensetzen.

Globalgeschichte ist nicht im disziplinären Alleingang zu erfassen. Ohne interdisziplinäre Kooperation lassen sich die Phänomene der gegenwärtigen Epoche nicht mehr zureichend erschließen. Die Historie muß je nach Forschungsbedarf mal mit der Soziologie zusammenarbeiten und mal mit der Philosophie, Anthropologie, Ökonomie, Poilitik-, Musik-, Kunst-, Kommunikations- oder Religionswissenschaft und so weiter, ohne Berührungsangst und in wechselnder Kombination.

Globalgeschichte operiert mit einem postkonventionellen Erkenntnisapparat. Das lineare Fortschrittsdenken der alten Moderne greift nicht mehr. Der eindimensionale modernisierungstheoretische Ansatz ist abgelöst. Die klassische Physik repräsentiert nicht mehr das unangefochtene Leitbild von Wissenschaft. Die ökologische Integration von Sein und Sollen bekommt paradigmatischen Charakter. Der externe Beobachterstandpunkt ist dekonstruiert. Forschung wird als soziokulturelle Intervention verstanden. Die Monster der Mathematik werden zu Alltagsfiguren. Turbulenz ist nicht mehr nur Störung, sondern potentielle Struktur. Chaos und Ordnung sind nicht mehr entgegengesetzt. Global und lokal sind verschmolzen. Die Peripherie taucht im Zentrum auf und das Zentrum in der Peripherie.

Globalgeschichte ist eine Geschichte, die sich ereignet, und eine Geschichte, die erforscht wird. Die Globalgeschichte, die sich ereignet, wäre ohne die Globalgeschichte, die erforscht wird, nicht denkbar und umgekehrt; die zwei Zugänge zur Globalgeschichte sind in reflexiver Kommunikation miteinander verbunden.

Der globalgeschichtliche Ansatz ist mit diesen zwölf Thesen natürlich bei weitem nicht erschöpft, aber hoffentlich in einigen wichtigen Punkten deutlich geworden. Die in der Definition von Globalgeschichte genannten Myriaden von Kaskaden gleichzeitiger lokaler Aktivitäten mit weltweiter Reichweite und unmittelbaren Konsequenzen produzieren drei miteinander verknüpfte und interagierende Realitäten von überlokalem Interesse: eine *globale Umwelt*, eine *globale Technowissenschaft* und eine *globale Zivilisation*. Das sind die Kernbereiche der Globalgeschichte. Entwicklungsgeschichtlich kann man sagen: Die menschlichen Bewohner dieses Planeten sind über lokale Plätze in eine globale Umwelt eingewandert, haben den Schritt von lokalen Künsten zur globalen Technowissenschaft gemacht und lokale Gemeinschaften in eine globale Zivilisation eingebracht.

Sowohl in der Kritik der Zukunftsgeschichte als auch in den Thesen zur Gegenwartsgeschichte als Globalgeschichte wurde argumentiert, daß die Erforschung der Gegenwart von größter Bedeutung ist, größer als je zuvor. Was das für uns als Zeitgenossen bedeutet, möchte ich jetzt skizzieren, und zwar zunächst mit Blick auf die weltgeschichtliche Situation der Gegenwart in kommunikativer Hinsicht; dann mit Blick auf die von der Alten Welt entwickelte Zeitordnung nach der Entdeckung der Neuen Welt; und am Ende im Hinblick auf die Welt der globalen Gleichzeitigkeiten.

III.

Die Menschen auf diesem Planeten kommunizieren heute gleichzeitig miteinander. Die Gegenwart ist damit im Vergleich zur Vergangenheit und vorstellbaren Zukunft in einer ausgezeichneten Position. Globale Information und Kommunikation in Realzeit sind in der zweiten Hälfte des zwanzigsten Jahrhunderts Realität geworden. Die räumliche Entfernung zwischen Individuen, Institutionen, Firmen, Gesellschaften spielt erstmals in der Geschichte keine informationsverzögernde Rolle mehr. Die uralte Barriere des geographischen Raums – die Höhe der Gebirge, die Weite der Ozeane, der Wüsten, Wälder und Sümpfe – ist für den Austausch von Informationen gefallen und nur noch für die Beförderung von Personen und den Transport von Waren relevant. Bilder, Töne, Texte, Daten, die an einem »Ende« der Welt entstehen, können am anderen »Ende« im Bruchteil einer Sekunde empfangen werden. Das war nie zuvor der Fall.

Thomas Jefferson, der Präsident der Vereinigten Staaten im ersten Jahrzehnt des neunzehnten Jahrhunderts, sagte eines Tages zu seinem Außenminister: »Mr. Secretary, we have not heard from our Ambassador to France for two years. If he doesn't write by Christmas, we might send him a letter.«[8] Diese historische Anekdote hätte sich wohl kaum erhalten, wäre so viel Gelassenheit und Nachsicht mit einem schreibfaulen Botschafter nicht auch vor knapp zweihundert Jahren bemerkenswert gewesen. Für uns ist hier aber noch etwas anderes zu bedenken: das Schneckentempo aller Fernkommunikation in der Vergangenheit bis ins frühe neunzente Jahrhundert.

Selbst wenn man sich vorstellt, daß Jefferson, der amerikanischer Gesandter in Paris gewesen war und 1789 an der Abfassung der *Erklärung der Menschen- und Bürgerrechte* mitgewirkt hatte, mit größtem Interesse auf Nachrichten aus dem napoleonischen Frankreich gewartet haben mag, dann muß man dennoch berücksichtigen, daß auch der ungeduldigste Präsident mit reichlich verzögerten – *ungleichzeitigen* – Nachrichten über die französischen Entwicklungen gerechnet hätte, genauer, er wäre gar nicht auf den Gedanken gekommen, *gleichzeitig* mit Paris kommunizieren zu können. Ein Brief von Washington nach Paris wurde damals auf schnellstem Wege mit Kutschen und Segelschiffen befördert, das heißt, er war mehrere Wochen unterwegs, ebenso die Rückantwort. Die Fernkommunikation über aktuelle Ereignisse war abhängig von der Entfernung zum Ereignis und hinkte deshalb den Ereignissen immer hinterher. Die geographische Distanz zwischen verschiedenen Orten erzwang einen zeitlichen Kommunikationsabstand, der mit der Entfernung zunahm. Fernkommunikation war nur als ungleichzeitige möglich.

Jefferson steht am Ende der ortsabhängigen Kommunikationsgeschichte. In der ortsabhängigen Kommunikation, die weit in die Vorgeschichte zurückreicht und anfänglich an die Reichweite der menschlichen Stimme geknüpft war, ist Gleichzeitigkeit mit physischer Nähe identisch, findet realzeitliche Kommunikation ausschließlich in Hör- und Sichtweite der Kommunikationspartner statt. Hunderttausende von Jahren war die Verbreitung von Informationen an den Trott altsteinzeitlicher Jäger und Sammler gebunden. In den Hochkulturen brachten reitende Boten die Nachrichtenübermittlung auf Trab, das heißt auf eine durchschnittliche Höchstgeschwindigkeit von etwa 15 Stundenkilometern. Lichtgeschwindigkeit wurde nur ausnahmsweise erreicht, zum Beispiel mit optischer Telegraphie, Rauchsignalen am Tage oder nächtlichen Feuerzeichen. Nach Aischylos wurde die Eroberung Trojas noch in derselben Nacht der über 500 Kilometer entfernten Klytaimnestra mit Fackelpost gemeldet.[9] In der Regel war jedoch Kommunikation über weite Entfernungen nur ungleichzeitig möglich, wenn überhaupt.

Um 1830 war ein Brief von Europa nach Indien auf dem Seeweg ums Kap fünf bis acht Monate unterwegs. Auf die Antwort mußte der Absender bis zu zwei Jahren warten. Aber um 1850 traf ein Brief aus London dank der Kombination von Eisenbahn und Dampfschiff schon nach 30 bis 45 Tagen in Kalkutta ein. Unter den telegraphischen Depeschen, die im Sommer 1858 auf dem ersten funktionstüchtigen transatlantischen Unterseekabel zwischen der Alten und der Neuen Welt gewechselt wurden, befand sich die Nachricht, daß eine geplante Truppenverschiffung von Kanada nach Indien aufgrund veränderter Umstände unterbleiben konnte.[10] Der dadurch eingesparte Betrag soll sich auf etwa die Hälfte der Herstellungskosten des Kabels belaufen haben. Im amerikanischen Bürgerkrieg (1861–1865) war Abraham Lincoln mit mehreren Fronten telegraphisch verbunden. Er war einer der ersten Oberbefehlshaber mit *remote control* bzw. der technischen Fähigkeit, physisch abwesend und dennoch nahezu zeitgleich an verschiedenen Fronten handlungsfähig zu sein.[11] Inzwischen haben James Clerk Maxwells elektromagnetische Wellen die globale Kommunikation in Realzeit zum Standard am Ende des zwanzigsten Jahrhunderts gemacht. Sie umrunden den Globus mit Lichtgeschwindigkeit (gut siebenmal pro Sekunde) und transportieren Bilder, Töne, Texte und Daten mit Hilfe von Nachrichtensatelliten an jeden Ort der Erde im siebten Teil einer Sekunde.

Wir gehen heute davon aus, daß alles, was auf der Erde geschieht, gleichzeitig geschieht. Die Menschen haben sich darauf eingestellt, daß alles, was sich irgendwo ereignet, überall miterlebt, besprochen und in Rechnung gestellt werden kann. Demonstranten in nicht-englischsprachigen Ländern halten englischsprachige Plakate vor die Fernsehkameras der Reporter von CNN *(Cable News Network)*, die ihr Ansinnen unverzüglich globalisieren. Der Golfkrieg hat der Welt gezeigt, daß der amerikanische Präsident gleichzeitig Golf spielen und Krieg führen kann. Aber auch die systematische Desinformation der eigenen Bevölkerung zum Zwecke der Irreführung des Gegners ist jetzt zur Routine der militärischen Informationspolitik geworden.[12]

Reinhart Koselleck hat den historischen Trend der neueren Kommunikationsgeschichte sehr schön zusammengefaßt:

»Viele unserer Erfahrungsdaten lassen sich seit dem 18. Jahrhundert in exponentielle Zeitkurven eintragen, die einen beschleunigten Wandel bestätigen. Die Weltbevölkerung verdoppelt sich seitdem in sich verkürzenden Intervallen, so daß für die Bewohnbarkeit des Globus ein Endpunkt hochrechenbar wird. Die Verkehrsgeschwindigkeit hat sich zu Lande, zu Wasser und mehr noch in der Luft in einer Weise erhöht, der Verkehr so verdichtet, daß die sich allenthalben einstellenden Verzögerungen eine weitere Beschleunigung als unwahrscheinlich, zumindest als unrationell, erscheinen lassen. Die Nachrichtentechnik hat ein Kommunikationsnetz über den Globus geworfen, daß sich die Vermittlungszeiten zwischen Ereignis und Information darüber dem Nullpunkt annähern, wofür früher Informationszeiten von Tagen, Wochen, Monaten oder Jahren erforderlich waren.«[13]

Der Nullpunkt am Ende der exponentiellen Kommunikationsbeschleunigung wurde in der zweiten Hälfte des zwanzigsten Jahrhunderts erreicht und markiert den Beginn der ortsunabhängigen Kommunikationsgeschichte. Die bekannten Naturgesetze, der Stand der Technologie und die günstigen Dimensionen und besonderen Eigenschaften des »Raumschiffs Erde« haben es möglich gemacht, alle Menschen ohne gravierende Verzögerung über die kleinste Trivialität und den größten anzunehmenden Unfall zu informieren. Das Novum der optischen und akustischen Gleichzeitigkeit aller Menschen und Ereignisse kennzeichnet die weltgeschichtliche Singularität der Gegenwart in kommunikativer Hinsicht.

Die neue Gleichzeitigkeit aller Menschen und Ereignisse gilt freilich nur für terrestrische Distanzen auf dem relativ kleinen Erdplaneten und nicht für Ferngespräche mit Orten im Weltraum. Die Kommunikation mit einem Botschafter auf dem Mond wäre mit einer Verzögerung von etwa vier Sekunden verbunden (jeweils knapp zwei Sekunden für den Hin- und Rückweg der Signale). Das Gespräch mit einem Gesandten auf der Venus, dem uns nächsten Planeten, würde für das Hin und Her zwischen Erde und Venus knapp fünf Minuten in Anspruch nehmen. Der Versuch, eine Verbindung mit den uns nächsten Sternen herzustellen, den 4,3 Lichtjahre entfernten Alpha Centauri und Proxima Centauri, würde das große interstellare Warten einleiten und die alte Ungleichzeitigkeit der Fernkommunikation wieder ins Spiel bringen. Die ortsunabhängige Kommunikation ist mithin ein auf die Erde beschränktes Privileg der Globalgeschichte.

Am 12. Oktober 1992, dem amerikanischen Kolumbustag, wurde am

Ames Forschungszentrum in Mountain View, Kalifornien, der auf 10 Jahre und 100 Millionen Dollar veranschlagte »High Resolution Microwave Survey« der NASA – besser bekannt unter dem Akronym SETI (Search for Extraterrestrial Intelligence) – mit den Worten begonnen: »We sail into the future, just as Columbus did on this day 500 years ago. We accept the challenge of searching for a new world.«[14] Sollte dieses Projekt Erfolg haben, dann werden wir demnächst mit Außerweltlichen im Ungleichzeitigkeitstakt von Jahrhunderten aufwärts »kommunizieren«. Der erste Stern, den das Projekt ins Visier des weltgrößten Radioteleskops nahm, war der 63 Lichtjahre entfernte GL615.1A in der Konstellation Herkules. 1992 erreichten ihn die irdischen Radiowellen des Jahres 1929. Im unbekannten planetarischen Umkreis dieses Sterns fingen unsere mutmaßlichen Nachbarn 1992 die Nachrichten vom Schwarzen Freitag an der New Yorker Börse auf, vom ersten Fünfjahresplan in der Sowjetunion, von der Organisation einer Kampagne des zivilen Ungehorsams durch Mahatma Gandhi, und so weiter.

Die Crux der kosmischen Kommunikation ist, daß sie von phantastischer Ungleichzeitigkeit für alle Beteiligten sein wird. Aber das verdeutlicht nur, daß wir uns im globalen Kommunikationsbereich der Erde zum gegenwärtigen Zeitpunkt in einer ungewöhnlich guten Position befinden. Die Errungenschaft technisch guter, das heißt *gleichzeitiger Kommunikationsbedingungen* bedeutet jedoch nicht, daß es uns damit auch schon gelungen wäre, sozial und kulturell *gleichrangige Kommunikationsbeziehungen* herzustellen. Im Gegenteil. Die globalen Kommunikationsbeziehungen sind nach wie vor schlecht, das heißt extrem ungleich.

IV.

Als Christoph Kolumbus die westliche Route zu den »ostindischen« Inseln gefunden hatte, die in Wahrheit die westindischen bzw. karibischen Inseln waren, schrieb er auf der Rückreise im Jahre 1493 an den spanischen Hof, daß die Eingeborenen dieser Eilande ganz ungefährlich seien und »weder Eisen noch Stahl« kennen würden. Andere Beobachter kommentierten den archaischen Entwicklungsstand der indianischen Schriftkultur, und wieder andere stellten fest, daß die nützlichen Anwendungen des Rades – als Wagenrad, Spinnrad, Mühlrad oder Töpferscheibe – in Mittelamerika unbekannt waren. Die transozeanischen Seefahrer aus Westeuropa »entdeckten« vor allem, daß sie die Erde mit einer Fülle unbekannter Religionen, Kulturen und Menschen teilten, Geschöpfen, die möglicherweise nicht von Adam abstammten.[15] Sie fanden ferner, daß die multireligiöse, multikulturelle und multiethnische Welt, die sich im sechzehnten Jahrhundert vor ihren Augen auftat, nicht nur unendlich kurios war mit all den verschiedenen Sitten und Gebräuchen, sondern auch eine intellektuelle Herausforderung darstellte. Die Welt war plötzlich sehr unübersichtlich geworden, und man mußte sich geographisch, theologisch und anthropologisch neu orientieren.

Die Abendländer mußten infolge ihrer Entdeckungsreisen nicht mehr nur mit den toten Griechen und Römern wetteifern, sondern auch mit den lebendigen Völkern und Kulturen Mittelamerikas, Afrikas und Asiens. Sie waren von der Überlegenheit ihrer christlichen Religion durchdrungen und konnten sich bei vielen Gelegenheiten im 16., 17. und 18. Jahrhundert vom wissenschaftlichen, technischen und militärischen Vorsprung des Westens überzeugen.[16] Der religiöse, politische und zivilisatorische Herrschaftsanspruch des Westens gegenüber den »Wilden« wurde von Kolonisatoren, Theologen, Philosophen, See- und Kaufleuten, Soldaten, Abenteurern und Historikern geteilt, legitimiert und konsolidiert. Das Problem, Ordnung in die irritierende Komplexität der neuzeitlichen Welt zu bringen, fand eine ebenso einfache wie geniale Lösung: Man schuf eine hierarchische Zeitordnung der Völker und Kulturen.[17] Der geoethnische Raum wurde temporalisiert und die beunruhigende Nachbarschaft der Europäer mit den »Ganz Anderen« in essentielle Ungleichzeitigkeit der Nichteuropäer verwandelt. Das änderte zwar nichts am physischen Dasein der anderen, dagegen ging man militärisch und bürokratisch vor, wohl aber am unausgesprochenen Anspruch der anderen auf gleichrangige Gegenwart. Die Ideologie der Ungleichzeitigkeit nahm, wie ich nun an einigen Beispielen zeigen möchte, auch das progressive Denken gefangen und sicherte den Abendländern das temporale Monopol auf soziokulturelle Gegenwart. Sie hat die Nutznießer dieser von der Renaissance bis in die Postmoderne reichenden Weltanschauung an eine vertikale Zeitordnung der Menschen und Dinge gewöhnt.

Im Mai 1789 sang der Dichter Friedrich Schiller in Jena als neugebakkener Geschichtsprofessor das hohe Lied der Weltgeschichte. In seiner Antrittsrede mit dem Titel *Was heißt und zu welchem Ende studiert man Universalgeschichte?* lehrte Schiller die okzidentale Logik der Ungleichzeitigkeit. Er erklomm das Katheder, las mit einer Stärke und Sicherheit der Stimme, die ihn überraschte, verunglimpfte die »Brotgelehrten« und konstruierte die Weltgeschichte als gelungenen Aufstieg zu sich selbst, den »gebildeten Weltmann« und »philosophischen Kopf«. Schiller legte seinen »Herren« Studenten dar, daß der Mensch »verächtlich« anfing. Er erklärte, daß die »rohen Völkerstämme« weder Ehe noch Eigentum kennen und »auf den mannigfaltigsten Stufen der Bildung um uns gelagert sind«; daß sie »wie Kinder verschiedenen Alters um einen Erwachsenen herumstehen und durch ihr Beispiel ihm in Erinnerung bringen, was er selbst vormals gewesen«; daß die Universalgeschichte das reife europäische Individuum unvermerkt in die Gattung überführe und die Frage beantworte, wie der Mensch »vom ungeselligen Höhlenbewohner zum geistreichen Denker« aufgestiegen sei. Er projizierte einen »vernünftigen Zweck in den Gang der Welt und ein teleologisches Prinzip in der Weltgeschichte«.[18] Schillers erste Vorlesung machte Eindruck. Er bekam eine Nachtmusik, und dreimal wurde Vivat gerufen.

Die Arroganz der europäischen Aufklärung, die seinerzeit von nur ganz wenigen, wie Voltaire in Frankreich oder Samuel Johnson in England (und auch von diesen nur oberflächlich), als anstößig und unangemessen empfunden wurde, ist inzwischen durchsichtig und fragwürdig geworden. Schillers Weltgeschichte mit ihrer Stufenleiter der Kulturen und dem weißen Mann auf der obersten Sprosse ist heute nicht mehr vertretbar. Der Gedanke, daß alle Menschen seit dem Schmettern des gallischen Hahns frei und gleich an Rechten sind und auch anderweitig nicht mehr zurückgesetzt werden dürfen, hat sich langsam durchgesetzt – mit der Betonung auf langsam. Rassistische Manifeste und mörderische Aktionen der Gegenaufklärung haben die prinzipielle Gleichheit und das implizite Grundrecht aller Menschen auf Gegenwart seit 1789 immer wieder attackiert. Aber auch die avantgardistischen Eliten der bürgerlichen Gesellschaft, die beileibe nicht reaktionär, sondern bloß nicht unmodern sein wollen, haben ein kulturaristokratisches Selbstbewußtsein bewahrt, das regelmäßig ungleichzeitige Menschen schafft und deren Anspruch auf Gegenwart zurückweist.

Die Problematik des elitären Modernismus möchte ich am Beispiel von Adolf Loos demonstrieren, der in vieler, aber nicht in jeder Hinsicht unsere Bewunderung verdient. Loos schrieb im Jahre 1908 in dem Aufsatz »Ornament und Verbrechen«:

»Das tempo der kulturellen entwicklung leidet unter den nachzüglern. Ich lebe vielleicht im jahre 1908, mein nachbar aber lebt um 1900 und der dort im jahre 1880. Es ist ein unglück für einen staat, wenn sich die kultur seiner einwohner auf einen so großen zeitraum verteilt. Der kalser bauer lebt im zwölften jahrhundert. Und im jubiläumsfestzuge gingen völkerschaften mit, die selbst während der völkerwanderung als rückständig empfunden worden wären. Glücklich das land, das solche nachzügler und marodeure nicht hat. Glückliches Amerika! Bei uns gibt es selbst in den städten unmoderne menschen, nachzügler aus dem achtzehnten jahrhundert, die sich über ein bild mit violetten schatten entsetzen, weil sie das violett noch nicht sehen können. Ihnen schmeckt der fasan besser, an dem der koch tagelang arbeitet, und die zigarettendose mit renaissance-ornamenten gefällt ihnen besser als die glatte. Und wie stehts auf dem lande? Kleider und hausrat gehören durchwegs früheren jahrhunderten an. Der bauer ist kein christ, er ist noch ein heide.«[19]

Der Wiener Modernist und Funktionalist hatte die temporale Konstruktion der hierarchischen Sozial- und Weltordnung Alteuropas internalisiert und stellte an den Äußerlichkeiten der Kleidung nicht mehr fest, daß der Nachbar von niederem Stande, sondern daß er von niedrigerem Zeitwert ist, ein Rückständiger und Nachzügler, schlimmer noch, ein Plünderer des Überlebten und, ganz schlimm, ein Degenerierter. Denn was »beim papua und beim kinde natürlich ist, ist beim modernen menschen eine degenerationserscheinung«.[20] Ein Mann wie Loos, der Karl Kraus »an der schwelle einer neuen zeit«[21] stehen sah, darf an seiner Sprache gemessen werden, und die hat Töne, die ihn, wie schon Theodor W. Adorno bemerkte, in Zusammenhänge stellen, die ihm unlieb gewesen wären. Es ist ein Zeichen kulturellen Größenwahns und nicht nur eine Frage des guten oder weniger guten Geschmacks, wenn Loos, den jungen Bertolt Brecht vorwegnehmend, »ich esse roastbeef« verkündet und dann vollmundig von »der spitze der menschheit« redet und damit »unsere kulturstufe« meint.[22] Der Ideologe der Ungleichzeitigkeit sieht auf »unkultivierte Menschen« herab.[23] Er blickt in abgestufte, reich bevölkerte Tiefen von einigen zehn, zwanzig, hundert oder tausend Jahren und macht ganz unten Degenerierte und Marodeure aus. Was dieser Ideologe entwirft, ist eine Rolltreppe der abnehmenden Gleichzeitigkeit. Auf ihren Kulturstufen, außer der jeweils obersten selbstverständlich, sind ungleichzeitige Zeitgenossen versammelt, nach unten immer unmodernere Menschen, Erscheinungen einer überholten Vergangenheit, die wie die Ornamente »des kaffern, des persers, der slowakischen bäuerin«[24] entweder ertragen oder vernichtet werden müssen.

Die Ungleichzeitigkeit der Gleichzeitigen ist das temporale Äquivalent zur hierarchisch abgestuften Ständeordnung des *Ancien régime*. Die Ständeordnung war statisch, die neue Zeitordnung des Modernismus ist dynamisch. Der Rauch, in den die alte Ordnung aufging, als »alles Ständische und Stehende verdampfte«[25], hat die Essenz der alten Ordnung gasförmig verteilt. Der Makel der Ungleichzeitigkeit kann seitdem auf alles und jeden fallen. Die Menschen beginnen in ihrem Zeitwert zu schillern. Dem Individuum kann widerfahren, daß es einerseits den Orden der Gleichzeitigkeit verliehen bekommt und andererseits dem »ungleichzeitigen Rest«[26] zugeschlagen und vom Tisch der Gegenwart ferngehalten wird.

Die »Theorie der Ungleichzeitigkeit«[27] verdanken wir Ernst Bloch, der den topos der *gleichzeitigen Ungleichzeitigkeit* zur Interpretation des Faschismus benutzt hat. In *Erbschaft dieser Zeit*, einer Ende 1934 in Zürich publizierten Essaysammlung[28], unternahm Bloch den philosophisch-historischen Versuch, Gleichzeitigkeit und Ungleichzeitigkeit marxistisch zu denken und den Faschismus als eine »Explosion des Ungleichzeitigen«[29] zu deuten. Er wandte sich dem theoretischen »Problem einer mehrschichtigen Dialektik« der Geschichte mit dem Interesse zu, »das bewegte Jetzt [...] breiter zu machen«[30], das heißt, zwischen überholter und unerledigter Vergangenheit im Jetzt zu unterscheiden. Zur Ermöglichung dieser Gegenwartsdehnung temporalisierte und differenzierte Bloch die marxistische Denkfigur des falschen Bewußtseins. Aus dem falschen Bewußtsein machte er zunächst ungleichzeitiges Bewußtsein und daraus dann ungleichzeitiges Bewußtsein *mit* Zukunft und ungleichzeitiges Bewußtsein *ohne* Zukunft.

Bloch, der die »Irratio« nicht verlachen, sondern okkupieren wollte, um den Faschismus mit seinen eigenen Waffen zu schlagen, setzte große Hoffnungen in die neugewonnene Kategorie der Ungleichzeitigkeit mit Zukunft:

»Der subjektiv ungleichzeitige Widerspruch ist gestaute Wut, der objektiv ungleichzeitige unerledigte Vergangenheit; der subjektiv gleichzeitige die freie revolutionäre Tat des Proletariats, der objektiv gleichzeitige die verhinderte, im Jetzt enthaltene Zukunft, die verhinderte technische Wohltat, die verhinderte neue Gesellschaft, womit die alte in ihren Produktivkräften schwanger geht.«[31]

Bloch stand fest beim Proletariat »als der heute geschichtlich entscheidenden Klasse«[32], wollte aber auch die Kraft der gestauten Wut nutzen und die Schatzkammern der unerledigten Vergangenheit öffnen; er philosophierte in der erklärten politischen Absicht, die »Widersprüche ungleichzeitiger Schichten gegen den Kapitalismus unter sozialistischer Führung zu mobilisieren«.[33]

Meine Kritik an Blochs Vorhaben entzündet sich – wie bei Loos – an den diskriminierenden Tönen der Sprache und nicht etwa daran, daß Bloch versucht hat, die »ungleichzeitigen Schichten« dem Faschismus streitig zu machen. Ebenso wie Loos zeigt auch Bloch wenig Achtung für die Ureinwohner Neuguineas, wenn er von der »falschen Ungleichzeitigkeit« spricht, »die nur insofern als Papua auftritt, als sie nicht auf der Höhe der Zeit steht«.[34] Die Arroganz des Okzidentalozentrismus bricht sich in der Sprache Bahn.

Bloch schreibt:

»Wild und kriegerisch schlägt der Angestellte aus, will noch gehorchen, aber nur als Soldat, kämpfend, glaubend. Die *Lust* des Angestellten, nicht proletarisch zu sein, steigert sich in orgiastische Lust der Unterordnung, des magischen Beamtenseins unter einem Herzog. Die Unwissenheit des Angestellten, wie sie vergangene Bewußtseinsstufen, Transzendenz in der Vergangenheit sucht, steigert sich in einen orgiastischen Haß gegen die Vernunft, in einen ›Chthonismus‹, worin Berserker und Kreuzzugsbilder sind, ja worin – mit einer Ungleichzeitigkeit, die stellenweise Exterritorialität wird – Negertrommeln dröhnen und Zentralafrika aufsteigt.«[35]

Weder die faschistische Unkultur noch die afrikanischen Kulturen haben die Ehre bzw. Unehre dieses Vergleichs verdient.

Schillers »rohe Völkerstämme« marschieren bei Loos im Wiener Festzug als »Degenerierte« mit und überwältigen Bloch als Angestellte verkleidet mit »dröhnenden Negertrommeln«. Ich frage mich: Wie denken und sprechen wir über die anderen – andere Kulturen, Völker, Gruppen, Parteien, Individuen, Institutionen, Lebens- und Verhaltensweisen? Haben wir die in fünf Jahrhunderten erworbene, verinnerlichte und nach Bedarf modernisierte Ideologie der gleichzeitigen Ungleichzeitigkeit verabschiedet, oder lassen wir uns wie Schiller, Loos und Bloch immer wieder auf sie ein?

V.

Das Trugbild der ungleichzeitigen Anderen schwebt heute vor allem den alternativen und postmodernen Denkern vor und lockt sie in die Falle der Diskriminierung. Um das zu verstehen, müssen wir allerdings die überlieferte Ideologie auf den Kopf stellen und die fiktive Ungleichzeitigkeit der anderen, die bisher ein Minus an menschlicher Kultur signalisierte, als ein Plus bewerten. Zu den Schrittmachern dieses Vorzeichenwechsels gehört, noch einmal, Bloch, der in den fünfziger Jahren Partei für die Emanzipation der »Dritten« Welt ergriff.[36]

Bloch, der damals in Leipzig auf der obersten Sprosse der marxistischen Stufenleiter der gesellschaftlichen Evolution stand, wich zwar weder von der orthodoxen materialistischen Geschichtsphilosophie ab noch von seiner eigenen, den Vorschriften weniger entsprechenden Zeitphilosophie[37], gab nun aber der Ungleichzeitigkeitstheorie zusätzlich die optimistische Wendung zum »Miteinander verschiedener Zeiten«.[38] Er erklärte, daß der westliche Fortschrittsbegriff keine europäische, asiatische oder afrikanische Vorhut impliziert habe, sondern die »ganze bessere Erde«.[39] Bloch feierte den »polyrhythmischen wie polyphonen« Vorgang der Entkolonialisierung und stellte sowohl die Mehrstimmigkeit als auch die Verschiedenartigkeit der gleichzeitig ineinanderspielenden Entwicklungen der Kontinente und Kulturen in den Dienst des »herauszuprozessierenden Humanum«.[40]

Die positive Variante der Ideologie der Ungleichzeitigkeit idealisiert den nach wie vor aus der Gegenwart in die Ungleichzeitigkeit abgedrängten Anderen rousseauistisch. Im vollen Schwange dieser verzuckerten Herabsetzung gab Lothar Baier 1991 auf den Frankfurter Römerberggesprächen zu verstehen, daß »die Realutopie der weltumspannenden Gleichzeitigkeit [...] das totalitärste Projekt« der westlichen Zivilisation und im Begriffe sei, das Gewohnheitsrecht der anderen auf Ungleichzeitigkeit zu eliminieren. Der archtetypische andere trat in Baiers Referat nicht als Papua, sondern als Hopi auf. Die Ungleichzeitigkeit des Hopi, die Baier mit Hilfe Benjamin Lee Whorfs zur Zeitlosigkeit steigerte, war für den Kritiker der Gleichzeitigkeit jedoch kein Manko mehr, sondern ein vom industriellen Fortschritt bedrohtes Kulturgut. Der so radikal wie romantisch argumentierende Publizist beklagte den Verlust der diversen Ungleichzeitigkeiten als die Entleerung der metaphorischen »Strände der Zeit von einst«.[41]

»Seit die westliche Moderne neben anderen Ressourcen auch die Zeit immer rationeller bewirtschaftet, sind brachliegende Zeiträume zum Luxus geworden. Die Strände der Zeit von einst sind vermessen, begradigt, eingezäunt und zubetoniert. Was dort angeschwemmt wird, kann nicht lange liegenbleiben und womöglich Wurzeln schlagen. Die Begegnungen der Kulturen vervielfältigen sich, aber sie ereignen sich im Schock des Augenblicks, erzeugen nichts Neues und Drittes, das lange Zeiten braucht, um sich zu entfalten. Der Multikulturalismus unserer Gegenwart verhält sich zu den Kreolisierungsprozessen der Vergangenheit wie safer instant sex zur altmodisch riskanten, verwickelten, langwierigen und gelegentlich folgenreichen Leidenschaftsliebe. Der Kulturkontakt trägt zeitgemäß Präservativ. Unsere Strände der Zeit sind schmal und steril, eine kreolische oder auch eine jiddische Sprache könnte sich darauf nicht mehr entwickeln. Die Zeit der nunmehr ostgrenzenlos dominierenden westlichen Zivilisation hat die Eigenschaft, in einer Doppelbewegung zu expandieren und sich zugleich zusammenzuziehen, die Vielseitigkeit[42] der Welt zur homogenen Gleichzeitigkeit der Quartzuhr-Epoche komprimierend.«

Kein Zweifel: die Asymmetrie zwischen der Macht der »Weltmarktzivilisation« auf der einen Seite und der Ohnmacht der subalternen Gruppen, Kulturen und Nationen auf der anderen ist ein Skandal der Globalgeschichte. Aber auch die fortgesetzte Diskriminierung der anderen nach dem Motto »O wie schön ist eure Ungleichzeitigkeit« ist skandalös und muß ein Ende finden.

Die Stunde der abendländischen Ungleichzeitigkeitspolitik hat geschlagen. Der Zugang zur Gegenwart, den die temporale Weltordnung des Abendlandes für den Westen reservierte und der im Westen (wie im Norden, Süden und Osten) als ein Vorrecht der führenden Männer, im Kreise führender Männer als ein Privileg der Meisterdenker, von einigen Meisterdenkern als das Eigentum der geschichtsentscheidenden Klasse und vom Proletariat als das Grundrecht der Reichen und Mächtigen angesehen wurde, wird in der Epoche der Globalgeschichte für alle Menschen geöffnet. Daran kann auch der neopaternalistische Versuch, die Gleichzeitigkeit als etwas Fürchterliches zu denunzieren, nichts mehr ändern. Viele der bis vor kurzem noch hoffnungslos Ungleichzeitigen – die *armen* Gastarbeiter, *schwachen* Frauen, *rückständigen* Indianer, *unterentwickelten* Länder, *geschichtslosen* Völker und *unzivilisierten* Nationen der Dritten Welt – haben rund um den Globus begonnen, sich im Kampf um soziokulturelle Gleichzeitigkeit Gehör und Gegenwart zu verschaffen.

Ich möchte mit einem Zitat schließen, das sowohl das Ende der ungleichzeitigen als auch den Beginn der gleichzeitigen Weltsituation markiert. In dem 1962 erschienenen senegalesischen Roman *L'aventure ambiguë* von Cheikh Hamidou Kane, einem schwarzen moslemischen Politiker und Schriftsteller, sagt der Vater von Samba Diallo, einem jungen afrikanischen Revolutionär, zu Paul Lacroix, einem französischen Lehrer und Vertreter der modernisierenden Kolonialmacht: »Wir haben nicht dieselbe Vergangenheit gehabt, Sie und wir, aber wir werden genau dieselbe Zukunft haben. Die Epoche einzigartiger Schicksale ist abgelaufen. In diesem Sinne ist tatsächlich das Ende der Welt für jeden von uns gekommen, denn keiner von uns kann durch die einfache Fortsetzung seines bisherigen Selbst weiterleben.«[43]

Diese Worte treffen meines Erachtens in doppelter Hinsicht zu, deskriptiv und normativ: So, wie es bisher de facto war, ist es in der Tat nicht mehr, und so, wie es bisher de jure war, soll es nun auch von Rechts wegen nicht mehr sein. Die Zeit der Ungleichzeitigkeiten ist abgelaufen. Jeder Mensch hat das Recht auf vollen Zugang zur Gegenwart, und keiner darf einen anderen wegen Hautfarbe, Geschlecht, Alter, Glauben, Nationalität, Klasse, Einkommen, Produktionsweise, Gesellschafts- oder Kulturform in die Ungleichzeitigkeit erklären. Die Zeitgenossen der Gegenwartsgeschichte stehen vor der Aufgabe, allen Menschen die synchrone Fülle der globalen Gleichzeitigkeiten ohne jede Einschränkung zugänglich zu machen.

Anmerkungen

1 Augustine, *Confessions*, Oxford 1992, Bd. 1 (Liber XI:20), S. 157: »tempora sunt tria, praesens de praeteritis, praesens de praesentibus, praesens de futuris.«

2 Der Text beruht auf einem Vortrag, der im Dezember 1992 im »Laboratorium der Zivilisation« (des Deutschen Werkbundes) an der Technischen Hochschule Darmstadt im Rahmen einer Internationalen Konferenz über »die Zukunft des Raums« gehalten wurde. Die Konferenzbeiträge wurden unter dem Titel *Die Zukunft des Raums – The Future of Space* von Bernd Meurer 1994 im Campus Verlag herausgegeben.

3 Zit. nach *René Magritte, 13. November 1987 bis 14. Februar 1988*, Katalog der Ausstellung der Kunsthalle der Hypo-Kulturstiftung, München 1987, Werk Nr. 39 (*La Clef des Champs*). Die im Ausstellungskatalog angegebene Quelle für diesen Selbstkommentar des Malers ist ein Film von Luc de Hensch, *Magritte oder die Lektion der Dinge*.

4 Vgl. W. Warren Wagar, *A Short History of the Future*, Chicago (eine stark veränderte zweite Auflage erschien 1992), S. XI: »In this case, the working hypothesis is the Marxian expectation of the future demise of world capitalism, leading to proletarian socialism and finally pure communism. Following the example set by Marx and Engels, most latter-day Marxists shy from explicit forecasting for fear of discouraging hard analysis of present-day realities, but such pious scruples need not deter the futurist.«

5 Für mich beginnt das 20. Jahrhundert am Ende des »langen« 19. Jahrhunderts, das heißt um 1950 (plus / minus 10 Jahre). Die Historie ist also in meinen Augen noch gar nicht im zwanzigsten Jahrhundert angekommen.

6 Die letzten fünfzig Jahre beinhalten zur Zeit sowohl den Anfang als auch den ganzen bisherigen Verlauf der globalgeschichtlichen Epoche. Der globalgeschichtliche Zugriff ist freilich nicht auf dieses halbe Jahrhundert beschränkt. Er kann sich auf Ereignisse, Entwicklungen und Entscheidungen richten, die tiefer in der Vergangenheit liegen und den Weg in die Epoche der Globalgeschichte gebahnt haben; er kann die Globalisierung vor der Globalgeschichte (Protoglobalisierung) rekonstruieren und damit zum Verständnis der Gegenwart beitragen.

7 Vgl. Roland Robertson, »On the Concept of Globalization: The Limitations of the Local-Global Distinction«, in: Wolf Schäfer (Hrsg.), *Global Civilization and Local Cultures*, Boulder (in Vorbereitung).

8 »Herr Außenminister, wir haben zwei Jahre lang nichts von unserem Botschafter in Frankreich gehört. Wenn er nicht bis Weihnachten schreibt, sollten wir ihm vielleicht einen Brief schicken.« Zit. nach R. Buckminster Fuller, *Utopia or Oblivion: The Prospects for Humanity*, New York 1969, S. 208.

9 Vgl. Aischylos, Agamemnon 281 ff. – »Chorführer: So sag, wie lang ist Troja schon zerstört? Klytaimnestra: Seit dieser Nacht, die dieses Licht gebar. Chorführer: Und welcher Bote traf so schnell hier ein? Klytaimnestra: Hephaistos' Glut,

vom Ida ausgeschickt. Von Fackel lief zu Fackel diese Post [...]« Zit. nach Aischylos, *Die Orestie. Drei Tragödien*, Frankfurt 1958, S. 20; siehe auch den Artikel »Nachrichtenwesen« in: *Der Kleine Pauly*, Bd. 3, München 1979, S. 1552 bis 55.

10 Die Nachricht betraf das Abflauen des sogenannten Sepoy-Aufstandes, der im Mai 1857 unter indischen Söldnern im britischen Dienst (Sepoys) ausgebrochen war. Die erste erfolgreiche Kabelverbindung zwischen Europa und Amerika war nur kurze Zeit intakt. Es wurden insgesamt 732 Botschaften übermittelt, jede einzelne brauchte über eine Stunde.

11 Vgl. Edward Hagerman, *The American Civil War and the Origins of Modern Warfare. Ideas, Organization, and Field Command*, Bloomington 1988, S. 87: »The Military Telegraph with its Morse equipment had largely taken over telegraphic field communications during the Gettysburg campaign. It connected Meade's headquarters to the headquarters of all corps and divisions. The army of the Potomac set organizational precedent when, ›for perhaps the first time in military history the commanding general of a large army was kept in communication during active operations with his corps and division commanders‹.« Vgl. auch David Homer Bates, *Lincoln in the Telegraph Office*, New York 1907.

12 Die amerikanische Führung stellte ihre Informationspolitik im Golfkrieg darauf ein, daß nicht nur die amerikanische Bevölkerung, sondern auch Sadam Hussein die »Operation Desert Storm« via CNN am Bildschirm verfolgten.

13 Reinhart Koselleck, »Wie neu ist die Neuzeit?«, in: *Schriften des Historischen Kollegs* (Reihe Dokumentationen), Heft Nr. 7, München 1991, S. 41.

14 »Wir segeln in die Zukunft, geradeso wie Kolumbus an diesem Tag vor 500 Jahren. Wir stellen uns der Herausforderung, nach einer neuen Welt zu suchen.« *The New York Times*, 13. Oktober 1992, S. C1. Ein Jahr später, am 7. Oktober 1993, berichtete die *New York Times* unter der Überschrift »Ear to the Universe Is Plugged by Budget Cutters«, daß der amerikanische Kongreß die weitere Finanzierung der »Suche nach außerirdischer Intelligenz« zu unterbinden gedenke. Wie berichtet, so geschehen: Die öffentliche Finanzierung des Projekts wurde eingestellt – nicht aber das Projekt. Am 25. Januar 1994 schrieb die *New York Times* (S. C5), daß einige der reichsten Unternehmer des Landes die Fortsetzung der Suche mit Spenden sichergestellt hätten. Das aus der Asche der Politik wiederauferstandene Projekt läuft jetzt unter dem Namen »Phoenix«.

15 Kolumbus wurde 1490 von seinen Widersachern unter anderem die Idee in den Weg gelegt, daß Bewohner auf der anderen Seite der Erde nicht von Adam abstammen könnten, folglich gäbe es dort auch keine Menschen; vgl. Jeffrey Burton Russell, *Inventing the Flat Earth. Columbus and Modern Historians*, New York 1991, S. 9. Nach Kolumbus' Landung auf der Bahamainsel Guanahaní (San Salvador?) am 12. Oktober 1492 geriet die orthodoxe Schöpfungsgeschichte unter Druck, wurden die körperlichen und kulturellen Unterschiede der »anderen«

Menschen von christlichen Skeptikern gelegentlich auch mit Mehrfach- und/ oder vor-Adamitischen Schöpfungen zu erklären versucht. Vgl. Margaret T. Hodgen, *Early Anthropology in the Sixteenth and Seventeenth Centuries*, Philadelphia 1964, S. 272ff.

16 Nach Berechnungen der *Annales*-Schule waren die Europäer zu Beginn der westlichen Expansion im 15. Jahrhundert gegenüber den Chinesen, der fortgeschrittensten außereuropäischen Zivilisation, drei- bis viermal effektiver in der Nutzung tierischer und unbelebter Kraftquellen; vgl. Pierre Chaunu, *L'expansion européenne du XIIIe au XVe siècle*, Paris 1969, S. 336–39. Zur historischen Genese und globalen Ausweitung des westlichen Herrschaftsanspruchs vgl. Michael Adas, *Machines as the Measure of Men. Science, Technology and Ideologies of Western Dominance*, Ithaca 1989.

17 Vgl. Hodgen, *Early Anthropology*, a.a.O. (wie Anm. 15), S. 389f.: »It should also be realized that once the savage had been safely introduced into the chain of being, the next step was necessarily historical. For since theologically the European world view was based upon explanation in terms of a succession of events, the next step involved the conversion of the medieval linkage of forms – with its new member, the savage – from a spatially conceived series into a temporal one, thus affiliating the savage to other men or animals not only statically but dynamically. In accomplishing this feat, two old ideas, once separated from one another by divergent functions, had to be welded together, namely, the hierarchical principle of the arrangement of things and the historical or genetic principle of explanation. With the Renaissance revival of historiography, with the decline of degenerationism as a philosophy of history, with the insistence of the ›moderns‹ on their superiority over the ›ancients‹, with the increasing acceptability of the idea of cultural progress, the hierarchy of being had to be converted from a spatial arrangement of forms into an historical, developmental, or evolutionary series.« Siehe auch Johannes Fabian, *Time and the Other: How Anthropology Makes Its Object*, New York 1983.

18 Vgl. Friedrich Schiller, *Werke in drei Bänden*, München 1966, Band 2, S. 9–22.

19 Adolf Loos, *Sämtliche Schriften in zwei Bänden*, hrsg. von Franz Glück, Wien 1962, Bd. 1, S. 280f.

20 Ebd., S. 277.

21 Ebd., S. 328: »Er [Karl Kraus] steht an der schwelle einer neuen zeit und weist der menschheit, die sich von gott und der natur weit, weit entfernt hat, den weg.«

22 Ebd., S. 280 und 286.

23 Ebd., S. 283.

24 Ebd., S. 287.

25 Vgl. Karl Marx, *Manifest der Kommunistischen Partei*, München 1969, S. 51.

26 Ernst Bloch, *Erbschaft dieser Zeit. Werkausgabe*, Bd. 4, Frankfurt/M. 1985, S. 116.

27 Vgl. Ernst Bloch, *Philosophische Aufsätze zur objektiven Phantasie. Werkaus-

gabe, Bd. 10, Frankfurt/M. 1985, S. 45 (spätere Bemerkungen von Bloch zur *Erbschaft*, ausgelöst durch eine Rezension von Hans Günther in *Internationale Literatur*, Moskau 1936).

28 Im Impressum der bei Oprecht & Helbling erschienenen Erstausgabe ist 1935 als Erscheinungsjahr der *Erbschaft* angegeben. Das Buch wurde jedoch schon Ende 1934 ausgeliefert; vgl. *Marbacher Magazin*, Nr. 55, Marbach 1990, S. 95.

29 Bloch, *Erbschaft*, a. a. O. (wie Anm. 26), S. 203.

30 Vgl. ebd., S. 122–26.

31 Ebd., S. 122, im Original kursiv. (Ein Druckfehler im daran anschließenden Satz macht aus der privaten *Aneignung* der Produktivkräfte den privaten Charakter ihrer »Abneigung«).

32 Ebd., S. 118.

33 Ebd., S. 16.

34 Ebd., S. 116.

35 Ebd., S. 109f.

36 Vgl. Ernst Bloch, »Differenzierungen im Begriff Fortschritt«, in: *Tübinger Einleitung in die Philosophie. Werkausgabe*, Bd. 13, Frankfurt/M. 1985, S. 118–47 (ursprünglich ein 1955 in der DDR gehaltener Vortrag).

37 Vgl. ebd., S. 128: »Vor allem sind die gesellschaftlichen Stufen der Völker auf der Erde alles andere als ›gleichzeitig‹. […] Es gibt überall den Fortgang von einer Urkommune über Klassengesellschaften bis schließlich zur Reifung des Sozialismus«; anschließend diskutiert Bloch »Die Frage einer ›elastischen‹ Zeitstruktur in der Geschichte nach Analogie des Riemannschen Raums« (S. 129–38).

38 Vgl. ebd., S. 145: »Und das Humanum ist in der realen *Möglichkeit* seines Zielinhalts *so umfassend, daß es alle Bewegungen und Formen der menschlichen Kulturen sich im Miteinander verschiedener Zeiten zuordnen läßt, und so stark, daß es vor einer rein mechanistisch gefaßten Kreislaufzeit nicht zuschanden geht*. Näher zu uns aber hat sich ein weitgelegtes Omega, diesesfalls als nicht nur westlich orientierender Zielpunkt, vor der außereuropäischen Geschichte zu bewähren. Also, mit Probe aufs Exempel, vor dem nicht historischen, sondern aktuellen Aufbruch Afrikas und Asiens. Diesen Kontinenten eben ist die weiße Vergangenheit nur knapp ihre eigene, und Geschichte überhaupt wird den mannigfach zukunftslos gewesenen Völkern dasjenige, was morgen beginnt.«

39 Ebd., S. 146.

40 Vgl. ebd., S. 146 und 147.

41 Vgl. Lothar Baier, »Das dumme Gefühl, an den Rockschößen des Zeitgeistes zu hängen. Gleichzeitigkeit – die heimliche Utopie der westlichen Zivilisation«, in *Frankfurter Rundschau*, 22. Juni 1991, Nr. 142, S. 12.

42 Ich vermute, daß Baier hier »Vielzeitigkeit« schrieb; aber im Zeitungstext steht »Vielseitigkeit«. Der Drucker wollte dem Autor damit wohl sagen, daß die tatsächliche Vielseitigkeit der Welt wichtiger und kostbarer als ihre eingebildete Vielzeitigkeit ist.

43 Cheikh Hamidou Kane, *L'aventure ambiguë* [Das ungewisse Abenteuer], Paris 1961, S. 99: »Nous n'avons pas eu le même passé, vous et nous, mais nous aurons le même avenir, rigoureusement. L'ère des destinées singulières est révolue. Dans ce sens, la fin du monde est bien arrivée pour chacun de nous, car nul ne peut plus vivre de la seule persévération de soi.«

Globalgeschichte:
Historiographische Möglichkeit und
umweltgeschichtliche Wirklichkeit

> »Die Geschichte, die ich mir wünsche, läßt sich
> wahrscheinlich noch gar nicht angemessen schrei-
> ben: die Geschichte der Welt seit dem Zweiten
> Weltkrieg, genauer gesagt, die des dritten Viertels
> des 20. Jahrhunderts.«
> Eric Hobsbawm in *Die fehlende Geschichte*, 1989

Globalgeschichte ist die ungeschriebene Geschichte des 20. Jahrhunderts, und wir müssen herausfinden, wie sie geschrieben werden kann.
Der Begriff Globalgeschichte ist aber nicht nur verlockend, er ist auch
ziemlich hochtrabend. Verlockend ist er, weil er einen wichtigen Teil
dessen umfaßt, was in der Welt um uns herum geschieht, und hochtrabend, weil er so bombastisch daherkommt und nicht nur gegen den
Leitsatz *small is beautiful* zu verstoßen scheint, sondern auch gegen den
Grundsatz, daß ernsthafte historische Arbeit sich ein bestimmtes, klar
umrissenes Thema vornehmen und auf genuiner Forschungsarbeit
gründen soll.[1] Der Zwiespalt gegenüber der Globalgeschichte erwächst
also nicht aus dem Zweifel daran, daß es globale Realitäten gibt, die von
zahllosen historischen Akteuren hervorgebracht werden; er ergibt sich
vielmehr aus einem überzogenen Begriff von Globalgeschichte, wie ihn
einige Historiker und Sozialwissenschaftler entwickelt haben. Jeder erkennt in den geschichtlichen Entwicklungen unserer Zeit die Tendenz
zur Globalisierung, und wir sind ohne weiteres bereit anzunehmen,
daß Globalgeschichte auf der Ebene der Realität wirksam ist. Aber auf
der Ebene der Historiographie neigen wir zur Skepsis und sind besorgt.
Weder die erfolgreiche Institutionalisierung der Globalgeschichte noch
ihre »korrekte« konzeptuelle Konstruktion können als gesichert gelten.

Dieser Aufsatz plädiert für eine forschungsorientierte Konstruktion
von Globalgeschichte. Er benennt eine Reihe von globalen Wirklichkeiten, auf die sich die Forschungsanstrengungen konzentrieren können und sollten, und geht dabei etwas ausführlicher auf die zur Zeit am
meisten diskutierte globale Wirklichkeit ein, die globale Umwelt. Inso-

fern ist diese Annäherung an die Globalgeschichte begrenzt, aber auf Vollständigkeit kommt es mir hier nicht an. Ich möchte die professionelle Möglichkeit erkunden, Globalgeschichte zu schreiben, und wäre schon zufrieden, wenn ich dies zeigen könnte.

Der erste Abschnitt unterscheidet zwischen einer Globalgeschichte im emphatischen Sinne, die ich meiden möchte, und themenbezogenen globalhistorischen Studien, die mir nicht nur sehr vielversprechend, sondern auch praktikabel erscheinen, sofern sie auf genuiner empirischer und interpretierender Forschungsarbeit gründen. Ferner werde ich betonen, daß Globalgeschichte nicht mit der herkömmlichen Weltgeschichte gleichgesetzt werden darf. Die Terminologie ist im Fluß, und ein klares Verständnis der konzeptuellen Unterschiede zwischen den Ansätzen der Welt- und der Globalgeschichte ist deshalb vonnöten. Die Globalgeschichte ist nicht der Nachtrag, den das 20. Jahrhundert zur herkömmlichen Weltgeschichte liefert, sondern ein neuer, anders gearteter Ansatz der wissenschaftlichen Auseinandersetzung mit den globalen Prozessen der heutigen Zeit. Das bedeutet jedoch nicht, daß alle Arbeiten, die unter dem Stichwort »Weltgeschichte« eingeordnet werden, von geringem Nutzen wären. Tatsächlich bieten neuere weltgeschichtliche Studien oft wertvolle Beiträge zur Vorgeschichte der eigentlichen Globalgeschichte, vor allem die Arbeiten von Philip Curtin, Alfred Crosby und Michael Adas. Im übrigen trägt schon jetzt die immer umfangreicher werdende Literatur über globale Themen, etwa in den Bereichen Soziologie, Ökonomie und internationale Politik, ganz erheblich zu unserem Verständnis der gegenwärtigen Geschichte bei.

Die Globalgeschichte strebt nicht nach einer umfassenden Gesamtdarstellung der Menschen und ihrer Welt. Die traditionelle Weltgeschichte hingegen, insbesondere in ihrer totalisierenden Form, war bestrebt, die gesamte Welt, alle menschliche Vergangenheit und die ganze Menschheit zu erfassen. Das Wachstum unseres Wissens und die zunehmende Komplexität unserer Welt haben diesen Zielvorstellungen freilich jede Plausibilität genommen. Ich lehne deshalb die großangelegten historischen Synthesen der Weltgeschichte ab und ziehe bescheidenere Projekte vor. Globalhistorische Studien können sich natürlich mit »Großstrukturen, weitläufigen Prozessen und umfassenden Vergleichen«[2] befassen, aber akzeptable Beiträge sollten sich auf einen begrenzten, fest umrissenen Bereich beschränken, und sie sollten forschungsorientiert sein.

Nach meiner Erfahrung ist die Globalgeschichte ein großartiges Lehr- und Unterrichtsgebiet; ich meine aber, daß die Globalgeschichte ihre Lebensfähigkeit dadurch unter Beweis stellen muß, daß sie zuerst und vor allem zu einem produktiven Forschungsgebiet wird. Die alte Weltgeschichte versuchte, sich in der Lehre[3] und durch einige herausragende Beiträge durchzusetzen, etwa William McNeills *Rise of the West* (1963), aber es ist ihr nie gelungen, die Zweifel der forschenden Historiker auszuräumen, die sich dachten: Wenn man nicht alle Sprachen der Welt liest – und wer tut das schon? – und wenn man nicht alle Archive der Welt durchforscht hat – und wer hat das schon? –, wie soll man dann in verbindlicher Weise die Geschichte der Welt erzählen? Allwissenheit ist selbstverständlich kein praktikabler Maßstab und selbst für den hochspezialisierten Lokalhistoriker ein unerreichbares Ziel.

Gegen kühne Verallgemeinerungen und ein hohes Abstraktionsniveau ist nichts einzuwenden. Aber zur Erweiterung unseres historischen Wissens trägt es wenig bei, wenn die Spezialisten jene Kapitel in der Darstellung des Globalisten gutheißen, von denen sie nicht viel verstehen, und seine Gelehrsamkeit dort in Frage stellen, wo sie sich besonders gut auskennen. Mein Vorschlag betont die »Erforschbarkeit« und plädiert für eine nachhaltige Drosselung des holistischen Schwungs, mit der Absicht, vernichtende Einwände der erwähnten Art zu vermeiden und die Skepsis der Historikerzunft, die ich im übrigen teile, zu überwinden. Ich schlage vor, die Globalgeschichte als ein kulturvergleichendes, multinationales, interdisziplinäres und dennoch ganz gewöhnliches Forschungsinstrument für Historiker und Sozialwissenschaftler zu konstruieren.

Der zweite Abschnitt listet die Realitäten unserer globalgeschichtlichen Welt auf und erklärt, daß Globalgeschichte die Entstehung und den gegenwärtigen Charakter von selbstreflexiven, multilokalen Aktivitäten mit globaler Reichweite, globalen Auswirkungen oder globaler Bedeutung untersucht. Globalhistoriker beschäftigen sich mit Subjekten, die auf der globalen Ebene interagieren, das heißt mit menschlichen Akteuren, die wissen, daß sie für die Entwicklung, das Wechselspiel und die gegenseitige Befruchtung einer globalen Zivilisation mit einer globalen Technowissenschaft innerhalb einer globalen Umwelt verantwortlich sind. Abschließend werde ich die paradigmatische ökologische Realität der Globalgeschichte skizzieren, unser unaufhörliches Enthüllen, Verändern, Überwachen und Interpretieren des Gesichts der Erde.

I.

Der Drang, alles zu verstehen, ist universell. Aber der Wunsch, alles zu verstehen, indem man alles mit einem einzigen, umfassenden Blick *sieht*, ist vor allem in der männlichen Tradition des Westens besonders stark geworden.[4] Lukians Ikaromenippus machte es besser als Dädalus und Ikarus, er heftete den rechten Flügel eines Adlers und den linken Flügel eines Geiers fest an seine Schultern und flog damit zum Mond. Von hoch oben konnte er sehen,

>»wie die einen auf dem Meere daher segelten, andere Krieg führten, noch andere ihr Feld bauten und wieder andere zu Gerichte saßen; ich unterschied sogar Männer und Weiber und Tiere, und überhaupt alles, was lebt und webt auf der alles ernährenden Erde. [...] Sah ich nach dem Lande der Geten, so fand ich sie mit den Waffen in der Hand; rückte ich zu den Scythen fort, so sah ich sie mit Sack und Pack auf Wagen herumfahren; drehte ich das Auge ein wenig auf die andere Seite, so fand ich die Egyptier in ihrem Feldbau begriffen, der Phönizier schacherte, der Cilizier raubte, der Spartaner wurde gegeißelt und der Athenienser prozessierte. Und da alles zu gleicher Zeit geschah, so kannst du denken, was für ein Mischmasch herauskommen mußte.«[5]

Der Satiriker aus Samosata am Euphrat, der sich im 2. Jahrhundert n. Chr. in Athen niederließ, und Leften Stavrianos, der Weltgeschichtler aus Vancouver, der sich im 20. Jahrhundert in Chicago niederließ – sie beide wollten alles sehen und alles auf einmal. Lukian nahm einen lunaren Blickpunkt ein, um sich über die »komischen kleinen Geschöpfe« auf der Erde lustig zu machen. Stavrianos jedoch plädierte 1964 in vollem Ernst für den Blick vom Mond.[6] Er propagierte die lunare Perspektive, um eine »bessere, einheitliche Sicht der gesamten menschlichen Vergangenheit« zu gewinnen.[7] Mit Lukian können wir über die Eitelkeit der Menschen lachen, aber mit Stavrianos oder, besser gesagt, mit dem Konzept einer »einheitlichen Sicht der gesamten menschlichen Vergangenheit« müssen wir uns kritisch auseinandersetzen. Wir wissen, daß es gutgemeint war, aber meiner Ansicht nach war und ist dieses Konzept nicht nur unhaltbar, sondern auch gar kein erstrebenswertes Ziel.

Im folgenden werde ich diese Ansicht zu erläutern versuchen. Ich bin gegen Globalgeschichte im emphatischen Sinn. Die alteuropäische Anstrengung, eine einheitliche Sicht auf die ganze menschliche Vergangenheit zu gewinnen, will die Gesamtsumme von allem ermitteln. »Die große Erzählung hat ihre Glaubwürdigkeit verloren«, erklärte Jean-François Lyotard in *La condition postmoderne*.[8] Im Hinblick auf das Projekt einer forschungsorientierten Globalgeschichte möchte ich dies unterstreichen, ohne mir deshalb Lyotards eigenen *grand récit* zu eigen zu machen. Man muß sich gegen die Versuchung wehren, eine neue »große Erzählung« für unsere Zeit zu erfinden. Diese Versuchung tritt uns nicht nur in der postmodernen Geschichtsphilosophie entgegen, sondern auch im ökologischen Fundamentalismus[9], im *New-wave*-Holismus[10], im »Paradigma der umfassenden Selbstorganisation«[11] und anderen zeitgenössischen Denkströmungen.

Das englische Wort für »übertrieben global« ist *globaloney*. Die *Chicago Tribune* benutzte es 1951 im Spott über die Vorstellung, die Weltgeschichtsschreibung könne dem Weltfrieden dienen.[12] Wer dem Verdikt des *globaloney* entgehen will, sollte sich vornehmen, *petits récits*, vergleichsweise kleine Erzählungen, zu schreiben und die Globalgeschichte zu einem interdisziplinären, kulturvergleichenden, multinationalen Forschungsgebiet zu machen, das sich thematisch ähnlich organisiert wie die Frauen- oder die Wissenschaftsforschung und das man dementsprechend mit Globalgeschichtsforschung überschreiben könnte.

Globalgeschichte im großen emphatischen Sinn wird meist als Weltgeschichte bezeichnet, manchmal auch als Universalgeschichte und gelegentlich als ökumenische Geschichte – Historiker sind bekannt für ihre terminologische Großzügigkeit. Alle diese Ausdrücke sind funktional äquivalent, trotz ihrer unterschiedlichen Bedeutungsnuancen und Begriffsgeschichten. Die Vorstellung, Weltgeschichte müsse »die gesamte menschliche Vergangenheit in sich schließen und in Raum und Zeit total, global und universal sein«[13], umfaßt genau, und zwar leider zustimmend, was Globalgeschichte im emphatischen Sinn bedeutet.

- Weltgeschichte und Globalgeschichte werden oft als austauschbare Ausdrücke benutzt. Das zeigt sich deutlich in dem Editorial »A New Forum For Global History« im ersten Heft des seit Frühjahr 1990 erscheinenden *Journal of World History*[14]. Der Ausdruck Globalgeschichte ist jedoch nicht neu. Schon 1962 war Stavrianos Mitautor eines Geschichtslehrbuchs für höhere Schulen mit dem klassischen präfeministischen Titel *A Global History of Man*.[15] »Die Überlegungen von Stavrianos«, so schreibt Gilbert Allardyce,

»rückten ihn in die Nähe derer, die sich für einen ›globalen Ansatz‹ innerhalb der internationalen Erziehung aussprachen, und die Arbeiten seines Global History Project an der Northwestern University fielen zeitlich weitgehend mit Aufstieg und Fall der Idee des Globalismus in den amerikanischen Geisteswissenschaften zwischen 1957 und 1975 zusammen.«[16]

Nach Meinung von Allardyce war der »Ausdruck Globalgeschichte einfach ein modischer, auf das Raumfahrtzeitalter zugeschnittener Name für Weltgeschichte«.[17]

Eine neue, mehr versprechende und weniger totalisierende Version von Weltgeschichte deutet sich im editorischen Vorwort zu einer Serie von *Essays on Global and Comparative History* an, die seit 1987 von der American Historical Association veröffentlicht wird. Michael Adas, der Herausgeber dieser für Lehrer an Colleges und höheren Schulen bestimmten Hefte, schreibt dort:

»Obwohl das gegenwärtige Interesse an der Globalgeschichte zeigt, daß die großen kulturübergreifenden Tendenzen in der Entwicklung der Menschheit, mit denen sich die Werke der Weltgeschichte früher vor allem beschäftigten, ihre Faszination nicht verloren haben, unterscheidet sich die ›neue‹ Global- oder Weltgeschichte doch in wesentlichen Punkten von ihren Vorgängerinnen. Die Autoren der neuen Globalgeschichte haben es nicht so sehr auf eine umfassende Sicht oder vollständige Chronologie der gesamten Menschheitsentwicklung abgesehen. Sie konzentrieren sich in ihren Arbeiten eher auf immer wiederkehrende Prozesse, wie Krieg und Kolonisierung, oder auf kulturübergreifende Entwicklungen wie die Ausbreitung von Krankheiten, Technologien oder Handelsnetzen.«[18]

Zwei Punkte in diesem Text erscheinen mir besonders interessant: zum einen die problematische Austauschbarkeit der Begriffe Welt- und Globalgeschichte, zum anderen die Befürwortung einer Globalgeschichte, die sich nicht länger unbescheiden gibt.[19] Welche Errungenschaft dieses eher unauffällige Auftauchen einer neuen Globalgeschichte darstellt, läßt sich freilich ohne eine gründliche Dekonstruktion der traditionellen Vorgehensweise der Weltgeschichte gar nicht ermessen. Wenn wir eine Globalgeschichte voranbringen wollen, die sowohl bescheiden und klein als auch erkenntnistheoretisch auf dem neuesten Stand ist, dann müssen wir zuerst das Erbe der grandiosen (alten) Weltgeschichte und ihrer verkappten Irrtümer diskutieren.

Die fragwürdigste Hinterlassenschaft der traditionellen Weltgeschichte ist das anachronistische Streben nach Totalität. Die alte Weltgeschichte kreist um eine falsche Trinität: Sie will (1) das gesamte Feld historischen Handelns, (2) die gesamte Spanne historischer Zeit und (3) die gesamte Menschheit als historisches Subjekt umfassen. Wer konnte je hoffen, so viel einbeziehen zu können? Die Antwort darauf ist vermutlich im historischen oder psychopathologischen Bereich zu suchen. Zumindest eine Art von Größenwahn dürfte den jungen Arnold Toynbee beflügelt haben, als er 1911 schrieb: »Was Ehrgeiz mit einem großen, schreienden E anbetrifft, daran fehlt es mir wahrlich nicht [...]. Ich will ein großer, gigantischer Historiker sein [...] und ein gewaltiger historischer ›Gelehrter‹ werden.«[20] Aber vielleicht wenden wir uns doch lieber den historischen Ursachen zu.

Die Totalität der gesamten Welt war von Anfang an begrifflich groß, nach Quadratkilometern jedoch verhältnismäßig klein. Die »Welt« der Weltgeschichte war die meiste Zeit über nichtglobal. Der griechische Historiker Polybius zum Beispiel, der zum Sprachrohr seiner Herren wurde, nachdem er als politische Geisel nach Rom gebracht worden war, schrieb ökumenische Geschichte. Stark beeindruckt von den Vorgängen, die er während des 2. Jahrhunderts v. Chr. erlebt hatte, stellte er die gewaltsame Verwandlung eines multipolaren politischen Schauplatzes in den *orbis romanus* als Weltgeschichte dar. Dies war ihm möglich, weil der römische Machtbereich eine ganze Welt in sich schloß. Der Zivilisationshorizont dieser Welt war jedoch lokal und reichte nicht sehr weit über den Rand des Mittelmeergebiets hinaus.

Das egoistische griechische Wort für die »bewohnten Landstriche« der bekannten Welt – Ökumene – unterschied in der zweisprachigen griechisch-römischen Periode die zivilisierten Länder von den nichtzivilisierten Teilen der Welt. Toynbee übernahm diesen Begriff als Bezeichnung für die gesamte »Wohnstatt der Menschheit« und erklärte: »Ihre tatsächliche Ausdehnung ist viel weiter als das Gebiet der ›zivilisierten‹ Welt, das den Griechen und Römern bekannt war, aber [...] diese umfassende Ökumene ist gleichwohl viel kleiner als die Biosphäre.«[21] In seiner präsidialen Ansprache vor dem amerikanischen Historikerverband sagte McNeill 1985, die Weltgeschichte müsse eine »ökumenische Geschichte mit viel Raum für menschliche Vielfalt in ihrer ganzen Komplexität« entwickeln. Er ging noch weiter als Toynbee und erklärte, jeder von uns gehöre nicht nur der menschlichen Rasse an, sondern auch zur »umfassenderen DNS-Gemeinschaft des Lebens auf dem Planeten Erde«.[22] Die Weltgeschichte ist für McNeill vollständig ökumenisch und ökologisch (oder »ökumenologisch«) und umfaßt den gesamten Planeten mit all seinen Lebewesen, die Mikro- und Makroparasiten ebenso wie die Menschen.[23] Er erzielt damit jedoch einen Gewinn von zweifelhaftem Nutzen. Die ursprüngliche Gleichsetzung einer besonderen Welt mit »der« Welt wird zwar aufgelöst, aber zugleich wird die Weltgeschichte vor eine äußerst komplizierte, wenn nicht unlösbare Aufgabe gestellt.

Die alte Totalität der Weltgeschichte gründete in zivilisatorischer Arroganz und geographischer Ignoranz. Sie ließ ein mehr oder minder ungestörtes Nebeneinander zahlreicher Welten zu, deren jede sich selbst als Zentrum sah und, zumindest theoretisch, in ihrer Mitte ihren je eigenen Polybius erzeugen konnte. Jeder dieser Polybiusse konnte *lokale* Weltgeschichte, aber keiner von ihnen *globale* Weltgeschichte schreiben. Toynbee und McNeill haben versucht, dies zu korrigieren. Doch sie hielten an dem alten Totalitätskonzept fest und machten Weltgeschichte deckungsgleich mit Globalgeschichte. Sie trugen dem Fortschritt des Wissens in Geschichte, Geographie, Ökologie, Medizin, Molekularbiologie und anderen Gebieten Rechnung. Aber die Weltgeschichte, die einmal »funktioniert« hat, war nicht global, und eine Globalgeschichte, die eines Tages vielleicht »funktionieren« könnte, muß die Totalität opfern. Die Sphären geschichtlichen Handelns haben sich mit der Entschleierung des Antlitzes der Erde nicht nur vervielfacht, sie sind dank anderer Fortschritte des Wissens auch immer komplexer geworden. Die Geometrie der Welt ist heute fraktal; Totalität ist eine Nicht-Entität. Wir erkunden Welten in Welten innerhalb von Welten – viel zu viele für eine einzige große Erzählung.

»Man hat berechnet«, schrieb F. R. Ankersmit kürzlich in einem Aufsatz über Geschichtsschreibung und Postmoderne, »daß die Zahl der Historiker, die sich in diesem Augenblick mit der Vergangenheit beschäftigen, größer ist als die Zahl sämtlicher Historiker von Herodot bis zum Jahre 1960.«[24] Und gewiß, so darf ich wohl, ohne lange nachzurechnen, anfügen, sind mehr als neunzig Prozent dieser Historiker Spezialisten. Man kann sie vielleicht in Kenner der afrikanischen, der amerikanischen oder der asiatischen Geschichte einteilen, aber ihre eigentliche Forschungsarbeit ist viel enger umgrenzt. Der professionelle historische Sachverstand ist im Hinblick auf die Vorgehensweise, den Raum und die Epoche begrenzt. Forschende Historiker wissen, was es bedeutet, sich auf einem Gebiet auszukennen – es bedeutet, daß man sich zutraut, die Mängel und die Verdienste einer neuen Arbeit auf diesem Gebiet zu erkennen und zu benennen.

Wenn es unsere »große und heilige Pflicht« ist, »das bestmögliche Bild des Abenteuers der Menschheit auf dieser Erde in seiner Gesamtheit zu entwerfen«, wie es McNeill in seiner »Verteidigung der Weltgeschichte« verkündete[25], dann sind wir, wie ich leider sagen muß, zum Scheitern verurteilt. Die moderne Geschichtsschreibung dekonstruiert allein durch ihre kumulative Wirkung jedes Bild der gesamten menschlichen Vergangenheit, auch das beste. Der einzelne Historiker will vielleicht kein Bilderstürmer sein, aber sein Beitrag zum wachsenden Labyrinth der Geschichte wird mit hoher Wahrscheinlichkeit andere Beiträge verdrängen; der Historiker funktioniert wie der arme christliche Sünder, der gar nicht anders kann als sündigen. Wir sind nicht mehr in der bevorzugten Situation des Bischofs Jacques-Bénigne Bossuet, der in frommer Einfalt auf geradem Weg durch eine hell erleuchtete Vergangenheit wandeln konnte. Ein Bossuet konnte seinen Lesern – dem Dauphin und dessen Vater, dem Sonnenkönig – erklären, die Geschichte habe »nur mit Taten zu tun, die Fürsten betreffen«, Herrscher könnten »ohne Gefahr« aus der Geschichte lernen[26] und die Weltgeschichte erspare dem königlichen Verstand jene Verwirrung, die sich aus der »gewissenhaften Beschäftigung mit Nebensächlichkeiten« ergibt.[27]

»Die Universalgeschichte verhält sich zur Geschichte eines einzelnen Landes und eines einzelnen Volkes wie eine Weltkarte zu den Spezialkarten. Auf einer Spezialkarte erkennt man alle Einzelheiten eines Königreiches oder einer Provinz. Aber eine allgemeine Karte lehrt Sie, diese Weltteile in ihren Zusammenhang zu stellen; Sie sehen, wie Paris oder die Ile-de-France im Königreich liegt, wie das Königreich in

Europa und Europa in der Welt liegt. Genauso stellen spezielle Geschichtsdarstellungen die Folge der Ereignisse, die sich in einer Nation zugetragen haben, in allen Einzelheiten dar. Aber um alles zu verstehen, müssen wir wissen, welcher Zusammenhang zwischen dieser Geschichte und den anderen besteht; und dies kann durch eine Verdichtung geschehen, in der wir, gleichsam auf einen Blick, den ganzen Gang der Zeit erschauen. Eine solche Verdichtung, Monseigneur, wird Ihnen einen gewaltigen Überblick verschaffen.«[28]

Die Vorstellung, daß es darauf ankomme, das Ganze zu verstehen, haben die Welthistoriker seit Bossuet immer wieder bekräftigt und dabei nicht mit guten Worten über die richtige historische Perspektive, das Verhältnis der Teile zum Ganzen[29], den Wald und die Bäume, gespart.[30] Bossuet war jedoch in einer viel günstigeren Position als wir, um den »ganzen Gang der Zeit« zu erfassen. Er fing bei Adam an, durchwanderte rasch die Epochen von Noah, Abraham und Moses, gelangte dann zum Untergang Trojas, zu Salomon, Romulus, Kyros und Scipio und erreichte pünktlich das »letzte Zeitalter der Welt«. Dieses letzte Zeitalter begann mit der Geburt Christi *Anno Domini* 1 und umfaßte die Epochen Konstantins, Karls des Großen und Ludwigs XIV. Die Weltgeschichte des frommen Bischofs war nicht irdischer Finsternis abgerungen, sondern entsprang der allmächtigen Sprachschmiede des Herrn. »Die erste Epoche beginnt mit einem großartigen Schauspiel: Gott erschafft Himmel und Erde durch sein Wort und den Menschen nach seinem Bild (1 A. M., 4004 v. Chr.). Das ist der Punkt, an dem Moses, der erste Historiker, der erhabenste Philosoph und weiseste Gesetzgeber, beginnt.«[31]

Es ist wichtig festzustellen, daß diese Großerzählung mit dem ersten »Jahr der Welt«, *Anno Mundi* 1 bzw. 4004 v. Chr., anhebt. Bossuets *Discours sur l'histoire universelle* von 1681 erstreckte sich über genau 5685 Jahre (4004 plus 1681). Für das chiliastische Denken nahte das Ende der Welt. Die Welt, so glaubte man, werde sechs Welttage lang bestehen (bis ca. 1996); danach, am siebten Tag, werde das Reich Gottes errichtet werden.[32] Der große Isaac Newton, der in den 1670er Jahren viel Zeit daran wendete, die Weissagungen der Bibel in Beziehung zu den Daten der Geschichte zu setzen, war nicht der einzige, der damals versuchte, das Datum des Weltendes zu berechnen.[33] Bossuet und seine Zeitgenossen waren der Ansicht, historische Ereignisse seien »von vornherein festgelegte, unwandelbare Größen und nicht das Ergebnis der Forschungen und Analysen des Historikers«.[34] Die Zukunft, obschon verborgen, war bis in die Epoche der Aufklärung eine sichere Angelegenheit, keine Vielfalt möglicher Zukünfte, sondern eine feste, im Buch des Schicksals längst verzeichnete, vorherbestimmte, unabänderliche Größe.

Unsere Zeitvorstellung hat sich seit dem späten 17. Jahrhundert verändert, und zwar nicht zugunsten der Weltgeschichte. In *L'An 2440*, der futuristischen Utopie Louis-Sébastien Merciers von 1771, wurde der »berühmte Bossuet« aus der Königlichen Bibliothek von Paris entfernt. Mercier gehörte zu den ersten, die über die imaginäre Zeitgrenze des Jahres 2000 hinausgingen.[35] Viele sind ihm seither gefolgt, und wir sind jetzt nahe daran, diese Grenze tatsächlich zu überschreiten. Das gewaltige Anwachsen historischen Wissens und historischer Forschung hat die Vergangenheit in eine Pluralität von Welten verwandelt. Nur semantische Trägheit kann heute noch von »der Vergangenheit« sprechen, so als sei das Vergangene in einem Stück greifbar. Die Vergangenheit ist zu einem Wirrwarr von Vergangenheiten geworden, die man aus verschiedenen ideologischen Perspektiven betrachtet und denen man sich mit den unterschiedlichsten Interpretationswerkzeugen und Methoden aus über zwei Dutzend historiographischen Richtungen nähert. Jede dieser Vergangenheiten verfügt über ihren eigenen Zeithorizont mit vergangenen Zukünften, vergangenen Gegenwarten und vergangenen Vergangenheiten. Forschende Historiker neigen dazu, dieses ohnehin schon überkomplexe Bild weiter zu komplizieren, indem sie die Vergangenheiten innerhalb von Vergangenheiten rekonstruieren.[36]

Die Fiktion der »ganzen Menschheit« ist ein ehrwürdiger Gedanke, solange man in ihr ein regulatives Prinzip sieht, d. h. eine Sicherheitsgarantie gegen jeden exklusiven Partikularismus. »Die ganze Menschheit« ist ein nützlicher Begriff, wenn wir mit dem Propheten Micha bekunden wollen, daß jeder das Recht haben soll, friedlich »unter seinem Weinstock und Feigenbaum zu wohnen«.[37] Aber wir betreten gefährlichen Boden, wenn wir so tun, als sei »die ganze Menschheit« eine existierende Entität. Sie ist bestenfalls ein Projekt, keine Realität. Als Projekt dient uns der Begriff dazu, Verhältnisse zu kritisieren, in denen z. B. nur Männer unter Weinstöcken und Feigenbäumen sitzen dürfen. Die Projektversion der Menschheit erinnert uns daran, daß wir es allenfalls mit einem *telos* zu tun haben, nicht mit etwas, das schon vollbracht oder erreicht wäre. Wenn aber die utopische und kritische Funktion der Idee der »ganzen Menschheit« ersetzt wird durch eine Hypostasierung dessen, was wir über uns und alle anderen Menschen gerade zu denken belieben, dann verlassen wir das Gebiet der kritischen Geschichtsschreibung und betreten die dunkleren, metaphysischen Gefilde der »Mythohistorie« (*mythistory*).

McNeill hat sich darauf eingelassen, die Historie als Mythohistorie umzudefinieren und den Historiker als »wahrheitssuchenden Mythographen« zu bestimmen.[38] Die seriöse Mythohistorie ist nach McNeills Auffassung »ein nützliches Instrument, um Gruppen von Menschen im Zusammentreffen mit anderen Gruppen und mit der natürlichen Umwelt Lotsendienste zu leisten«.[39] Die Idee der ganzen Menschheit ist gewiß ein besonders geeignetes Objekt für die moderne Mythohistorie. Aber müssen wir nicht fragen, welche Menschheit gemeint ist? Jene, die angeblich eine »ganze« ist, oder jene, die es nur als Verheißung gibt? Wie mir scheint, kommt McNeill der Behauptung, daß es diese »ganze Menschheit« draußen in der Welt wirklich gibt, bedenklich nahe.

»Die Menschheit als ganze besitzt eine Gemeinsamkeit, die die Historiker ebenso klar zu verstehen hoffen dürfen, wie sie begreifen können, was eine kleinere Gruppe von Menschen verbindet. Während jede partikulare Geschichtsschreibung Konflikte unweigerlich verschärft, darf man von einer verständigen Weltgeschichte erwarten, daß sie die tödliche Gefährlichkeit von Auseinandersetzungen zwischen verschiedenen Menschengruppen verringert, indem sie bei den einzelnen die Identifikation mit den Triumphen und Drangsalen der Menschheit als ganzer fördert.«[40]

Anders als Oswald Spengler, der die Idee der Menschheit für die Weltgeschichte als leer und bedeutungslos verwarf[41], sieht McNeill in der idealen Übergruppe Menschheit geradezu die moralische Mitte der Weltgeschichte. Er übertrifft seinen Lehrer Carl Becker noch in der Affirmation sozial ehrenhafter Ideologien; er spricht sich für »kollektive Selbstschmeichelei«, das heißt eine »schmeichelhafte Geschichtsschreibung«, aus und fordert eine »in angemessener Weise idealisierte Version der Vergangenheit«. Nach seiner Meinung soll es die Weltgeschichte »einer Gruppe von Menschen ermöglichen, ihren höchsten Idealen besser gerecht zu werden«.[42] Damit schreibt McNeill dem Historiker eine äußerst verantwortungsvolle Position für den »richtigen« Lauf der Geschichte zu.

Dem universalistischen Ideal der »ganzen Menschheit« gerecht zu werden – das hat im Laufe der Zeit schon mancherlei bedeutet: katholische Theologie, christliche Mission, Aufklärungsphilosophie, proletarische Weltrevolution, europäischer Imperialismus usw. In legitimer Weise für das Ganze zu sprechen ist nicht leicht, vor allem dann nicht, wenn dieses Ganze kein lebendiges Subjekt, sondern ein biegsames Makrokonzept der Metahistorie ist. Spengler hat gegen das »westeuropäische Geschichtsschema« gewettert, in dem »die großen Kulturen ihre Bahnen um uns als den Mittelpunkt allen Weltgeschehens ziehen«, und hat es mit Recht als »das ptolemäische Geschichtssystem« verspottet.[43] Doch seine eigene »kopernikanische Entdeckung« der morphologischen Gesetze der Weltgeschichte konnte nicht mehr als acht Weltkulturen ausmachen, und diese kurze Liste enthielt nur zwei Kulturen, von denen er etwas verstand: die griechisch-römische und die westeuropäisch-faustische. Auch Stavrianos' *World History of Man* wollte von der ganzen Menschheit sprechen und ließ schon im Titel die andere Hälfte aus.

Vielleicht wären wir heute in einer besseren Situation, wenn die ersten Jahrzehnte des »Atomzeitalters« zu einem übergreifenden Weltstaat oder einer wahrhaft einheitlichen Weltordnung geführt hätten. Toynbee[44], Jaspers[45] und viele andere große Denker, die sich in den fünfziger Jahren Sorgen über die Weltlage gemacht haben, sahen ein Ende der Geschichte kommen und prophezeiten eine einheitliche Welt, »sei es gewaltsam in einem despotischen Weltimperium, sei es durch Verständigung in einer Weltordnung des Rechts«.[46] Nichts von alledem ist eingetreten. Die »ganze Menschheit« ist heute noch ebenso eine Fiktion wie gestern. Die Menschen, die die Welt bevölkern, haben sich weder vereint, noch sind sie einförmig geworden. Dennoch kann das universalistische Konzept der einen Menschheit nützlich sein, aber nur, wenn man es dekonstruktiv auf das unermeßliche Elend und Leiden in der menschlichen Geschichte anwendet und als radikale Kritik an allen Verhältnissen versteht, in denen der Mensch, wie es Karl Marx formuliert hat, »ein erniedrigtes, ein geknechtetes, ein verlassenes, ein verächtliches Wesen ist«.[47]

II.

Die Liste der globalen Wirklichkeiten ist ebenso umfangreich wie verwirrend. Sie verzeichnet die Weltwirtschaft und die globale Ökologie, die Weltpolitik und die weltweite Umweltverschmutzung; sie reicht vom globalen Tourismus über den globalen Terrorismus bis zur globalen Kommunikation, von globalen Krankheiten über die globale Erwärmung und globale Sozialbewegungen bis zur globalen Wissenschaft und globalen Technik. Das Lieblingsadjektiv des Zeitgeistes ist »global«. Der Globalisierung entgeht nichts, nicht einmal die Geschichte. Die globale Perspektive erweist sich ihres Namens würdig und erzeugt mehr Rauschen als Information. Wir werden von globalen Problemen überschwemmt und schwimmen in einem Weltmeer globaler Fragestellungen – aber worin schwimmen und worüber sprechen wir wirklich?

Ich vermute, unser Planet ist der Bezugspunkt, wenn wir über globale Realitäten sprechen. Die Erdkugel als ganze, mit allem, was sich auf ihr befindet, ist der Maßstab oder die Bezugsgröße, an der die Erzeugung globaler Realitäten gemessen wird. Alles, was unterhalb dieser Bezugsgröße bleibt, ist nichtglobal. Wir können sagen: Globale Realitäten werden durch vielfältige lokale Aktivitäten mit globaler Reichweite, globalen Auswirkungen oder globaler Bedeutung erzeugt. Unter Globalisierung könnte man also die Ausbreitung und gegenseitige Durchdringung lokaler Aktivitäten mit globaler Reichweite, globalen Auswirkungen oder globaler Bedeutung verstehen.

Die Mitsubishi Corporation zum Beispiel, mit ihren »13 629 Beschäftigten, die in 232 Niederlassungen auf der ganzen Welt arbeiten und jeden Tag 30 000 Nachrichten an die Zentrale senden«[48], ist an zahlreichen lokalen Aktivitäten der oben definierten Art beteiligt; sie koproduziert die Weltwirtschaft und trägt zur Globalisierung des Handels bei. Auf die elektronisch vernetzten Gelehrten, die unmittelbaren Zugang zu Bibliotheken und Datenbanken auf der ganzen Welt haben, trifft unsere Definition ebenfalls zu. Sie können das eigene Terminal über ihre lokalen Netze mit Bildschirmen in der ganzen Welt verbinden und sich an elektronischen Diskussionsgruppen beteiligen, die sich mit Fragen ihrer Interessengebiete beschäftigen. Sie beteiligen sich an einer Aktivität, die eine globale Kultur produziert, in der Information, Geschwätz und Diskurs allgegenwärtig sind.[49]

Um etwas Ordnung in unsere heterogene Liste globaler Wirklichkeiten zu bringen, beginnen wir noch einmal mit dem Planeten selber. Die globale Erwärmung und die globale Umweltverschmutzung sind Realitäten, die die gesamte Erde betreffen. In ihnen globalisieren sich Myriaden lokaler Aktivitäten, die unseren natürlichen Lebensraum beeinflussen. Es erscheint sinnvoll, sie unter dem Stichwort *globale Umwelt* zu sammeln. Globale Kommunikation, moderne Wissenschaft und Hochtechnologien gehören einer anderen Gruppe an. Sie globalisieren fortgeschrittene Baconische Aktivitäten und schaffen eine künstliche Umwelt, die sich mit den Realitäten einer virtuellen oder zweiten Natur anfüllt. Ich schlage vor, sie unter dem Stichwort *globale Technowissenschaft* zusammenzufassen.

Weltwirtschaft, Weltpolitik, globaler Terrorismus, Tourismus und so weiter gehören zu einem dritten Komplex. Sie globalisieren die wachsende Vielfalt sozioökonomischer, -politischer und -kultureller Aktivitäten und schaffen die kritischen Elemente dessen, was man als die erste *globale Zivilisation* bezeichnen könnte.[50] Wir können also sagen, daß Myriaden lokaler Aktivitäten mit globaler Reichweite, globalen Auswirkungen oder globaler Bedeutung drei Komplexe von gesellschaftlich verknüpften Realitäten hervorbringen: eine globale Umwelt, eine globale Technowissenschaft und eine globale Zivilisation.

Die Globalgeschichte steht nun vor der Aufgabe, sowohl die Entstehung und Entwicklung dieser Aktivitäten zu rekonstruieren als auch ihren gegenwärtigen Charakter und das Wechselspiel zwischen ihnen zu untersuchen. Dies aber ist eine Aufgabe nicht für einen einzelnen Wissenschaftler, sondern für viele Dutzende von Sozialwissenschaftlern, Historikern, Forschungsteams und Instituten. Im folgenden beschränke ich mich deshalb auf jene globale Realität, die in unserer Wahrnehmung heute eine Vorrangstellung einnimmt, auf die globale Umwelt.

Bekundungen liebevoller Sorge um die globale Umwelt sind im späten 20. Jahrhundert zu einem Gemeinplatz der politischen Rhetorik geworden. »Wenn wir uns dem Problem der globalen Ökologie nicht stellen, brauchen wir uns auch um alle anderen Probleme nicht mehr zu kümmern«, verkündete der mexikanische Präsident Carlos Salinas de Gortari 1990 mit einer ganzseitigen Anzeige in der *New York Times*. Darin kündigte er an, die mexikanische Regierung werde anläßlich des

Umwelttages der Vereinten Nationen am 5. Juni 1990 dafür sorgen, daß an diesem Tag »mindestens fünf Millionen Bäume in ganz Mexiko gepflanzt werden« – »so viele wie möglich von Kindern«.[51]

Es ist wahrhaft bemerkenswert, wie rasch sich während der letzten zwanzig Jahre die Sorge um die Umwelt verbreitet hat. Große Umweltbesorgnis wird von Schulkindern ebenso wie von Staatsmännern geäußert, und es ist gleichgültig, ob sie echt oder geheuchelt und von politischen Interessen der einen oder anderen Art beeinflußt ist. Der neuen Umweltbewegung[52] ist es gelungen, das Wohlergehen der globalen Umwelt vielerorts, sogar in der ehemaligen Sowjetunion kurz vor ihrem historischen Untergang[53], zu einem Problem zu machen, dessen sich die lokale Politik annehmen muß. Mehr und mehr Menschen begreifen, daß wir nur *eine* Umwelt haben, daß diese Umwelt global ist und daß sie zerstört werden kann. Vor allem durch vier multilokale Aktivitäten mit globaler Reichweite wurde und wird dieses Wissen erzeugt und unterhalten: durch die *Enthüllung*, die *Veränderung*, die *Überwachung* und die *Interpretation* des Antlitzes der Erde.

Die *Enthüllung* des Antlitzes der Erde durch menschliche Forschungstätigkeit offenbarte die physikalischen Einzelheiten und die Gestalt des Planeten Erde. Die geographische Entdeckung der Erde begann schon vor geraumer Zeit, aber die Enthüllung ihres Antlitzes erfolgte größtenteils erst in jüngerer Vergangenheit. Die empirische Abrundung der imaginären Kanten der Erde dauerte ganze 4000 Jahre, von der Zeit König Sargons von Akkad (etwa 2340 v. Chr.), der über die vier Ecken einer relativ kleinen, flachen Welt herrschte, bis zu Ludwig XIV. (1643–1715), der über eine sehr viel größere und rundere Welt regierte, aber unter einer katholischen Sonne, die immer noch um Aristoteles kreiste.

Bis in die neuere Zeit schwankte die Gestalt der Erde zwischen kugelförmig und flach; die Welt war von unüberwindlichen Ozeanen eingefaßt und begrenzt von glutheißen oder eiskalten, angeblich unbewohnbaren Hinterländern. Die antike und mittelalterliche Seefahrt war hauptsächlich Küstenschiffahrt. Die Horizonte erweiterten sich jedoch nach Heinrich dem Seefahrer (1394–1460), und »um das Jahr 1600 hatte sich die Fläche der bekannten Erde verdoppelt«.[54] George Sarton, der Polyhistor der Naturwissenschaft, hat darauf hingewiesen, wie jung die vollständige Enthüllung des Antlitzes der Erde tatsächlich ist.

»Eine der beachtlichsten Leistungen zu Beginn des 20. Jahrhunderts war die tektonische Synthese, die der österreichische Geologe Eduard Sueß (1831–1914) in seinem Buch *Das Antlitz der Erde* vorlegte. Es handelte sich um eine ausführliche Beschreibung der gesamten Erde mit allen Unregelmäßigkeiten ihrer Kruste, den Gebirgen, den Meeren und Seen, den Tälern, den Flußbetten und Deltas – ein Versuch, die Verwerfungen und Faltungen zu erklären, die zum gegenwärtigen Erscheinungsbild der Erde führten [...] Es ist nicht leicht, sich klarzumachen, daß um die Mitte des 15. Jahrhunderts, wo die Renaissance einsetzen soll, die Kenntnis, die der Mensch vom ›Antlitz der Erde‹ besaß, nur einen kleinen Teil ihres Gesichts umfaßte und auch in diesem Bruchteil sehr oberflächlich war. Eine der großen noch zu lösenden Aufgaben war die Entdeckung der Erde.«[55]

Diese Entdeckung, so möchte ich hinzufügen, wurde abgeschlossen, als der frühe Traum von Johannes Kepler in den späten sechziger Jahren des 20. Jahrhunderts Wirklichkeit wurde und Menschenaugen vom Mond aus die Erde am Himmel erblickten.[56] Der »Erdaufgang« – das erhabene kopernikanische Schauspiel der sich über den Horizont des Mondes erhebenden Erde – bot sich erstmals im Dezember 1968 in einer Mondumlaufbahn der Besatzung von Apollo 8 und dann den Astronauten von Apollo 11, die es im Juli 1969 von einer staubigen Basis im Mare Tranquillitatis aus betrachteten.[57] Neil Armstrongs »Riesensprung für die Menschheit« machte Sinn – das berühmte Wort ebenso wie der wirkliche Schritt. Um ein Gesamtbild vom Antlitz der Erde zu gewinnen, mußte sich der Beobachter weit von ihr entfernen. Er mußte sich ganz erheblich von der globalen Umwelt distanzieren, um die Erde umfassend zu würdigen. Heute besitzen wir ein genaues, zugleich aber auch hochsymbolisches Bild unserer Heimat im Weltraum. Dieses Bild zeigt weder ein einzelnes Land noch einen einzelnen Staat. Es zeigt das »Raumschiff Erde«, den »wolkenumlagerten blauen Planeten«, die »smaragdgrüne Kugel in einem schwarzen Meer«.

Die poetische Sprache bringt zum Ausdruck, daß die Menschen hervorheben wollen, daß sich in ihrem Verhältnis zur physischen Umwelt ein Geisteswandel vollzogen hat.[58] Der uralte Kampf der Gesellschaft gegen die Natur hat seine Relevanz und Legitimität verloren.[59] In ihrer Mehrzahl sind die Menschen heute mehr an der Erhaltung und Verbesserung der Gesundheit ihrer Umwelt als am Kampf gegen die Natur interessiert. Die Gesellschaft ist zu einer größeren Herausforderung als die Natur geworden. Die Enthüllung des Antlitzes der Erde[60] hat die globale Interdependenz, die uns mit der Natur und allen Mitreisenden auf diesem Planeten verbindet, am Ende faßlich und dramatisch sichtbar gemacht.

Die *Veränderung* des Antlitzes der Erde durch die moderne Zivilisation offenbarte die ökologische Verwundbarkeit des Planeten. Die Beschädigung der Umwelt durch den *Homo sapiens* hat in der zweiten Hälfte des 20. Jahrhunderts eine nie gekannte Größenordnung erreicht und gleichzeitig einen unerhörten Wachstumsschub neuen Wissens über das globale Mosaik der Ökosysteme ausgelöst.[61] Der enorme Hunger der Industriegesellschaften nach natürlichen Ressourcen und die zunehmende Umweltzerstörung könnten George Perkins Marsh recht geben, der schon vor hundert Jahren davor warnte, daß die Erde eines Tages zu »einer für ihren edelsten Bewohner ungeeigneten Heimat« werden könnte.[62] Die verbreitete Angst vor todbringenden radioaktiven oder chemischen Niederschlägen wurde zuerst von Rachel Carson in *Der stumme Frühling* (1962) in Form eines »Zukunftsmärchens« höchst eindrucksvoll beschrieben.

»Die einst so anziehenden Landstraßen waren nun von braun und welk gewordenen Pflanzen eingesäumt, als wäre ein Feuer über sie hinweggegangen. Auch hier war alles totenstill, von Lebewesen verlassen. Selbst in den Flüssen regte sich kein Leben mehr. Keine Angler suchten sie auf, denn alle Fische waren zugrunde gegangen. In den Rinnsteinen, unter den Traufen und zwischen den Schindeln der Dächer zeigten sich noch ein paar Fleckchen eines weißen körnigen Pulvers; es war vor einigen Wochen wie Schnee auf die Dächer und Rasen, auf die Felder und Flüsse gerieselt. Kein böser Zauber, kein feindlicher Überfall hatte in dieser verwüsteten Welt die Wiedergeburt neuen Lebens im Keim erstickt. Das hatten die Menschen selbst getan.«[63]

Lokale Umweltveränderungen mit globalen Konsequenzen sind jedoch kein neuartiges Phänomen. Die Nutzung des Feuers, die landwirtschaftliche und die industrielle Revolution waren multilokale Entdeckungen und Erfindungen mit weitreichenden Folgen für die globale Umwelt. Der Unterschied zwischen der Beherrschung des Feuers oder der Domestizierung von Pflanzen und Tieren und der Entwicklung, Einführung und Verbreitung etwa von Personalcomputern betrifft nicht die Reichweite oder Wichtigkeit der verschiedenen Innovationen, sondern die Zeit, die zu ihrer Durchsetzung benötigt wird. Die Ausbreitung der neolithischen Revolution über die Welt nahm Tausende von Jahren in Anspruch. Die industrielle Revolution ist heute noch immer nicht abgeschlossen. Aber die Ausbreitung von Innovationen in unserer Zeit geschieht nicht nur rasend schnell, sie ist notgedrungen auch ein bewußter, reflexiver Prozeß.[64]

Das Zeitalter der Globalgeschichte begann mit kontaminierten Wolken, die der Wind vor sich hertrieb und aus denen sich für Tage, Wochen und Monate radioaktive Asche, strahlender Hagel und Regen auf die Erde ergoß. Das Fallout aus den oberirdischen Atomtests während der ersten Runden des nuklearen Rüstungswettlaufs hatte Auswirkungen für die ganze Erde, nicht nur für die Vereinigten Staaten, die UdSSR, Großbritannien und Frankreich. Er veränderte die Welt innerhalb kürzester Zeit, und zwar – was die Umwelt angeht – auf Jahrhunderte und Jahrtausende hinaus. Der Graphitkern eines Atomkraftwerks hat eine Halbwertzeit von 5700 Jahren.[65] Sichere Verfahren zur Endlagerung von hochradioaktivem Atommüll sind nicht bekannt. Aber dies alles *ist* bekannt, und darin besteht der ganze Unterschied zwischen globaler und proto-globaler Geschichte.

Eine globalgeschichtlich bedeutsame Neuerung wie etwa die »Funkermittlung und Entfernungsmessung« (*radio detecting and ranging* = RADAR) im Zweiten Weltkrieg war selbstverständlich ein militärisches Geheimnis, aber alle Beteiligten wußten von Anfang an, daß es sich um eine Innovation von außerordentlicher Tragweite handelte. Um die Wichtigkeit des Radars nachzuweisen, bedurfte es keiner nachträglichen Rekonstruktion durch Wissenschaftshistoriker. Das »Radiation Laboratory« am MIT hatte einen eigenen Wissenschaftshistoriker bestellt, der die Geschichte des Radars parallel zu seiner Entstehung aufschrieb.[66] Wie gesagt: Globalgeschichte ist die Geschichte *selbstbewußter* lokaler Aktivitäten mit *unmittelbar* weltweiter Reichweite, Auswirkung oder Bedeutung.

Wie die Neuzeit dem diachronischen Fortschritt aus der Vergangenheit in die Zukunft Vorrang einräumte, so gibt die Epoche der Globalgeschichte der Synchronizität mit ihren Seiten- und Querverbindungen in der Gegenwart den Vorrang. Die Diskussion über die weltweite Erwärmung der Atmosphäre erinnert freilich daran, daß es nach wie vor zeitliche Abstände zwischen zusammenhängenden Ereignissen gibt, doch diese können häufig entweder vorhergesehen und frühzeitig erörtert werden, oder sie verkürzen sich im Gefolge des technowissenschaftlichen Fortschritts. Unmittelbarkeit innerhalb der Globalgeschichte bedeutet, daß bewußte lokale Aktivitäten und erwartete globale Resultate innerhalb des strategischen Horizonts der Gegenwart verknüpft sind.

Die *Überwachung* des sich wandelnden Antlitzes der Erde mit wissenschaftlichen Instrumenten, die Fernbeobachtung durch Satelliten, Computermodelle und andere Hilfsmittel moderner Wissenschaft und Technik enthüllen und entwerfen unaufhörlich gegenwärtige und mögliche zukünftige Zustände der globalen Umwelt. Die weltweite systematische Überwachung der globalen Umwelt ist eine verhältnismäßig neue Tätigkeit, die eine Fülle potentiell relevanter Daten einbringt.

Indem wir, mit den Worten von Daniel Botkin, »der Erde den Puls messen«, dokumentieren wir zwei Arten von Veränderungen. Anthropogene Veränderungen (z. B. Waldzerstörung infolge von wirtschaftlichen Aktivitäten) und Veränderungen, die sich aus der natürlichen Variabilität ergeben (z. B. Schwankungen der von der Sonne abgegebenen Energiemenge). Wenn natürliche und kulturbedingte Veränderungen sich gegenseitig beeinflussen, treten sie in ein und derselben Meßreihe in Erscheinung. Das erschwert die Aufgaben der Identifikation und Interpretation. Die zunehmende Konzentration von Kohlendioxid in der Atmosphäre ist ein solches Mischphänomen. Kontinuierlich seit 1957 auf dem Mauna Loa, Hawaii, vorgenommene CO_2-Messungen zeigen

»zwei klare Regelmäßigkeiten: eine jährliche Oszillation mit einem Rückgang im Sommer, gefolgt von einem Anstieg im Winter [...] und eine dieses Auf und Ab überlagernde, jährliche Zunahme, stetig wie ein ansteigender Ton. Der sommerliche Rückgang resultiert aus der Photosynthese auf den Kontinenten der nördlichen Hemisphäre [...] Der Anstieg im Winter resultiert aus der Atmung ohne Photosynthese [...] Unsere Zivilisation hat ihren Anteil an diesem unsichtbaren Hauch, der die Berghänge [des Mauna Loa] infolge der Verbrennung fossiler Brennstoffe und der Rodung von Waldgebieten als eine stetige Zunahme der Kohlendioxidkonzentration in der Atmosphäre erreicht.«[67]

Jedes Wort über Globalgeschichte ist ein Hauch Kohlendioxid, ein lokaler Beitrag zu den Inhalationen und Exhalationen auf der nördlichen Hemisphäre, die auf dem Mauna Loa genauestens registriert werden. Mit der gleichen globalen Sorgfalt wird natürlich auch die Nutzung fossilen Brennstoffs in den Motoren unserer Autos aufgezeichnet. Aber ob die derzeit im Monatsdurchschnitt bei etwa 350 ppm liegende

CO_2-Konzentration nun extrem hoch oder nur hoch ist; ob die Erwärmung der Erdatmosphäre signifikant ist oder innerhalb der natürlichen Schwankungsbreite liegt – darüber sind die Klimatologen uneins, die Historiker wissen es noch nicht, und auch von den Globalhistorikern erwartet man nicht, daß sie es herausfinden.

Die Klimaforscher müssen zwischen Signal und Rauschen unterscheiden; sie müssen auf eine wissenschaftliche Herausforderung reagieren, und ihre Reaktion besteht darin, daß sie sich über die Mangelhaftigkeit der globalen »Klimabeobachtung und -dokumentation« beklagen und bessere Daten verlangen.[68] Die Herausforderung für die Globalhistoriker indessen ergibt sich gerade aus der Art dieser Reaktion. Sie klammern das Problem der Klimaforscher ein und untersuchen die Forderung nach einer erweiterten und verbesserten Klimabeobachtung und -dokumentation. Sie bewegen sich in einem vollkommen reflexiven Kontext, zeichnen die Aktivitäten der globalen Aufzeichner auf und beobachten die Probleme der Globalbeobachter. Sie übernehmen die Rolle von Reflexivitätskümmerern.

Die Globalhistoriker dokumentieren die Bemühungen und Auseinandersetzungen bei der Überwachung, Simulation und Bewältigung globaler Realitäten. Sie berichten über menschliches Verhalten im soziokulturellen Klima einer globalen Zivilisation, die auf permanente Erforschung ihrer selbst und ihrer Umwelt angewiesen ist. Sie schreiben Geschichte in einer Zeit, in der die Menschen sich aufgerufen fühlen, die Kräfte des globalen Wandels, wenn nicht gar der Evolution selbst, unter ihre Kontrolle zu bringen und ihre künftige Geschichte mit möglichst viel Voraussicht und Einsicht selbst zu bestimmen.

Die *Interpretation* wissenschaftlicher Daten über die Veränderungen im Antlitz der Erde offenbart die Schwäche »harter« Tatsachen und die vertrackte Struktur der Kommunikation über ökologische Zusammenhänge. Der Umweltdiskurs löst tiefe, langwierige Kontroversen nicht nur über ökologische Probleme und Lösungen aus, sondern auch über scheinbar unbestreitbare Tatsachen, und dies nicht nur unter Laien, sondern auch und vor allem unter gut informierten wissenschaftlichen Fachleuten. So könnte man auf den Gedanken kommen, wir benötigten ein Expertensystem zur Beilegung von Meinungsverschiedenheiten zwischen Experten. Aber auch in bezug auf dieses System würden wir niemals Einigkeit erzielen, und es käme zu einem *regressus ad infini-*

tum. Daraus müssen wir den Schluß ziehen, daß die Umwelt bis hinunter zur Konstruktion der »harten« Tatsachen ein durch und durch politisch-historischer Gegenstand ist.

Wir wissen, daß uns entscheidende Informationen fehlen (etwa über die geographische Verteilung von Organismen oder die Zahl der auf der Erde existierenden Spezies) und daß wir nicht im Besitz aller einschlägigen Daten sind (weltweit sind zum Beispiel 1,4 Millionen Arten identifiziert, aber die aktuellen Schätzungen über die Zahl allein der in Südamerika lebenden Arten schwanken zwischen 5 und 50 Millionen). Nichtsdestoweniger debattieren wir mit guten Gründen gern und öffentlich über das Ausmaß der Ausrottung und den Verlust von Spezien und darüber, mit welchen Mitteln sich ein massenhafter Artenschwund im nächsten Jahrhundert verhindern läßt.[69] Wir müssen also zur Kenntnis nehmen, daß normative Deutungen selbst der verläßlichsten ökologischen Tatsachen eher die Regel als die Ausnahme sind. Die Debatten über unsere ökologischen Optionen werden nicht mit Hilfe von neutralen Daten entschieden, sondern durch ein synergistisches Zusammenwirken von Fakten, Argumenten und Macht.

Erkenntnistheoretische Puristen würden es lieber sehen, wenn die Umweltpolitik sich aus den Fakten und nicht die Fakten aus der Politik ergäben. Sie befürchten die gesellschaftliche Verunreinigung der wissenschaftlichen Objektivität und verteidigen die alte philosophische Apartheid zwischen Sein und Sollen, Tatsachen und Normen. Aber die verwickelte und unsaubere erkenntnistheoretische Situation, die sich aus den unterschiedlichen Ansichten über den Zustand der globalen Umwelt ergibt, ist zwangsläufig und verweist auf den menschlichen Kontext unserer natürlichen Umwelt. Die ökologische Kommunikation beschäftigt sich mit unterschiedlichen Strategien zur Fortentwicklung der Natur und ist daher grundsätzlich politisch. Naturwissenschaftler, soziale Bewegungen, Subsysteme der Gesellschaft (Ökonomie, Politik, Justiz) und internationale Organisationen beteiligen sich an einem umweltpolitischen Diskurs, der zur normativen Konstruktion ökologischer Tatsachen führt. Wie Umweltgeschichte und Umweltpolitik gemacht wird, ist daher nicht nur ein wissenschaftliches oder technisches Problem, sondern auch ein einschlägiger Forschungsgegenstand für Politikwissenschaftler, Soziologen, Historiker und Anthropologen.

Wenn wir uns umsehen, stellen wir fest, daß »unregulierbare Probleme keineswegs selten sind«.[70] Besonders verzwickt und »bösartig«, so schreibt Miriam Campanella, sind sie dort, wo es um Entscheidungen unter globalen Zwängen geht, wo die Probleme nicht mehr »innerhalb einer einzelnen institutionellen oder systemischen Entscheidungs- oder Kommandoeinheit« gelöst werden können.

»Die klassische Rationalität sagt uns, daß globale Probleme nach globalen Lösungen verlangen und daß globale Lösungen eine ›globale Vernunft‹ erfordern. Nichts ist weiter von der Wahrheit entfernt, nichts ist falscher als die Hypostasierung einer globalen Vernunft. Wenn sich zeigt, daß saurer Regen ein typisches, den Aktionsradius eines einzelnen Staates überschreitendes Globalproblem ist, dann läßt sich eine globale Lösung, sofern man sie gefunden hat, nur umsetzen, wenn eine Vielzahl von Mikroakteuren imstande ist, lokal zu handeln. Die Entscheidung für globale Lösungen wird also von einer Vielzahl von Handelnden gefällt und die Lösungen selbst von einer Vielzahl von Akteuren umgesetzt (oder nicht umgesetzt).«[71]

Unzählige Akteure gestalten die Globalgeschichte, indem sie sich mit unzähligen Problemen beschäftigen:

»Jedes dieser Probleme gewinnt seine Schärfe aus der gebündelten Glaubwürdigkeit, die ihm in den Augen derer zukommt, die sich ihm verschrieben haben; und jedes bleibt von allen übrigen durch die gegenseitige Unglaubwürdigkeit getrennt, die die globale Folge lokal gebündelter (das heißt tribaler) Glaubwürdigkeiten ist.«[72]

Die an sich begrüßenswerte »Detribalisierung« der »Entscheidungsfindung angesichts widersprüchlicher Gewißheiten«, wie Michael Thompson dies genannt hat, setzt allerdings voraus, daß wir lernen, mit der Legitimität widerstreitender Gewißheiten und der Realität unterschiedlicher Welten von Mikro- und Makroakteuren umzugehen sowie mit der Konkurrenz zwischen alternativen Antworten auf dringende Probleme. Unsere Multi-Gewißheiten, Multi-Realitäten und Multi-Lösungen sind die unkonventionellen Bestandteile des postmodernen menschlichen Daseins im späten 20. Jahrhundert und zugleich die reichen sozialen Ressourcen der Globalgeschichte.

Die Geschichte der Welt seit dem Zweiten Weltkrieg habe uns eine »genuin globale Perspektive aufgenötigt«, schrieb Eric Hobsbawm 1989, und er fügte hinzu: »›Weltgeschichte‹ ist nicht mehr ein freundliches Zugeständnis des westlichen Gelehrten an die UNESCO, sondern die einzige Geschichte, die überhaupt noch geschrieben werden kann.«[73] In diesem Sinne habe ich versucht, die Weltgeschichte von der Globalgeschichte abzugrenzen und eine Reihe von Argumenten zugunsten der letzteren zu entwickeln, die Hobsbawm, wie ich hoffe, im Sinne hatte, als er mit treffender rhetorischer Übertreibung erklärte, »Weltgeschichte« sei heute die »einzige« und wichtigste Geschichte. Ich habe außerdem anzudeuten versucht, was es heißt, Globalgeschichte in »angemessener« Weise zu schreiben. Die Antwort stößt leider auf das Paradox, daß die Globalgeschichte einerseits »groß« genug sein muß, um die planetaren Prozesse unserer Zeit zu erfassen, und andererseits klein genug, um den Erfordernissen der gewöhnlichen akademischen Forschung (beginnend mit Doktorarbeiten) zu genügen. Die traditionelle Weltgeschichte erfüllt ohne weiteres die erste, aber kaum die zweite Bedingung und ist daher wohl mehr Berufung als Handwerk. Das Problem lautet aber nicht: Weltgeschichte *oder* Globalgeschichte. Es geht vielmehr darum, den Unterschied zwischen beiden zu erkennen und zu begreifen, daß wir die globale Epoche nicht in der Totale erfassen können, sondern in Einzeleinstellungen aufnehmen müssen. Die Globalgeschichtsschreibung wendet die Salamitaktik der professionellen Geschichtswissenschaft auf die globalen Prozesse des 20. Jahrhunderts an; sie sucht nicht den großen Überblick im direkten Zugriff, sondern eröffnet viele verschiedene Einblicke in das gegenwärtige Zeitalter durch zahlreiche kleinere, nach Belieben umfangreiche, thematische Studien.

Aus dem Amerikanischen von Reinhard Kaiser

Anmerkungen

Eine erste Fassung dieses Aufsatzes wurde auf einer Tagung zur Theorie der Globalgeschichte in Bellagio vom 8. bis 12. Juli 1991 diskutiert. Ich hatte die Ehre, von William McNeill kritisiert zu werden, der mein Kommentator war und freundlichen Widerspruch gegen meinen respektlosen Agnostizismus hinsichtlich der großen Weltgeschichte anmeldete. Meinen Kollegen und Studenten in Stony Brook möchte ich für viele Anregungen und nützliche Hinweise, Kommentare und kritische Bemerkungen danken. Die englische Originalfassung des Beitrags ist 1993 in einem von Bruce Mazlish und Ralph Buultjens herausgegebenen Band erschienen (*Conceptualizing Global History*, Boulder, Colorado, S. 47–69).

1 Für ein beredtes Lob der akademischen Selbstbeschränkung siehe Eric H. Monk-konen, »The Dangers of Synthesis«, in: *The American Historical Review* 91 (1986), S. 1146–57.

2 Ein anregendes Plädoyer zugunsten »historisch fundierter umfassender Verglei-che von Großstrukturen und weitläufigen Prozessen« findet sich bei Charles Tilly, *Big Structures, Large Processes, Huge Comparisons*, New York 1984.

3 Gilbert Allardyce, »Toward World History: American Historians and the Com-ing of the World History Course«, in: *Journal of World History* 1 (1990), S. 23–76. Allardyce zitiert McNeill – »Man versuche, Weltgeschichte zu unter-richten, und man wird feststellen, daß es geht« – und erklärt, die Strategie der 1982 gegründeten World History Association (WHA) bestehe darin, die Möglichkeit von Weltgeschichte zu demonstrieren, indem man sie lehrt, S. 26.

4 Eine feministische Deutung der visuellen Logik des westlichen Denkens findet sich bei Evelyn Fox Keller / Christine R. Grontkowski, »The Mind's Eye«, in: Sandra Harding, Merril B. Hintikka (Hrsg.), *Discovering Reality: Feminist Per-spectives on Epistemology, Metaphysics, Methodology and Philosophy of Science*, Doordrecht 1983, S. 207–224.

5 Lukian von Samosata, *Ikaromenippus oder die Luftreise*, in: ders. *Lügenge-schichten und Dialoge*, übers. v. Christoph Martin Wieland, Nördlingen 1985, S. 63 und 69.

6 Leften S. Stavrianos, »A Global Perspective in the Organization of World Hi-story«, in: Shirley H. Engle (Hrsg.), *New Perspectives in World History*, Wa-shington 1964, S. 616–620. »Was bedeutet diese neue [globale] Perspektive [...]? Es ist die Perspektive eines Beobachters, der auf dem Mond sitzt, statt es sich in London, Paris oder Washington bequem zu machen.« S. 617.

7 Allardyce, »Toward World History«, a. a. O. [wie Anm. 3], S. 40.

8 Jean-François Lyotard, *La condition postmoderne: rapport sur le savoir*, Paris 1979, S. 63.

9 Zur Kritik am ökologischen Fundamentalismus und damit verbundener Arbei-ten vgl. Alan Wolfe, »Up from Humanism«, in: *The American Prospect* 4 (Winter 1991), S. 112–127.

10 Eine Kostprobe hiervon bietet James Lovelock, *The Ages of Gaia: A Biography of Our Living Earth* [1988], New York 1990. »Die Gaia-Theorie nötigt zu einer planetaren Perspektive. Es kommt auf das Wohlergehen des Planeten an, nicht auf das einer einzelnen Spezies. An diesem Punkt trennen sich die Wege der Gaia-Theorie und jener Umweltbewegungen, denen es in erster Linie um das Wohlergehen der Menschen geht.« S. XVI.

11 Fürwahr umfassend, vgl. Erich Jantsch (Hrsg.), *The Evolutionary Vision: To-ward a Unifying Paradigm of Physical, Biological, and Sociocultural Evolution*, Boulder 1981. Die »Autopoiesis« oder Selbstorganisation umfaßt »alle Wirklich-keitsebenen, von der kosmischen oder physischen über die biologische, ökologi-sche und soziobiologische bis hin zur soziokulturellen Ebene.« S. V.

12 Allardyce, »Toward World History«, a. a. O. [wie Anm. 3], S. 28.

13 Ebd., S. 67.

14 *Journal of World History*, Jg. 1, Nr. 1, S. III. Die Zeitschrift wird von der University of Hawaii Press publiziert.

15 Leften S. Stavrianos/Loretta K. Andrews/George I. Blanksten/Roger F. Hakkett/Ella C. Leppert/Paul M. Murphy/Lacey B. Smith, *A Global History of Man* [1962], Boston 1967.

16 Allardyce, »Toward World History«, a. a. O. [wie Anm. 3], S. 43.

17 Ebd.

18 Michael Adas, »Foreword«, in: Alfred W. Crosby, *The Columbian Voyages, the Columbian Exchange, and Their Historians*, Washington 1987, S. V.

19 Hinweise auf Bücher, die man der »neuen« Globalgeschichte zuordnen könnte, vor allem auf komparative und interkulturelle Untersuchungen, gibt Philipp D. Curtin, »Graduate Teaching in World History«, in: *Journal of World History* 2, Nr. 1 (1991), S. 81–89.

20 William H. McNeill, *Arnold J. Toynbee: A Life*, New York 1989, S. 31.

21 Arnold Toynbee, *Mankind and Mother Earth: A Narrative History of the World*, New York 1976, S. 28; dt.: *Menschheit und Mutter Erde. Die Geschichte der großen Zivilisationen*, Düsseldorf 1979, S. 36.

22 William H. McNeill, »Mythistory, or Truth, Myth, History, and Historians«, in: *The American Historical Review* 91 (1986), S. 7.

23 William H. McNeill, *The Human Condition: An Ecological and Historical View*, Princeton 1980; ders. *Plagues and Peoples* [1976], New York 1989; dt.: *Die großen Epidemien*, Bergisch Gladbach 1983.

24 F. R. Ankersmit, »Historiography and Postmodernism«, in: *History and Theory* 28 (1989), S. 138. Derek de Solla Price hat in den sechziger Jahren einmal eine solche Berechnung für die Naturwissenschaftler angestellt; aber wer hat sie für die Historiker wiederholt? Vgl. Derek de Solla Price, *Little Science, Big Science*, New York 1963; dt. unter dem gleichen Titel, Frankfurt/M. 1974: »Wir können sagen, daß 80–90 % aller Wissenschaftler, die je gelebt haben, heute leben«. S. 13.

25 William H. McNeill, »A Defence of World History«, in: *Transactions of the Royal Historical Society* 32 (1982), S. 86. The Prothero Lecture, vorgetragen am 1. Juli 1981; Royal Historical Society.

26 Jacques-Bénigne Bossuet, *Discours sur l'histoire universelle* (1681), zit. n. der amerikanischen Übersetzung *Discourse on Universal History*, Chicago 1976, S. 3.

27 Ebd., S. 109.

28 Ebd., S. 4.

29 Stavrianos, »A Global Perspective«, a. a. O. [wie Anm. 6], S. 618.

30 McNeill, »A Defence of World History«, a. a. O. [wie Anm. 25], S. 82 ff.

31 Bossuet, *Discourse*, a. a. O. [wie Anm. 26], S. 9.

32 G. J. Whitrow, *Time in History: Views of Time from Prehistory to the Present Day* (1988), Oxford 1989; dt.: *Die Erfindung der Zeit*, Hamburg 1991. »Die millenaristische Anschauung ergab sich aus einer Verbindung des in Psalm 89:4 zum Ausdruck kommenden Gedankens ›Für den Herrn sind tausend Jahre wie ein

Tag‹ mit der Deutung des Sabbats oder siebten Tages als eines Symbols der himmlischen Ruhe, nach dem Brief an die Hebräer 4,4–9«. S. 81 der engl. Ausgabe; dt.: S. 131 f. – Wenn man also mit 6 × 1000 Jahren rechnet und 5685 Jahre der Weltgeschichte schon vergangen sind, bleiben noch 315 Jahre. Wenn man diese restlichen 315 Jahre dem Erscheinungsjahr von Bossuets *Discourse* (1681) hinzufügt, ergibt sich 1996 als vorbestimmtes Ende der Geschichte.

33 Richard S. Westfall, *Never at Rest: A Biography of Isaac Newton* (1980), Cambridge 1983, S. 319 ff.

34 Orest Ranum in seiner Einleitung zu Bossuet, *Discourse*, a.a.O. [wie Anm. 26], S. XIX.

35 Vgl. Louis-Sébastien Mercier, *Das Jahr 2440. Ein Traum aller Träume*, Frankfurt/M. 1989, S. 159. Kant schrieb in seiner *Allgemeinen Naturgeschichte und Theorie des Himmels* (1755): »Die Schöpfung ist nicht das Werk von einem Augenblicke. [...] Es werden Millionen, und ganze Gebürge von Millionen Jahrhunderten verfließen, binnen welchen immer neue Welten und Weltordnungen nach einander, in denen entfernten Weiten von dem Mittelpunkte der Natur, sich bilden, und zur Vollkommenheit gelangen werden.« (A 113).

36 Reinhart Koselleck, *Vergangene Zukunft. Zur Semantik geschichtlicher Zeiten*, Frankfurt/M. 1979.

37 Der Prophet Micha 4,4–5.

38 William H. McNeill, *Mythistory and Other Essays*, Chicago 1986. Ich muß gestehen, daß mir die Verbindung, die McNeill zwischen Mythos und Geschichte herstellt, großes Unbehagen bereitet, nicht zuletzt aufgrund der naheliegenden Gedankenverbindung mit dem *Mythus des 20. Jahrhunderts* von Alfred Rosenberg. Ich weiß, daß McNeill an Mythen für die Menschheit und nicht für partikularistische Gruppen denkt, aber ich weiß auch, daß »Menschheit« eine hochfliegende Abstraktion ist, während Kämpfe auf Leben und Tod zwischen verschiedenen Gruppen von Menschen sehr real sind. Ich befürchte, daß die Mythohistorie eher den eigennützigen Interessen wirklicher Menschen als der imaginären Gemeinschaft des Ganzen dienen wird. Ich will damit nicht sagen, daß die Geschichtsschreibung ausschließlich wissenschaftliche Gesichtspunkte berücksichtigen soll – unser Handwerk dient unweigerlich auch vielen nicht-wissenschaftlichen Interessen. Es handelt sich hier jedoch um eine Frage des richtigen Maßes. Die »Mythohistorie« öffnet allen möglichen vorkritischen Interessen an der Geschichte Tür und Tor. Das halte ich für gefährlich.

39 McNeill, »Mythistory«, a.a.O. [wie Anm. 22], S. 10.

40 Ebd., S. 7.

41 Oswald Spengler, *Der Untergang des Abendlandes* [1923], München o.J. »Aber ›die Menschheit‹ hat kein Ziel, keine Idee, keinen Plan, so wenig wie die Gattung der Schmetterlinge oder der Orchideen ein Ziel hat. ›Die Menschheit‹ ist ein zoologischer Begriff oder ein leeres Wort.« S. 27.

42 McNeill, »Mythistory«, a.a.O. [wie Anm. 22], S. 6. Zu dem starken Einfluß von Beckers vieldiskutiertem Relativismus (in »Everyman His Own Historian«) auf

McNeill vgl. *Mythistory and Other Essays*, a. a. O. [wie Anm. 38], S. 162–165. Es besteht jedoch ein wichtiger Unterschied zwischen Becker und McNeill. Becker begnügte sich damit, die Mythenbewahrung als eine Aufgabe der Historie zu betrachten, während McNeill für Mythenerzeugung plädiert.

43 Spengler, *Der Untergang des Abendlandes*, a. a. O. [wie Anm. 41], S. 23.

44 Pieter Geyl, *Debates with Historians*, Cleveland, Ohio, 1958, S. 185.

45 Karl Jaspers, *Vom Ursprung und Ziel der Geschichte* [1949], München 1983, S. 242 ff.

46 Ebd., S. 45.

47 Karl Marx, »Zur Kritik der Hegelschen Rechtsphilosophie«, *Werke*, Bd. 1, Berlin 1961, S. 385.

48 *The Economist*, 1.–7. Juni 1991, Bd. 319, Nr. 7709, S. 72.

49 Wahrscheinlich wird er elektronisch mit »Internet« verbunden sein, einem globalen Netzwerk, das aus einem 1969 entworfenen militärischen Netz entstanden ist. Internet verbindet mehr als 10 000 lokale Netze, mehr als 130 000 Rechenzentren (Universitäten, Forschungsinstitute, Nationalarchive etc.) in mehr als 40 Ländern und wurde 1991 von mehr als 10 Millionen Menschen genutzt.

50 In einem Forschungsbericht über den Stand der Analyse von »Weltsystemen« hat Wallerstein kürzlich die Nützlichkeit der Unterscheidung zwischen einer ökonomischen, politischen und kulturellen Arena sozialen Handelns in Frage gestellt. Er widersetzt sich dieser herkömmlichen Unterscheidung aus einem »unidisziplinären« Blickwinkel und fordert, die theoretischen, methodologischen und organisatorischen Implikationen herauszuarbeiten, die sich aus der Annahme einer »einzigen Arena mit einer einzigen Logik« ergeben. Ich bin mir zwar nicht sicher, ob Wallersteins unidisziplinäre Mono-Logik die richtige Antwort bietet, aber auch ich sehe hier ein Problem und eine Herausforderung und würde eine gründliche erkenntnistheoretische Diskussion dieser Frage begrüßen; siehe Immanuel Wallerstein, »World-Systems Analysis: The Second Phase«, in: *Review* 13 (Frühjahr 1990), S. 287–293.

51 *New York Times*, 30. Mai 1990, S. A7.

52 Die Geschichte der menschlichen Umweltbeziehungen ist gut bekannt und dokumentiert. Zur Vorgeschichte vgl. Clarence J. Glacken, *Traces on the Rhodian Shore: Nature and Culture in Western Thought from Ancient Times to the End of the Eighteenth Century*, Berkeley 1967. Zu England in der Zeit zwischen 1500 und 1800: Keith Thomas, *Man and the Natural World: A History of the Modern Sensibility*. New York 1983. Zur Naturauffassung in Asien: J. Baird Callicott/ Roger T. Ames (Hrsg.), *Nature in Asian Traditions of Thought: Essays in Environmental Philosophy*, Albany 1989. Zum Umweltbewußtsein in den Vereinigten Staaten während der letzten zweihundert Jahre: Roderick Frazier Nash (Hrsg.), *American Environmentalism: Readings in Conservation History*, 3. Aufl., New York 1990. Eine Fülle weiterer Literaturhinweise bietet Ian Gordon Simmons, *Changing the Face of the Earth: Culture, Environment, History*, [1989], Oxford 1990, S. 397–445.

53 Barbara Welling Hall, »Soviet Perceptions of Global Ecological Problems: An Analysis of Three Patterns«, *Political Psychology* 11 (1990), S. 653–680.

54 George Sarton, *Six Wings: Men of Science in the Renaissance*, Bloomington 1957, S. 5.

55 Ebd., S. 4f.

56 Edward Rosen, *Kepler's Somnium: The Dream, or Posthumous Work on Lunar Astronomy*, Madison 1967. Kepler war wahrscheinlich der erste, der unseren Planeten mit einem Raumschiff verglichen hat (in den Anmerkungen zu seinem *Somnium*). Bei der Erörterung der galileischen Sonnenflecken stellt er die Frage: »Wer konnte je auf den Gedanken kommen, die Flecken auf der Sonne lägen an einem Ort fest, während unser Schiff, das wir Erde nennen, uns in so kurzer Zeit um die Sonne trägt und uns dabei nacheinander die verschiedenen Abschnitte ihrer Oberfläche und ihre Flecken zeigt.« S. 105, Anm. 146.

57 Walter A. McDougall, *The Heavens and the Earth: A Political History of the Space Age*, New York 1985. McDougall schreibt, Präsident Lyndon Johnson habe Abzüge des Fotos »Erdaufgang« »an alle Staatsoberhäupter der Welt geschickt, sogar an Ho Chi Minh, während die luxurierende Umweltbewegung dank jener Technik, die von ihr verdammt wird, ein Sinnbild gewann.« S. 412.

58 Es ist aufschlußreich, daß die neue Sprache der Ökologie in ihren Anfängen für viele Ohren offenbar äußerst komisch geklungen haben muß. Der *American Scientist* z. B. druckte 1960 einen Leserbrief ab, der sich über H. T. Odums »Neue Ökosystemdynamik« lustig machte – »mit all ihrem Ökomischmasch, den Ökokräften, Ökofarcen, Ökofluenzen, Ökoleitern, Ökopotentialen und diesem ganzen Ökokrampf«. Siehe Bernard C. Patten, »Letter to the Editor«, in: *American Scientist* 48 (1960), S. 118 A.

59 Serge Moscovici, *La société contre la nature*, Paris 1972.

60 Die Entwicklung immer genauerer und aus immer größerer Höhe aufgenommener Bilder der Erde reicht von Leonardos ersten Luftbildskizzen über Nadars Ballon-Aufnahmen (1859) und Willis T. Lees *The Face of the Earth as Seen from the Air* (1922) bis zu den Landsat-Aufnahmen aus jüngster Zeit.

61 Einen ausgezeichneten Überblick über unseren Kenntnisstand hinsichtlich der Beeinflussung der Umwelt durch den Menschen von den Anfängen bis zum Atomzeitalter bietet Simmons (*Changing the Face of the Earth*) a. a. O. [wie Anm. 52], 1990. Welchen Fortschritt unser ökologisches Verständnis gemacht hat, wird deutlich, wenn man das Werk von Simmons mit dem von Marsh vergleicht, der mit seinem bahnbrechenden Buch *Man and Nature* 1864 Neuland betrat.

62 George Perkins Marsh, *Man and Nature: Or, Physical Geography as Modified by Human Action* [1864], Cambridge, Mass. 1965, S. 43. Marsh wollte seinem Buch den Titel geben »Der Mensch als Störer der Naturharmonien« (Man the disturber of nature's harmonies), aber sein Verleger Scribner wandte ein: »Ist das denn wahr?« S. XXIII. Scribner betrachtete den Menschen als Teil der Natur, Marsh sah im Menschen einen ewigen Widersacher der Natur, der sich »zu ihrem

Beherrscher machen muß«. S. XXV. Die Umweltschützer von heute würden Scribner beipflichten.

63 Rachel Carson, *Silent Spring*, Boston 1962, S. 3; dt.: *Der stumme Frühling*, München 1976, S. 16. Eine Darstellung der Auseinandersetzung um DDT und *Silent Spring* im Rahmen des historischen und naturwissenschaftlichen Kontextes liefert Thomas R. Dunlap, *DDT: Scientists, Citizens, and Public Policy*, Princeton 1981.

64 Ein Beispiel für kulturelle Selbstreflexivität bietet J. David Bolter, *Turing's Man: Western Culture in the Computer Age*, Chapel Hill 1984.

65 Simmons, *Changing the Face of the Earth*, a.a.O. [wie Anm. 52], S. 351, Fig. 6.2.

66 Henry E. Guerlac (der sich später vor allem mit Antoine-Laurent Lavoisier und der Naturwissenschaft des 18. Jahrhunderts befaßte) wurde 1943 beauftragt, »eine offizielle Geschichte des Laboratoriums vorzubereiten, die, falls es zu einer Untersuchung durch den Kongreß käme, die hohen Ausgaben rechtfertigen sollte, die mit der wichtigsten Operation zur Entwicklung der Radartechnik in den USA verbunden waren«. Siehe dazu Henry E. Guerlac, *Radar in World War II*, New York 1987. Vorwort von Dale Corson, S. XV.

67 Daniel B. Botkin, *Discordant Harmonies: A New Ecology for the Twenty-first Century*, New York 1990, S. 172 und 174; die Abbildung findet sich auf S. 173.

68 Fred B. Wood, »Monitoring Global Climate Change: The Case of Greenhouse Warming«, in: *Bulletin of the American Meteorological Society* 71 (1990), S. 42. Der Autor präsentiert hier »ein Konzept zur verbesserten Klimabeobachtung und -dokumentation, das mit geringen finanziellen Mitteln rasch zum Einsatz gebracht und von Wissenschaftlern und Analytikern der Politik benutzt werden kann, bis vollständigere Beobachtungssysteme zur Verfügung stehen.« S. 42 f.

69 William K. Stevens, »Species Loss: Crisis or False Alarm?«, in: *The New York Times*, 20. August 1991, S. C1 und C8.

70 Eine ebenso erhellende wie unterhaltsame Analyse von drei einander widersprechenden Szenarien zur Energiepolitik von drei energiepolitischen »Stämmen« (auf der Grundlage von vier Jahren teilnehmender Beobachtung am Internationalen Institut für Angewandte Systemanalyse im österreichischen Laxenburg) bietet Michael Thompson, »Among the Energy Tribes: A Cultural Framework for the Analysis and Design of Energy Policy«, in: *Policy Sciences* 17 (1984), S. 321–339, 335.

71 Miriam L. Campanella, »Globalization: Processes and Interpretations«, in: *World Futures* 30 (1990), S. 7.

72 Thompson, »Among the Energy Tribes«, a.a.O. [wie Anm. 70], S. 336.

73 Eric Hobsbawm, »The Missing History«, in: *Times Literary Supplement*, 23.–29. Juni 1989.

Wissenschaft bei S. Fischer

Philippe Ariès /
Georges Duby (Hg.)
**Geschichte des
privaten Lebens**
5 Bände mit zahlreichen Abb.

1. Band:
**Vom Römischen Imperium
zum Byzantinischen Reich**
Paul Veyne (Hg.)
639 Seiten mit 490 Abb. Leinen
2. Band:
**Vom Feudalzeitalter
zur Renaissance**
Georges Duby (Hg.)
605 Seiten mit 480 Abb. Leinen
3. Band:
**Von der Renaissance
zur Aufklärung**
Philippe Ariès /
Roger Chartier (Hg.)
629 Seiten mit 440 Abb. Leinen
4. Band:
**Von der Revolution zum
Großen Krieg**
Michelle Perrot (Hg.)
659 Seiten mit 420 Abb. Leinen
5. Band:
**Vom Ersten Weltkrieg
zur Gegenwart**
Antoine Prost /
Gérard Vincent (Hg.)
621 Seiten mit 328 Abb. Leinen

Philippe Ariès /
André Béjin (Hg.)
**Die Masken des Begehrens
und die Metamorphosen
der Sinnlichkeit**
Zur Geschichte der
Sexualität im Abendland
272 Seiten. Broschur

Isaiah Berlin
**Das krumme Holz
der Humanität**
Kapitel der Ideengeschichte
Henry Hardy (Hg.)
340 Seiten. Gebunden

Marc Bloch
**Die seltsame Niederlage:
Frankreich 1940**
Der Historiker als Zeuge
285 Seiten. Gebunden

Fernand Braudel (Hg.)
**Europa: Bausteine
seiner Geschichte**
176 Seiten. Gebunden

Fernand Braudel /
Georges Duby /
Maurice Aymard
Die Welt des Mittelmeeres
Zur Geschichte und
Geographie kultureller
Lebensformen
192 Seiten. Gebunden

S. Fischer Verlag

Wissenschaft bei S. Fischer

Ernst Cassirer
Versuch über den Menschen
Einführung in eine Philosophie
der Kultur. *384 Seiten. Geb.*

Pierre Chaunu /Georges Duby
Jacques Le Goff /
Michelle Perrot
Leben mit der Geschichte
Vier Selbstbeschreibungen
246 Seiten. Broschur

Umberto Eco
Apokalyptiker und Integrierte
Zur kritischen Kritik der Mas-
senkultur. *336 Seiten. Broschur*

Jacques Heers
**Vom Mummenschanz
zum Machttheater**
Europäische Festkultur im
Mittelalter. *351 Seiten. Leinen*

Lynn Hunt
**Symbole der Macht
Macht der Symbole**
Die Französische Revolution
und der Entwurf einer
politischen Kultur
336 Seiten. 22 Abb. Gebunden

(Hg.) Jacques Le Goff /
Roger Chartier / Jacques Revel
**Die Rückeroberung des
historischen Denkens**
Grundlagen der Neuen
Geschichtswissenschaft
288 Seiten. Gebunden

Claude Lévi-Strauss /
Didier Eribon
Das Nahe und das Ferne
Eine Autobiographie
in Gesprächen
262 Seiten. Gebunden

Alfred Lorenzer
Intimität und soziales Leid
Archäologie der Psychoanalyse
221 Seiten. Gebunden

Herfried Münkler
Im Namen des Staates
Die Begründung der Staats-
raison in der Neuzeit
428 Seiten. 30 Abb. Leinen

Oskar Negt /Alexander Kluge
**Maßverhältnisse des
Politischen**
15 Vorschläge zum Unter-
scheidungsvermögen
342 Seiten. Gebunden

Michelle Perrot (Hg.)
Geschlecht und Geschichte
Ist eine weibliche Geschichtsschreibung möglich?
256 Seiten. Broschur

Mario Praz
Der Garten der Sinne
Ansichten des Manierismus
und des Barock
272 Seiten mit Abb. Leinen

S. Fischer Verlag

Wissenschaft bei S. Fischer

Ulrich K. Preuß
Politische Verantwortung und Bürgerloyalität
Von den Grenzen der Verfassung und des Gehorsams in der Demokratie
295 Seiten. Broschur

Dieter Richter
Das fremde Kind
Zur Entstehung der Kindheitsbilder im bürgerlichen Zeitalter
349 Seiten. 30 Abb. Leinen

Marthe Robert
Einsam wie Franz Kafka
236 Seiten. Gebunden

Elaine Scarry
Der Körper im Schmerz
Die Chiffren der Verletzlichkeit und die Erfindung der Kultur
576 Seiten. Gebunden

Richard Sennett
Autorität
238 Seiten. Broschur
Civitas
Die Großstadt und die Kultur des Unterschieds
343 Seiten. Gebunden

Jean Starobinski
Die Erfindung der Freiheit 1700 – 1789
220 Seiten. 126 Abb. Leinen
Porträt des Künstlers als Gaukler
Drei Essays
168 Seiten. 58 Abb. Leinen
Das Rettende in der Gefahr
Kunstgriffe der Aufklärung
398 Seiten. Gebunden

Michael Walzer
Zweifel und Einmischung
Gesellschaftskritik im 20. Jahrhundert
352 Seiten. Gebunden

Hayden White
Metahistory
Die historische Einbildungskraft im 19. Jahrhundert in Europa
591 Seiten. Gebunden

S. Fischer Verlag

Fischer Wissenschaft

Eine Auswahl

Philippe Ariès/André Béjin/
Michel Foucault u.a.
**Die Masken des Begehrens
und die Metamorphosen
der Sinnlichkeit.** Band 7357

Aleida Assmann/
Dietrich Harth (Hg.)
**Mnemosyne. Formen und
Funktionen der kulturellen
Erinnerung.** Band 10724
**Kultur als Lebenswelt und
Monument.** Band 10725

Gaston Bachelard
Epistemologie
Band 11703
Poetik des Raumes
Band 7396
Psychoanalyse des Feuers
Band 10253

Roger Chartier
**Die unvollendete
Vergangenheit**
Geschichte und die Macht der
Weltauslegung. Band 10968

Pierre Chaunu
**Europäische Kultur im
Zeitalter des Barock**
Band 7421

Georges Duby
**Die Frau ohne Stimme.
Liebe und Ehe im Mittelalter**
Band 11004

Georges Duby
**Der heilige Bernhard und die
Kunst der Zisterzienser**
Band 10727
**Wirklichkeit und
höfischer Traum**
Zur Kultur des Mittelalters
Band 10252

Umberto Eco
Apokalyptiker und Integrierte
Band 7367

Lucien Febvre
Das Gewissen des Historikers
Band 10332

Moses I. Finley
**Quellen und Modelle
in der Alten Geschichte**
Band 7373

Michel Foucault
Die Geburt der Klinik
Band 7400
Die Ordnung des Diskurses
Band 10083
Schriften zur Literatur
Band 7405
**Von der Subversion des
Wissens.** Band 7398

François Furet/Denis Richet
Die Französische Revolution
Band 7371

Fischer Taschenbuch Verlag

Fischer Wissenschaft

Eine Auswahl

Inge Habig/Kurt Jauslin
Der Auftritt des Ästhetischen
Zur Theorie der
architektonischen Ordnung
Band 10251

Maurice Halbwachs
Das kollektive Gedächtnis
Band 7359

D. Harth/ J. Assmann (Hg.)
Revolution und Mythos
Band 10964

Kultur-Analysen
Beiträge von
Hans-Dieter König,
Alfred Lorenzer, Heinz Lüdde,
Søren Nagbøl, Ulrike Prokop,
Gunzelin Schmid Noerr,
Annelind Eggert. Band 7334

Ralf Konersmann
Lebendige Spiegel
Die Metapher des Subjekts
Band 10726
Der Schleier des Timanthes
Perspektiven der historischen
Semantik. Band 11923

Wolfgang Küttler/Jörn Rüsen/
Ernst Schulin (Hg.)
Geschichtsdiskurs
Band 1: Grundlagen und
Methoden der Historiographie-
geschichte. Band 11475

Jacques LeGoff/Roger Chartier/
Jacques Revel (Hg.)
**Die Rückeroberung des
historischen Denkens**
Band 12033

Hans Medick
Mikro-Historie
Band 11065 (*in Vorbereitung*)

Charles William Morris
**Grundlagen der
Zeichentheorie.
Ästhetik der Zeichentheorie**
Band 7406

Ulrich K. Preuß
**Revolution, Fortschritt
und Verfassung**
Band 11921

Thorstein Veblen
Theorie der feinen Leute
Band 7362

Paul Veyne
**Die Originalität
des Unbekannten**
Für eine andere
Geschichtsschreibung
Band 7408

Lew Semjonowitsch
Wygotski
Denken und Sprechen
Band 7368

Fischer Taschenbuch Verlag

fi 513 / 8 b